MUITO ALÉM DA FORMAÇÃO

Blucher

MUITO ALÉM DA FORMAÇÃO

Diálogos sobre a transmissão e a democratização da psicanálise

Organizador
Alexandre Patricio de Almeida

Muito além da formação: diálogos sobre a transmissão e a democratização da psicanálise

Editora Edgard Blücher Ltda.

Publisher Edgard Blücher
Editores Eduardo Blücher e Jonatas Eliakim
Coordenação editorial Andressa Lira
Produção editorial Regiane da Silva Miyashiro
Preparação de texto Catarina Tolentino
Diagramação Plinio Ricca
Revisão de texto Sérgio Nascimento
Capa Laércio Flenic
Imagem de capa Brisa 2 (1998), Claudio Castelo Filho (80x100 cm, acrílica sobre tela)

Blucher

Rua Pedroso Alvarenga, 1245, 4º andar
04531-934 – São Paulo – SP – Brasil
Tel.: 55 11 3078-5366
contato@blucher.com.br
www.blucher.com.br

Segundo o Novo Acordo Ortográfico, conforme 6. ed. do *Vocabulário Ortográfico da Língua Portuguesa*, Academia Brasileira de Letras, julho de 2021.

Dados Internacionais de Catalogação na Publicação (CIP)
Angélica Ilacqua CRB-8/7057

Muito além da formação : diálogos sobre a transmissão e a democratização da psicanálise / organizado por Alexandre Patricio de Almeida. - São Paulo : Blucher, 2023.

304 p.

Bibliografia
ISBN 978-65-5506-635-7

1. Psicanálise 2. Psicanálise - Formação I. Almeida, Alexandre Patricio

23-3702 CDD 150.195

Índice para catálogo sistemático:
1. Psicanálise

Entre o desejo de ser
e o receio de parecer
o tormento da hora cindida

Na desordem do sangue
a aventura de sermos nós
restitui-nos ao ser
que fazemos de conta que somos
Couto, 2016.[1]

Se não é possível impedir a atividade dos analistas leigos, não havendo apoio do público na luta contra eles, não seria mais adequado levar em conta a realidade de sua existência, oferecendo-lhes oportunidades de formação, adquirindo influência sobre eles e estimulando-os com a possibilidade da aprovação da classe médica e da solicitação para o trabalho em conjunto, de modo que eles tenham interesse em elevar seu nível ético e intelectual?
Freud, 1926.[2]

[1] Couto, M. (2016). *Poemas escolhidos*. Companhia das Letras.
[2] Citação do texto "A questão da análise leiga: diálogo com um interlocutor imparcial", de Sigmund Freud, publicado originalmente em 1926.

Para todos aqueles que se dedicam à escuta da alma.
Para os meus pais e avós.
Para Filipe, sempre presente.

Agradecimentos

Aos meus pais, mais uma vez e sempre, porque sei o quanto vocês lutaram (e lutam) para facilitar a realização dos meus objetivos profissionais. Em especial, por suportarem a minha ausência.

Ao Filipe, por iluminar a minha vida com o seu sorriso de ingenuidade que, na verdade, camufla a sua essência madura e responsável.

Ao meu querido professor e amigo, Alfredo Naffah Neto, por me ensinar, ao longo desses anos, os pilares que fundamentam a ética da pesquisa em psicanálise.

A todos os autores que compõem este livro, que, desde o início, toparam encarar o desafio de escrever sobre a formação psicanalítica em tempos nos quais esse debate se faz tão urgente e necessário. Gostaria de registrar, nessas linhas, a minha profunda admiração pelo trabalho de todos vocês.

Ao CNPq, pelo apoio concedido à minha vida acadêmica.

Aos meus amigos, que me socorrem inúmeras vezes e que acolhem as minhas ideias com amor e solidariedade.

Aos meus avós, pelas histórias mais lindas que eu pude ouvir ao longo da minha existência.

Aos meus alunos, pelas trocas diárias e intensas.

Aos meus pacientes, pela confiança e pela oportunidade de escutá-los.

À editora Blucher que, novamente, acreditou na minha escrita e na legitimidade desse projeto.

Aos ouvintes do podcast "Psicanálise de boteco", por valorizarem o meu esforço em transmitir uma psicanálise menos pedante e mais democrática.

Apresentação

Alexandre Patricio de Almeida

> *O plano de ensino para um analista ainda será criado, ele deve abranger material das ciências humanas, de psicologia, de história da civilização, sociologia, e também da anatomia, biologia e história da evolução. Nele haverá tanta coisa a ensinar, que se justifica deixar fora da aula o que não tem relação direta com a atividade analítica e pode contribuir apenas indiretamente, como qualquer estudo, para o treino do intelecto e da capacidade de observação. É cômodo lembrar, em objeção a essa proposta, que tais faculdades de psicanálise não existem,* que isso é apenas uma exigência ideal. Sem dúvida, é um ideal, mas que pode ser realizado e tem de ser realizado. *(Freud, 1926/2014, p. 220, grifos meus)*

Por que o surgimento de um curso de graduação em psicanálise, em janeiro de 2022, gerou tanta polêmica dentro e fora do campo psicanalítico, se o próprio Sigmund Freud, de acordo com a epígrafe acima, sonhava com a criação desse espaço para a formação de futuros analistas?

Foi partindo dessa interrogação que me senti impulsionado a escrever este livro, ou melhor: *organizá-lo*, pois, a meu ver, uma obra redigida apenas por mim correria o grande risco de se fechar numa espécie de tratado, empobrecendo a complexidade que atravessa o tema em questão, e reduziria, certamente, o escopo e a densidade do nosso debate. Optei, assim, por ouvir diferentes opiniões compartilhadas por profissionais das mais diversas orientações teóricas, clínicas e institucionais, mas pertencentes, é claro, ao universo psicanalítico.

Vale lembrar, no entanto, que os inúmeros problemas e impasses que sustentam o tema da formação em psicanálise sempre mobilizaram a nossa comunidade, pois na tentativa de falar um único idioma, muitos dos nossos colegas se proclamaram os guardiões da verdadeira e pura psicanálise. Essa postura, no entanto, denuncia a ausência de *maturidade científica* dentro do nosso próprio nicho profissional e, por conseguinte, a carência de análise pessoal desses mesmos analistas defensores da "verdade absoluta", que ainda se mantém tão fechados ao debate.

O fato é que a psicanálise de hoje não é a mesma de anos atrás. Embora ainda continuemos a tomar as descobertas de Freud como uma espécie de "guia norteador" e "alicerce do edifício", é indispensável assinalar que a nossa disciplina cresceu e se desenvolveu intensamente durante e, sobretudo, após a morte do seu criador. Dos ingleses aos franceses, dos norte-americanos aos sul-americanos, a psicanálise foi ganhando novas ideias e, por sorte, na maioria das vezes, foi capaz de acompanhar – ainda que com algum atraso[1] – as novas formas de subjetivação e sofrimento psíquico, produzidas pela sociedade e pela cultura.

---

[1] Temas como: racismo, política de cotas, homofobia, transexualidade, entre outros, apenas começaram a ganhar um espaço para discussão, com mais profundidade, de uns cinco anos para cá e, ainda assim, são escassos em nosso meio.

Nesse sentido, seria no mínimo incoerente que, para a proposta de discutir a questão da formação, buscássemos a opinião de analistas pertencentes a uma mesma instituição e identificados, também, com apenas uma única orientação teórica. Aliás, tal conduta seria, inclusive, *antidemocrática*, e, convenhamos, que dessa condição o nosso país já está calejado – lamentavelmente.

Em tempos obscuros para a democracia e para a circulação da multiplicidade de ideias, escolhi caminhar na contramão dessa tendência reducionista e optei por convidar pesquisadores das mais variadas partes do Brasil, com suas respectivas inclinações teórico-clínicas. *Grosso modo*, este livro se trata de um manifesto democrático que buscou, desde o início da sua elaboração, colocar as engrenagens desse assunto para girar, sem clamar aos quatro ventos que "isso ou aquilo não é psicanálise" – e quando não é, sustentamos a dignidade de *justificar* o motivo que assevera essa constatação.

Assim, a tese central dessa coletânea não é pura e simplesmente atacar as formações que estão surgindo desenfreadamente em nossa sociedade, seguindo a "tendência" psicanalítica que ascendeu entre nós depois do período de confinamento causado pela pandemia da covid-19. Ao observar esse fenômeno em crescente ascensão, a percepção que tenho é: muita gente quer uma fatia desse bolo, mas poucos estão realmente dispostos a colocar a mão na massa para *prepará-lo*.

Por essa perspectiva, o nosso leitor não encontrará aqui apenas ataques inflamados à proposta do bacharelado em psicanálise e a outros cursos do tipo "pague dois e leve três", que vemos circulando por aí a todo vapor – refiro-me às "formações em psicanálise" (se é que assim podemos chamá-las) que ocorrem, geralmente, em seis meses de aulas on-line, com profissionais totalmente despreparados que sequer são psicanalistas ou possuem alguma experiência em nossa área.

Não é sobre isso que versa o conteúdo fundamental dos capítulos que compõem este livro. A proposta vai além dessa simplificação agressiva e até mesmo infantilizada, tendo em vista que o novo bacharelado se estrutura de maneira organizada, oferecendo um amplo leque de disciplinas a serem cursadas em quatro anos!

Pretendemos revisitar a história da nossa ciência, discutir os seus mais variados desdobramentos, indicar as falhas relacionadas à sua democratização como transmissão e, *last but not least*, destacar o papel indispensável *da análise pessoal* para o processo de formação de um futuro analista que, conforme escreveu Sándor Ferenczi, em 1927, pode ter inúmeros benefícios ao próprio sujeito:

> *Entretanto, é possível indicar alguns traços comuns das pessoas que levaram uma análise até o fim. A separação muito mais nítida do mundo da fantasia e do mundo da realidade, obtida pela análise, permite adquirir uma* liberdade interior quase ilimitada, *logo, simultaneamente, um melhor domínio dos atos e decisões; em outras palavras, um controle mais econômico e mais eficaz. (Ferenczi, 1927/2011, p. 21, grifos meus)*

Dessa forma, é unânime entre os autores deste livro a opinião de que uma formação em psicanálise que se preze ocorre *essencialmente* no divã, isto é, a partir do contato de dois inconscientes que se comunicam, se escutam e, gradualmente, se libertam das amarras da repressão e de outras formas de sofrimento psíquico. Além disso, como nos alerta o próprio Ferenczi: "A posição analítica não exige apenas do médico o rigoroso controle do seu próprio narcisismo, *mas também a vigilância aguda das diversas reações afetivas*" (Ferenczi, 1928/2011, p. 37, grifos meus).

Ora, o que o autor húngaro nos diz é que o processo analítico do analista visa, entre diversos outros aspectos, dissolver ou diminuir os embaraços transferenciais que surgem durante a prática do nosso ofício. Logo, será somente por meio do alcance de certo grau de *maturidade* que um analista terá recursos para lidar com os impasses afetivos que atravessam o campo de batalha que é um *setting* psicanalítico. Essa virtude é adquirida, pois, por meio da análise pessoal. Sem ela, não há estudo teórico que seja suficiente.

Entretanto, os famosos e tradicionais institutos de formação em psicanálise podem realmente garantir que o candidato ingresse e se mantenha em análise pessoal? Em quais aspectos esses estabelecimentos se mostram efetivamente superiores e mais seguros que o projeto de uma graduação? Não obstante, existe alguma garantia de que um processo analítico pode "curar" um analista das suas doenças infantis e narcísicas?

Estamos longe de responder a todas as questões que cruzam essa temática. Aliás, tampouco é esse o nosso objetivo. Queremos apenas apresentar um diálogo *justo* e *empático* que possa orientar os nossos leitores a não caírem nas armadilhas das formações instantâneas, mas, para isso, precisamos nos aproximar da realidade social, cultural e econômica do Brasil, pois enquanto nos mantivermos encastelados no interior das muralhas da erudição, pouco (ou quase nada) será feito a respeito disso. Ou seja: continuaremos com um discurso hostil e prepotente que levará nada a lugar algum.

Finalizo esta breve apresentação com esses belos versos de Manoel de Barros:

> *A poesia está guardada nas palavras — é tudo que eu sei*
> *Meu fado é o de não saber quase tudo.*
> *Sobre o nada eu tenho profundidades.*
> *Não tenho conexões com a realidade.*
> *Poderoso para mim não é aquele que descobre ouro.*
> *Para mim poderoso é aquele que descobre as insignificâncias (do mundo e as nossas).*

Por essa pequena sentença me elogiaram de imbecil.
Fiquei emocionado e chorei.
Sou fraco para elogios.
(Barros, 2013, p. 43)

Referências

Barros, M. (2013). *Poesia completa.* LeYa.

Ferenczi, S. (2011). A adaptação da família à criança. In *Obras completas* (Vol. 4). Martins Fontes. (Trabalho original publicado em 1927)

Ferenczi, S. (2011). Elasticidade da técnica psicanalítica. In *Obras completas* (Vol. 4). Martins Fontes. (Trabalho original publicado em 1928)

Freud, S. (2014). A questão da análise leiga: diálogo com um interlocutor imparcial. In *Obras completas* (Vol. 17). Companhia das Letras. (Trabalho original publicado em 1926)

Prefácio
Formação em psicanálise, transmissão da psicanálise[1]

Renata Udler Cromberg

O que herdaste de teus pais
Adquire para que o possuas
O que não se usa
Um fardo é, nada mais
Pode o momento usar tão só
Criações suas.
Goethe, *Fausto.*

A psicanálise simplifica a vida. Ela fornece o fio que leva um ser humano para fora do labirinto de seu próprio inconsciente.
Sigmund Freud

---

[1] Publicado numa primeira versão em: *Lacuna: uma revista de psicanálise*, (3), p. 7, 2017. Disponível em: https://revistalacuna.com/2017/04/28/n3-07/. A versão atual foi amplamente modificada e adaptada especialmente para o livro.

Os poetas e os filósofos falaram do inconsciente antes de mim. O que eu fiz foi criar o método científico de abordá-lo.

Sigmund Freud[2]

É curioso que Freud mencione apenas a metade do verso de Goethe, sem dúvida seu inspirador literário. Essa metade, "o que herdaste de teus pais, adquire para que o possuas", refere-se ao método que diz que uma herança só é absorvida se houver um processo ativo de apropriação por meio do reconhecimento das incorporações transformadas em absorções, introjeções e, finalmente, em identificações. O trecho de Goethe retomado por Freud fala de possuir *ativamente*, pelo processo de aquisição, aquilo que se herda *passivamente* pelo suceder das gerações; seja uma herança biológica, genética, histórica ou fantasmática.

Talvez se possa dizer que o que Freud recorre a Goethe para falar do ser humano, nós podemos falar também em relação à formação/transmissão da psicanálise.

Existe uma formação que se dá por uma decisão consciente/pré-consciente de apreensão conceitual e metapsicológica de um método a partir do famoso e tradicional tripé análise pessoal/supervisão/formação teórica. Existe também uma transmissão, a partir da determinação inconsciente que se expressa nas diferentes transferências ao longo da vida. Tais transferências ocorrem na análise, na supervisão e na formação teórica; elas se dão de modo

---

2 Essas epígrafes foram citadas de acordo com as minhas próprias lembranças relacionadas ao estudo da obra freudiana. Portanto, não incluí data e ano, pois a intenção é escrever, aqui, um texto mais pessoal e com menos formalidades.

paradoxal, ao mesmo tempo determinadas inconscientemente e sujeitas ao acaso das contingências da vida.

O que já não é tão simples é a segunda parte do poema de Goethe, que Freud não utiliza em suas citações: "O que não se usa um fardo é, nada mais". Não é tão simples se livrar da parte que não queremos das heranças. Sabemos que isso diz respeito ao Supereu e a toda a dialética narcísica, e sabemos também o quanto o Supereu atormentou Freud pelo tamanho de sua importância para o bem e para o mal. O paradoxo do Supereu ocupa metade do livro *O mal-estar na civilização,* escrito por ele entre 1929 e 1930. "O que não se usa um fardo é": podermos nos desidentificar daquilo que oprime o desejo e que vem do mandato de uma herança que se manifesta pela compulsão à repetição, pela identificação maciça com o ideal de Eu a partir do Eu ideal. Essa desidentificação permite uma posição como sujeito do desejo, na qual o ideal de Eu é aquilo que propicia a ligação com a cultura entre as pessoas, possibilitando o *laço social* por meio de um fazer singular desejante.

Quando diz "Pode o momento usar tão só criações suas", aqui se refere ao campo da *singularidade,* que só se dá como invenção criativa no momento presente. Veja a promessa de Goethe: se você se desfizer do que não quer das heranças, nada além disso, se abre o campo das suas criações para o que você precisa (pode) no momento presente. E é a pulsionalidade que se expressa pelas criações singulares eróticas e sublimadas no campo do corpo, da sexualidade e do social.

Não é muito difícil perceber que me posiciono pela liberdade em psicanálise nesse sentido goethiano/freudiano. Também considero que as instituições – embora tenham tido um papel de consolidação de um campo dogmático, como talvez seja sempre necessário nos primórdios –, hoje em dia, em tempos de redes sociais, devem propiciar *circulação*, conexões, ampliações e ressonâncias, *sejam quais forem as vertentes de transmissão escolhidas por elas.*

Vou tentar traduzir isso de maneira mais direta a partir do meu percurso naquilo que penso serem as bases da formação/transmissão inspirada pela criação freudiana. Freud foi o inventor do método científico que abordou o inconsciente, que já era tematizado por poetas e filósofos antes dele. Com a psicanálise, ele proveu o fio que leva um ser humano para fora do labirinto de seu próprio inconsciente, simplificando sua vida.

A formação do psicanalista deve ter uma base sólida freudiana. Aqui já há uma diferença, por exemplo, das "Sociedades de Psicanálise Inglesas", que se orientam pela teoria de Melanie Klein, na qual o pensamento analítico freudiano passa a ser uma curiosidade secundária. Entendo que os pilares da psicanálise são os textos *A interpretação dos sonhos*, *Três ensaios sobre a teoria da sexualidade*, *O mal-estar na cultura* – este talvez o livro mais importante do século XX, além de imprescindível –, o conhecimento da Metapsicologia, dos textos técnicos e os escritos em que Freud percorreu o caminho da tópica, dinâmica e economia do funcionamento do aparelho psíquico e trilhou seu percurso na teoria das pulsões.

Considero que ler Lacan, Klein e Winnicott dogmaticamente – para dar apenas o exemplo de autores pós-freudianos que se destacaram e formaram escolas sem mais do que uma referência secundária a Freud – pode suscitar, ao mesmo tempo, um dogmatismo *tranquilizador*, quando produz uma identificação benigna de compreensão de conceitos, mas pode compor uma identificação maligna, quando impede a *criação singular*. Já uma posição antidogmática na formação permite liberdade, circulação, historicização, pluralidade e singularização, o que não significa *ecletismo*, e sim estar exposto a um campo de criação simbólica múltipla, baseado em certos conceitos fundamentais como inconsciente, pulsão, transferência e repetição, e, a partir deles elaborar sua própria posição como analista.

O percurso teórico e metapsicológico nos conceitos psicanalíticos deve ser detalhado, e isso pode ser feito em um grupo de estudos, por exemplo. A necessidade de uma formação institucional vem muito mais da *validação do ofício*, da circulação e na afirmação de um campo na sociedade. A formação depende de leitura, que é pessoal e intransferível, marcada pelas próprias questões. Isso se dá na formação institucional ou em paralelo a ela.

Minha experiência como coordenadora de grupos de estudos semanal ou quinzenal é que eles criam um espaço no qual cada participante traz as suas questões, o fio da sua tessitura, que junto aos outros fios – outros participantes – fazem um percurso grupal no qual cada um, ao final, recolhe a seiva de sua própria trajetória, numa rica experiência que é, ao mesmo tempo, grupal e singular, impedindo consequentemente fenômenos de massa – tão sectaristas, por vezes.

Já a experiência analítica pessoal fala de uma identificação, uma desidentificação e uma diferença que está o tempo todo em ação entre *analista* e *analisante*. Este termo evoca, para mim, o quanto quem faz análise está em ação trabalhando junto com um analista que segue um percurso analítico, dando suporte à transferência. A ética do psicanalista e da psicanálise para aquele que descobre seu desejo de ser analista em sua análise, não deveria levar a uma identificação egoica ou superegoica com o analista, no sentido de pertinência obrigatória a sua instituição psicanalítica de origem ou adquirir seu modo de ser analista.

O mesmo vale para as experiências de supervisões, que são lugares de uma escuta especial sobre a prática clínica de um analista, e não lugares de uma "super-visão" com todo o séquito de inibições que a idealização transferencial traz. As supervisões em grupo são também a possibilidade de vários inconscientes contribuírem para a compreensão de um caso clínico, com a continência transferencial do supervisor coordenador. Vários fios tecendo uma compreensão que incide, portanto, não apenas no analista supervisionado, mas em cada um dos participantes.

Uma última palavra sobre dois polos cada vez mais presentes na formação do psicanalista: a importância da *clínica ampliada* e do *dispositivo grupal.*

Há intervenções psicanalíticas em diversas formas de dispositivos grupais em várias formas institucionais. Há uma história da psicanálise em grupo, com grupo, por meio do grupo e um rico desdobramento conceitual a partir disso. Os psicanalistas, ao longo do tempo, transformaram a materialidade do divã em uma figura metáforica – um divã com asas – a ser transportada a qualquer situação em que a associação livre e a atenção flutuante demandem novos dispositivos grupais para então se reinventarem além da neurose: psicose, transtorno *borderline*, adolescentes difíceis, crianças autistas, bebês, famílias, adoecimentos psicossomáticos, desafios pedagógicos e a própria neurose em tempos difíceis ou novos.

Neste ponto, já estamos longe da ideia inicial freudiana (Freud, 1918/2017) de que a psicanálise seria o ouro puro e a psicoterapia realizada em clínicas públicas seria o cobre da psicanálise. Talvez essa colocação se deu num tempo de institucionalização da psicanálise, no qual o dogmatismo e a centralização se tornaram necessários para a constituição de um campo novo de conhecimento e prática. A partir do ensaio freudiano "Psicologia das massas e análise do Eu", de 1921, vemos que a grupalidade está presente no trabalho de divã no consultório a dois ou em trabalhos grupais em consultório ou clínica ampliada.

Assim, e por mais que soe redundante aos colegas lacanianos: "*O Eu é outro*". A constituição do Eu se dá por identificações múltiplas e, por isso, cada um carrega em si múltiplos grupos constitutivos por meio de sua história singular. Quando algo falha nesse tecido de base, há de ser reconstituído ou criado com inventividade, numa aposta de que algum laço social é possível, um vínculo de pertencimento com o outro, em algum grupo.

A aposta é na mutação do sofrimento e da dor para que o existir, o ser, a vida pulsional faça sentido; e um projeto desejante possa desenhar uma singularidade, nas suas ínfimas grandezas cotidianas. Conservando uma abertura sempre ao incerto do encontro, prenhe de criações ou frustrações, todo grupo diante de um escopo, de uma tarefa, *cria um inconsciente grupal* com conteúdos fantasmáticos e defesas que possibilitam ou impedem o grupo de realizar o que se propõe, que é diverso da somatória de inconscientes singulares. Isso leva ao paradoxo das instituições psicanalíticas: organizadas em grupalidades de formação, pesquisa, produção escrita e oral, atendendo a demandas variadas e mutantes da saúde mental na cidade, mas siderando fantasmas grupais ou da comunidade psicanalítica.

Cada vez que a formação/transmissão acrescenta folhas novas, vivificando a seiva que corre na árvore da comunidade psicanalítica, esta se afirma como a possibilidade de algo em aberto, *não cristalizado*, que está sempre em constituição.

É neste espírito constituinte que este livro, organizado pelo prof. dr. Alexandre Patricio de Almeida (pesquisador de pós-doutorado na PUC-SP), apresenta contribuições riquíssimas com capítulos escritos por grandes nomes da psicanálise brasileira, de diferentes lugares do país e com diversas orientações teórico-clínicas, como: Alfredo Naffah Neto, Luís Claudio Figueiredo, Paula Regina Peron, Julio Verztman, Nelson Ernesto Coelho Junior, Claudio Castelo

Filho, Érico Andrade, Marion Minerbo, Samantha Dubugras Sá, Fernanda Samico, e, claro, o próprio Alexandre Patricio de Almeida.

Porém, aviso os leitores, de início, que os ensaios aqui reunidos não estão dispostos em uma espécie de "ordem correta". Os capítulos podem ser lidos em qualquer ordem, conforme o leitor desejar, sem interferir na compreensão do assunto rigoroso que o livro se propõe a levantar.

Que essa coletânea *apenas* marque o início de um debate que está longe de se esgotar!

Referências

Cromberg, R. U. (2017). Formação em psicanálise/transmissão da psicanálise. *Lacuna: uma revista de psicanálise*, (3), 7. https://revistalacuna.com/2017/04/28/n3-07/

Freud, S. (2010). O mal-estar na civilização. In S. Freud, *Obras completas* (Vol. 18). Companhia das Letras. (Trabalho original publicado em 1930)

Freud, S. (2011). Psicologia das massas e análise do Eu. In S. Freud, *Obras completas* (Vol. 15). Companhia das Letras. (Trabalho original publicado em 1921)

Freud, S. (2017). Caminhos da terapia psicanalítica. In S. Freud, *Obras incompletas de S. Freud* (Vol. 6). Autêntica. (Trabalho original publicado em 1919[1918])

Conteúdo

Introdução
A formação psicanalítica e a sua respectiva democratização

Alexandre Patricio de Almeida

O menino aprendeu a usar as palavras.
Viu que podia fazer peraltagens com as palavras.
E começou a fazer peraltagens.
Foi capaz de modificar a tarde
botando uma chuva nela.
O menino fazia prodígios.
Até fez uma pedra dar flor.
A mãe reparava o menino com ternura.
A mãe falou: Meu filho, você vai ser poeta!
Você vai carregar água na peneira a vida toda.
Você vai encher os vazios
com as suas peraltagens,
e algumas pessoas vão te amar por seus despropósitos!
Barros, 1999.

> *Ele [o interlocutor] diz também: "Então isso é uma espécie de mágica, você fala e a doença dele [paciente] desaparece".*
>
> *Exatamente; seria mágica, se tivesse efeito rápido. Na magia é essencial a rapidez, o êxito imediato, pode-se dizer. Mas os tratamentos psicanalíticos requerem meses e até mesmo anos; uma mágica assim lenta já não tem o caráter de algo maravilhoso. (Freud, 1926/2014, p. 131, colchetes meus)*

No início do ano de 2022, a comunidade psicanalítica foi surpreendida com a suposta criação de um curso de *bacharelado em psicanálise*, em formato de *ensino a distância* (aulas gravadas e online), com duração de *quatro* anos, oferecido por uma instituição de ensino superior particular.

O assunto rapidamente se espalhou nos diversos meios de comunicação (de jornais a revistas temáticas), chegando a viralizar nas redes sociais. Entretanto, em meio a tantas notas de repúdio – emitidas por tradicionais instituições psicanalíticas e, também, por analistas com importante visibilidade midiática e acadêmica –, foi possível verificar *inconsistências* no conteúdo de algumas publicações que circularam na ocasião.

Esse fato me remeteu a uma passagem do livro *O tronco e os ramos* – vencedor do prêmio Jabuti (2015) –, de Renato Mezan, em que o autor rebate de modo contundente e elegante as críticas realizadas à psicanálise pelo filósofo Adolf Grünbaum, que recusa o método clínico freudiano como um dispositivo possível para qualquer validade epistemológica. Partindo de uma revisão histórica e conceitual, Mezan elabora uma resposta *coesa* e *bem fundamentada* ao nosso robusto oponente, e, dirigindo-se principalmente aos analistas que se sentiram *ofendidos* com as opiniões de Grünbaum, o autor afirma:

> *Por outro lado, bater no peito e urrar à moda de Tarzan que o método clínico é bom, ou dar de ombros dizendo que ele [Grünbaum] não fez análise e, portanto, não experimentou os benefícios do método que ataca, tampouco leva a grandes resultados:* o nervo do seu argumento permanece intocado, e nós paralisados frente ao desafio que ele nos lança. *(Mezan, 2014, p. 539, grifos e colchetes meus)*

Porém, o que aconteceu no caso do lançamento do bacharelado em psicanálise foi justamente a conduta *oposta* ao aconselhamento pertinente de Mezan: a maior parte da nossa comunidade bateu no peito e urrou *à moda de Tarzan* a clássica expressão "isso não é psicanálise!". Impulsionados pelo ímpeto de desqualificar o novo curso, muitos analistas acabaram reduzindo o calibre do problema e, inevitavelmente, mais do mesmo foi falado e escrito em defesa da nossa formação e existência.

Vejamos, por exemplo, um trecho da pequena coluna publicada por Marco Antonio Coutinho Jorge, no dia 11 de janeiro de 2022, no jornal *Folha de S.Paulo*, intitulada "Bacharelado em psicanálise é aberração":[1]

> *Desde a criação da psicanálise por Sigmund Freud até os avanços substanciais da teoria e da clínica psicanalítica trazidos pelo ensino de Jacques Lacan, a formação analítica é oferecida* exclusivamente pelas sociedades de

[1] Disponível (*para assinantes*) em: https://www1.folha.uol.com.br/opiniao/2022/01/bacharelado-em-psicanalise-e-aberracao.shtml (acesso em outubro de 2022).

> psicanálise, *criadas para este fim há mais de cem anos. Nelas, o estudo da teoria psicanalítica é intimamente associado aos outros pilares – análise pessoal e supervisão clínica – que sustentam a formação como um conjunto consistente de atividades atravessadas pela experiência analítica pessoal dos analistas que ensinam.* (Jorge, 2022, grifos meus, n.p.)

Marco Antonio sustenta o seu ponto de vista mencionando breves passagens de um manifesto emitido pelo "Movimento Articulação das Entidades Psicanalíticas Brasileiras", criado há mais de 20 anos "com o objetivo de salvaguardar a especificidade da ética inerente à prática analítica" (Jorge, 2022, n.p.). O referido documento ressalta que reduzir a formação analítica ao mero conhecimento de *teorias* e *técnicas*, prometendo que em *quatro anos* todos os alunos estarão *aptos* para a prática psicanalítica, contradiz as bases que asseguram o ensino e a transmissão da psicanálise. Logo, a nova graduação em psicanálise estaria, segundo esse manifesto, totalmente fora dos padrões *formalmente* aceitos por nossa comunidade.

Lembremos, antes de qualquer coisa, que essa mesma graduação *não* promete entregar os alunos *formados* – no sentido mais amplo do termo. Ela se coloca como um pontapé inicial, com o objetivo de *inserir* os estudantes no mundo psicanalítico. Além disso, gostaria de levantar algumas provocações em torno desse impasse: em quais aspectos essa modalidade de curso se diferencia das outras formações em psicanálise, oferecidas por institutos renomados, que, geralmente, disponibilizam um certificado após quatro anos de frequência assídua e a realização de alguns trabalhos teóricos? Seria pelo fato de essa nova instituição universitária ainda não ter um grande nome de prestígio? Em caso afirmativo, ainda estaríamos presos a uma espécie de "lógica feudal" – que costumava valorizar pequenos nichos em detrimento de outros?

Tais indagações merecem alguns minutos da nossa atenção.

Seguindo com a leitura do texto de Jorge, nos deparamos com a seguinte frase: "Ou seja, a formação tem como base mais importante a experiência da análise pessoal, sem a qual não é possível ser analista" (2022) – o que é indiscutível, é válido dizer. E ele continua:

> *Instituir um curso de graduação de psicanálise, que apresenta claramente em seu bojo uma motivação empresarial e despreza os objetivos de uma formação legítima, é um grave atentado à existência da psicanálise como método de conhecimento e tratamento. Significa, outrossim, negar o protocolo de formação necessário e oferecer uma ilusão perniciosa aos jovens que desejam encontrar na psicanálise uma fonte de conhecimento que, para ser estendida a uma atividade clínica, exige o próprio tratamento do sujeito. Cabe ao Ministério da Educação rever a autorização que foi dada a este curso ignominioso que, de psicanálise, só tem o nome, nada mais. (Jorge, 2022, n.p.)*

Certamente os motivos que suscitaram a revolta de Marco Antonio não são banais. Muito pelo contrário, são completamente justificáveis. Entretanto, conseguimos identificar, no mínimo, *duas* rachaduras no edifício dessa argumentação, por mais que a intenção do autor possa ser considerada efetivamente válida e pertinente ao calor do debate.

A primeira delas consiste no fato de o artigo não explicar ao leitor *leigo* o que seria uma "formação em psicanálise" nos moldes preestabelecidos, já que a oferecida pelo modelo de uma graduação online, de acordo com Jorge, seria uma "aberração".

A segunda brecha refere-se à ausência de alternativas *concretas* para a proposta do bacharelado, sobretudo, no que diz respeito ao complexo e delicado tema da *democratização* da psicanálise, no âmbito da sua transmissão. O autor não sugere uma opção sequer acerca desse tema um tanto quanto espinhoso.

A partir dessa circunstância, abordo, a seguir, as duas fraturas apontadas no ensaio de Jorge, discutindo de maneira detalhada cada uma delas, na mesma proporção em que busco propor *alternativas* viáveis para tais inconsistências. Longe de encerrar as questões levantadas, pretendo expandir a finalidade dessa discussão, lançando luz em pontos que ainda permanecem obscuros.

Percorrendo os labirintos históricos da formação em psicanálise

> *Nesses institutos os candidatos se submetem eles próprios à análise, recebem instrução teórica, com aulas em todos os assuntos relevantes para eles, e desfrutam da supervisão de analistas mais velhos e experientes, quando lhes permitem fazer as primeiras tentativas em casos mais leves. Calcula-se aproximadamente dois anos para essa formação. Naturalmente, após esse tempo o indivíduo é apenas um iniciante, não é ainda um mestre. O que ainda falta precisa ser adquirido na prática e pela troca de ideias nas sociedades psicanalíticas, em que membros mais jovens se encontram com aqueles mais velhos. A preparação para a atividade analítica não é simples e fácil, o trabalho é duro e a responsabilidade é grande. Mas quem passou por essa aprendizagem foi ele próprio analisado . . .*, esse não é mais um leigo no campo da psicanálise. *(Freud, 1926/2014, pp. 187-188, grifos do autor)*

No período inicial da sua obra, Freud propõe que aquele indivíduo que gostaria de se tornar analista deveria começar analisando os seus próprios sonhos, já que esses fenômenos psíquicos carregam um conteúdo inconsciente riquíssimo e demonstram, ainda que de maneira velada, as diversas faces do desejo recalcado ou de uma desprazerosa *repetição traumática* (Freud, 1920/2010c). Porém, no decorrer da evolução de suas teses e com o crescimento da prática psicanalítica, o mestre de Viena se deu conta de que esse procedimento não era suficiente para *formar* um analista. Preocupado com os rumos da sua criação, começou a traçar os contornos do que deveria guiar a formação psicanalítica, com o intuito de evitar que "análises selvagens" fossem cometidas a torto e a direito.

Explico melhor: acontece que alguns médicos da época liam apenas uma pequena parte das teorias freudianas e simplesmente se *autorizavam* a exercer a clínica psicanalítica, lançando interpretações incisivas e equivocadas sobre o sintoma de seus pacientes. Essa postura de alguns iniciantes não escapou à pena de Freud, que não hesitou em elaborar um artigo advertindo os praticantes da que chamou de *análise selvagem*. O texto foi tão necessário naquele momento que acabou sendo publicado enquanto a psicanálise ainda era uma criança, em 1910.

Nesse trabalho, intitulado "Sobre psicanálise selvagem", Freud relata o caso de uma senhora que chega ao seu consultório queixando-se de profundos estados de angústia. "Com seus 40 e tantos anos, bastante conservada, mas, ao que parecia, não havia ainda fechado o ciclo de sua feminilidade" (Freud, 1910/2017a, p. 81). O motivo do seu sofrimento psíquico estava ligado ao divórcio do seu último marido. Entretanto, o estado de angústia da paciente havia piorado desde o dia em que ela realizou uma consulta com um jovem médico de seu bairro, que afirmou, com todas as letras, que a razão da sua ansiedade seria uma *necessidade sexual*. Isto é: na concepção do médico iniciante, ela estava sofrendo porque *estava sem sexo*. Logo, só havia três caminhos para a cura da paciente: voltar para o marido, ter um amante ou a satisfação solitária pela via da masturbação.

Diante dessa conjuntura, a pobre mulher estava convencida de que era *incurável*, pois não desejava reatar com o marido, e os dois outros meios iam contra a sua moral e religião. Porém, ela procurou Freud porque o médico tinha mencionado que aquela era uma abordagem *nova*, que se devia a ele e, portanto, seria recomendado que ela fosse confirmar com o próprio Freud, pessoalmente, que era assim mesmo que a psicanálise funcionava, e não de outra forma.

Indignado com esse relato, o mestre de Viena nos adverte que uma psicanálise *não* se consolida por meio dessa conduta e caso algum médico julgue necessário conversar com uma mulher sobre o tema da sexualidade, "terá de fazê-lo com *tato* e *discrição*" (Freud, 1910/2017a, p. 83, grifos meus). É interessante notar a sutileza do autor ao recomendar que os profissionais de saúde devem agir com *tato*,[2] especialmente ao tocar em assuntos tão delicados e complexos para determinados pacientes.

Com receio de essa situação vir a se repetir, Freud elabora, então, uma coletânea de "Artigos sobre a técnica psicanalítica", entre 1911 e 1915, na tentativa de estabelecer uma espécie de

---

[2] No meu último livro, publicado pela editora Blucher, intitulado *Por uma ética do cuidado: Ferenczi para educadores e psicanalistas* (Vol. 1) eu explico que, embora Freud tenha falado a respeito do "tato", foi Sándor Ferenczi quem se debruçou sobre o conceito, trazendo-o efetivamente para a prática clínica. Reproduzo a passagem na íntegra: "Outro conceito apresentado no texto sobre a 'Elasticidade da técnica' é a noção de *tato*, que Ferenczi define como a capacidade do analista de 'sentir com' [*Einfühlung*]. 'O tato aponta para uma distância justa, nem de mais nem de menos, um poder 'sentir com' sem 'ser como'" (Pinheiro, 2016, p. 105). Trata-se da aptidão do terapeuta para poder se envolver de modo empático e sensível com a causa de seu paciente, entendendo as razões de sua dor e sofrimento, sem se 'misturar' com ele, mantendo o distanciamento necessário à alteridade (Almeida, 2023, p. 222).

"padrão" para o *tratamento* e, obviamente, para a *formação*. Dentre eles, acho relevante comentar aqui o clássico *Recomendações ao médico que pratica a psicanálise* (1912). Em um recorte que aborda o tema da *formação do analista*, Freud escreve:

> *Anos atrás, dei a seguinte resposta à questão de como alguém pode tornar-se psicanalista: "Pela análise dos próprios sonhos". Tal preparação basta para muitas pessoas, certamente, mas não para todos que querem aprender a analisar. Além disso, nem todos conseguem interpretar os próprios sonhos sem ajuda externa. Incluo entre os muitos méritos da escola psicanalítica de Zurique ter reforçado essa condição e tê-la fixado na exigência de que* todo indivíduo que queira efetuar análise em outros deve primeiramente submeter-se ele próprio a uma análise com um especialista. *Quem levar a sério este trabalho deveria eleger esse caminho, que promete várias vantagens; o sacrifício de franquear a intimidade a um estranho, sem que a enfermidade o obrigue a isso, é amplamente recompensado. (Freud, 1912/2010a, p. 157, grifos meus)*

Portanto, não há escapatória, tampouco caminho mais curto. Para formar-se um analista, o indivíduo precisa vivenciar ele próprio, em *primeira pessoa*, um processo analítico.[3] Em resumo: não é possível conceber a existência de um psicanalista, caso ele mesmo não tenha vivido a experiência de uma análise na própria carne (e na alma).

[3] Apesar dessa recomendação de Freud, ainda é possível observar a uma série de *incoerências* e posturas de caráter duvidoso em nosso meio, como a arrogância, a prepotência, a soberba, a inveja, a competitividade etc. – características que, querendo ou não, também interferem na prática terapêutica.

Vale lembrar que a análise pessoal como condição para alguém "tornar-se analista" fora estabelecida por Jung – daí a referência feita por Freud no artigo de 1912 à "escola de Zurique", na época em que Jung era o presidente da recém-criada Associação Internacional, a IPA. Desde então, esse critério se tornou um argumento conhecido por todos nós.

Freud se justifica, em favor dessa proposição, mencionando a "condição psicológica" do psicanalista que deve, aos poucos, ser capaz de usar o "seu inconsciente como instrumento na análise", não podendo tolerar em si *mesmo*

> *resistências que afastam de sua consciência o que foi percebido por seu inconsciente; senão introduziria na análise um novo tipo de seleção e distorção, bem mais prejudicial do que a produzida pelo recurso à atenção consciente. (Freud, 1912/2010a, p. 156)*

Com efeito, quando falamos de formação, geralmente nos vêm à cabeça os tradicionais institutos psicanalíticos filiados à IPA (International Psychoanalytical Association) – conhecidos também como "Sociedades". Por um bom tempo, em nosso país, essas instituições foram as únicas "escolas" de formação de analistas. Tal *exclusividade* acabou restringindo a psicanálise a uma pequena *elite intelectual* das grandes capitais brasileiras – a começar por São Paulo e, posteriormente, o Rio de Janeiro.

Não custa lembrar que os cursos oferecidos por essas instituições possuem um preço excessivamente elevado para a nossa realidade sociocultural, além de exigir uma frequência de análise pessoal *quatro vezes por semana* com um analista didata. Trata-se, pois, de um membro mais experiente do *próprio instituto* que, por meio de um plano de carreira, alcança essa "titulação".

A meu ver, esse formato designa uma certa rigidez e fomenta, desde a sua origem, um debate espinhoso. Luiz Meyer, por exemplo, que é médico e psicanalista, membro efetivo da Sociedade Brasileira de Psicanálise de São Paulo, pertencente à IPA, tem sido um dos representantes do movimento que põe em xeque as eficácias dessa dinâmica. Cito o autor:

> *A ideologia é o recurso às ideias para legitimar e justificar formas determinadas de dominação (Chaui, 1980); no caso em questão, da análise didática,* dominação burocrática-intelectual. *Ela se apresenta como uma lógica coerente de representações e de conceitos que pretende substituir o real por um discurso sobre a realidade, ocultando sua gênese e dissimulando seu sentido. O caráter ideológico que a impregna é que faz com que a análise didática se apresente como algo essencial, universal, e que lhe* confere um cunho prescritivo, de fala reiterativa, fechada em si mesma. *(Meyer, 2021, p. 174, grifos meus)*

Apesar de concordar com o ponto de vista do autor, não me aprofundarei nessa discussão por extrapolar o escopo desse escrito.

Durante anos as instituições filiadas à IPA restringiram a entrada no curso de formação apenas a *médicos* e a *psicólogos*, exigência que se encaminhava na direção oposta das recomendações do próprio Freud, publicadas no ensaio "A questão da análise leiga" (1926). Raramente eram aceitos candidatos de outras áreas, e quando o faziam, o indivíduo tinha de passar por uma *comissão julgadora específica*, responsável por avaliar a sua "capacidade" para o ingresso no curso – nada mais constrangedor, uma vez que esse processo ficaria carimbado como um caso de "exceção à regra". Surpreendentemente, atualmente existe uma gama de institutos que permanecem funcionando nesses mesmos moldes e se consideram, igualmente, os detentores da "verdadeira psicanálise". Nesse sentido, nunca é tarde para retomarmos os dizeres de Freud:

> *Isso levou à questão, ardorosamente discutida pelos colegas, de qual seria a formação mais adequada para um analista. Sustentei e continuo sustentando, que* não é aquela que a universidade prevê para um médico. *A assim chamada função médica me parece um caminho tortuoso para a profissão de psicanalista, que, é verdade, proporciona muita coisa indispensável para o analista, mas também o* sobrecarrega com muitas outras que ele jamais utiliza, *e traz o perigo de que seu interesse e seu modo de pensar sejam* afastados da compreensão *dos fenômenos psíquicos. (Freud, 1926/2014, p. 220, grifos meus)*

A história começa a ganhar novas nuances no ano de 1975, mais precisamente na cidade de São Paulo, com a origem do instituto Sedes Sapientiae onde se inicia o curso dirigido por Regina Schnaiderman e Roberto Azevedo (ele da IPA, ela não). "O instituto vem se mantendo ao longo de diversas mudanças de currículo, de cisões e modificações no seu sistema de direção; em 1985 foi fundado o departamento de psicanálise e, em 1988, a revista *Percurso* (Mezan, 2019, p. 224).

Simultaneamente, desponta no Brasil o movimento lacaniano. "Em 1974, Oscar Masotta havia fundado a escola freudiana de Buenos Aires, a qual influenciou muitos dos analistas que aqui vieram aportar" (Mezan, 2019, p. 224). Naquela época, Lacan ainda era vivo e considerado por seus discípulos como "o contestador que ousava enfrentar a IPA e promover um retorno a Freud, liberando a psicanálise do entulho americano (psicologia do ego)" (Mezan, 2019, pp. 224-225). Em 1975, organizam-se os primeiros círculos lacanianos propriamente ditos (os centros de estudos freudianos em São Paulo, Rio de Janeiro e Recife), dirigidos por brasileiros que haviam estudado na França e em Louvain, na Bélgica (Mezan, 2019).

Em 1980, nasce o Centro de Estudos Psicanalíticos (CEP), localizado na região de Perdizes, em São Paulo. O espaço foi criado por Ernesto Duvidovich e Walkiria Del Picchia Zanoni, tendo como objetivo propor uma formação pluralista, que incluísse todos os discursos desenvolvidos no campo conceitual freudiano. A instituição defende que essa troca entre os discursos é um fenômeno enriquecedor para o desenvolvimento de um referencial singular próprio a cada estudante e, ao longo de sua existência, tem colaborado para a formação de psicanalistas menos submetidos a um dogma, tanto teórico quanto institucional.

Desde então, diversas instituições surgiram e outras desapareceram, enquanto algumas das mais tradicionais mudaram de orientação, numa virada de 180 graus. "Seja como for, o monopólio da IPA foi quebrado, *e nada indica que será reconstituído*" (Mezan, 2019, p. 227, grifos meus). Porém, isso significa dizer que a formação psicanalítica se tornou mais acessível? Em partes sim, em outras, não.

Alguns desses institutos sérios e renomados se alinharam a importantes causas políticas e sociais, facilitando o ingresso e a formação de uma clientela mais popular e menos elitizada. Outros, embora não sejam filiados à IPA, ainda mantêm valores exorbitantes em suas mensalidades; o que acaba dificultando o acesso de um contingente populacional menos *exclusivo* e *privilegiado*.

Assim, realizar uma formação psicanalítica nesses lugares de prestígio ainda é um *sonho distante* para quem vive nas periferias das grandes metrópoles.

Não existe isso que vocês chamam de formação

O título deste item propõe uma analogia com a famosa e clássica expressão de D. W. Winnicott: "*isso que chamam de bebê não existe*" (Winnicott, 1952/2021, p. 215, grifos do autor). Esclareço: o pediatra inglês nos exorta para o fato de que, ao observarmos um bebê, *não* o encontramos sozinho, e sim *associado* a alguém que dele cuida, atestando que o que existe, no início, está além do indivíduo e corresponde à unidade sujeito-ambiente.

No que tange à formação em psicanálise, podemos dizer que um analista *não se constrói sozinho*, ou seja, ele é fruto de um percurso institucional, de estudos compartilhados, de supervisões clínicas, de sua prática analítica, e, principalmente, de sua própria análise pessoal. Além disso, a nossa ocupação se enriquece por meio dos laços, dos encontros, do diálogo com os pares e da inserção do psicanalista na cultura, na política e na sociedade.

Nesse sentido, é correto dizer que existe uma *única* maneira de conceber o processo de formação?

Acredito que a resposta a essa pergunta seja um grande e assertivo "não". Ora, uma formação psicanalítica *não ocorre* exclusivamente dentro dos muros dos institutos de psicanálise. Sim, um psicanalista pode seguir uma formação *autogerida* (ver o Capítulo 2, de Alfredo Naffah Neto, presente nesta obra), o que não significa, em absoluto, o mesmo que uma formação *solitária* e *independente*. Melhor dizendo: um estudante pode optar por cursar *seminários teóricos* com profissionais que admira ou em espaços da sua preferência (universidades, instituições ou grupos de estudos); participar de *supervisões* de casos clínicos (de modo coletivo ou individual); e, por fim, manter a frequência de sua *análise pessoal* com quem ele bem desejar, desde que seja uma análise "de verdade", norteada pelos pressupostos éticos da criação freudiana.

Imagino que agora o leitor deve estar se interrogando: "o que seria uma análise *de mentira*?"

Com o crescimento da psicanálise, diversos indivíduos passaram a seguir literalmente a expressão de Lacan: "o analista se autoriza a si mesmo", fazendo dela um escudo para o charlatanismo. *Grosso modo*, muita gente da área acaba misturando a psicanálise com recortes da psicologia analítica, da fenomenologia, da terapia com florais, do psicodrama e, inclusive, da espiritualidade. Nada disso tem a ver com os princípios que orientam a ética psicanalítica.

Analisando esse impasse, Freud escreve, em 1933, uma conferência em que fica evidente a sua preocupação com essa "mistura" da psicanálise e outras psicoterapias:

> *Na realidade, é a técnica que obriga à especialização da atividade médica. Do mesmo modo, a cirurgia e a ortopedia tiveram que se separar uma da outra.* A atividade psicanalítica é difícil e exigente, *não pode ser manejada como os óculos que pomos para ler e tiramos para passear. Via de regra,* ou a psicanálise tem o médico por inteiro ou não o tem absolutamente. *Os psicoterapeutas que se utilizam ocasionalmente da psicanálise não se acham, pelo que conheço, em terreno psicanalítico firme; não aceitaram a análise inteira, mas sim a diluíram, tiraram-lhe o "veneno" talvez.* Não podemos contá-los entre os analistas. *(Freud, 1933/2010b, p. 316, grifos meus)*

Trocando em miúdos: o psicanalista pode, inclusive é recomendado, ler e estudar outros assuntos que não se limitam à psicanálise (arte, filosofia, religião, literatura, biologia, sociologia, política, história etc.), mas, na prática terapêutica, ele *deverá* se respaldar na *teoria* e na *técnica* psicanalítica de maneira apropriada.

Por essa e outras razões é que não podemos afirmar, em hipótese alguma, que um curso de graduação em psicologia "forma" psicanalistas.[4] Até porque uma coisa não tem relação alguma com a outra e, cabe destacar, a psicanálise *não é* uma abordagem da psicologia. Ela é uma disciplina própria, com critérios específicos que a configuram como um todo. Por isso, a afirmação de Freud (1933) é tão enfática/decisiva: *ou a psicanálise tem o seu praticante por inteiro ou não o tem absolutamente.*

É incontestável que a onda de crescimento da psicanálise, desde o início da pandemia de covid-19, em março de 2020, *facilitou* o acesso a muitas informações que passaram a circular em diversos campos, talvez nunca imaginados, por meio das redes sociais. Porém, o nosso ofício não pode ser aprendido apenas por intermédio de vídeos do YouTube ou episódios de *podcasts.* Caso contrário, corremos o grande risco de observar um aumento significativo de "análises selvagens" ou, como tem sido cada vez mais comum, de *vigarices.*

Nesse aspecto, Sándor Ferenczi (1873-1933), analista húngaro e um dos mais brilhantes e originais discípulos de Freud, atribui um destaque especial à chamada "*segunda regra fundamental da psicanálise*, isto é, que *quem quer analisar os outros deve, em primeiro lugar, ser ele próprio analisado*" (Ferenczi, 1928/2011a, p. 31, grifos do autor). Logo,

> *É fácil reconhecer os analistas não analisados (selvagens) e os pacientes incompletamente curados, pois sofrem de uma espécie de "compulsão para analisar"; a motilidade livre da libido, após uma análise terminada,*

---

[4] Ver o capítulo 1, intitulado "Psicanálise na graduação de psicologia", do meu livro *Psicanálise de boteco: o inconsciente da vida cotidiana*, publicado pela Paidós (Almeida, 2022).

> *permite, em compensação, deixar governar, se necessário, o* autoconhecimento e o autocontrole analíticos, *mas sem ser impedido por outro lado, de maneira nenhuma, de* desfrutar simplesmente a vida. *(Ferenczi, 1928/2011a, p. 40, grifos meus)*

É somente por meio da análise pessoal que desvelamos as nossas inseguranças e assumimos, de maneira legítima, as nossas potencialidades, dissolvendo a neblina da vaidade narcísica que nos impede de descobrir o que está além de nós mesmos. É com a nossa própria análise que apreendemos, *na prática*, a tópica, a dinâmica e a economia do aparelho psíquico, alçando transformações gradativas, oriundas do poder da escuta (de si e do outro).

Acerca do estudo teórico, é pertinente tecermos algumas considerações. É fundamental iniciar a nossa jornada com os estudos da teoria freudiana – o que leva tempo e paciência. Freud é um pensador complexo, embora tenha uma escrita cristalina, fluida e bastante generosa. Seu pensamento é tipicamente científico:[5] diz e se contradiz, volta atrás, acrescenta diversas notas de rodapé na mesma proporção em que produz novas descobertas. Deixa espaço para inovações, propõe diálogos com o contexto sócio-histórico e, por último, mas não menos importante: *é um autor assustadoramente atual.* Além disso, cada vez que retomamos os seus artigos, descobrimos um ponto que havia nos escapado em uma primeira leitura – é importante pontuar: *sempre escapa algo.*

---

[5] O "pensamento científico" refere-se a uma abordagem sistemática e racional para entender o mundo natural por meio de observação, experimentação, análise crítica e interpretação dos dados coletados. Ele se baseia em princípios como a objetividade, a verificabilidade, a replicabilidade e a busca por evidências empíricas. Uma de suas características fundamentais é a abertura para o *questionamento* e *a revisão das ideias* com base em novas informações ou descobertas.

Porém, a psicanálise se expandiu e ganhou outros autores que deixaram contribuições indispensáveis para a nossa formação. Apenas para citar alguns que considero principais: Ferenczi, Klein, Bion, Winnicott e Lacan; cada um deles autores de vértices teóricos que constituem um verdadeiro universo, o que exigirá do estudante horas a fio de dedicação. Nesse sentido, é aconselhável que possamos dividir essas leituras com colegas, na companhia de um bom "analista-professor" capaz de transmitir os conteúdos com didática, coerência e rigor. Na esfera da transmissão teórica, é indispensável que o docente consiga cotejá-la com a nossa realidade social, provocando a construção de um pensamento *crítico* e menos engessado, alinhado às demandas da contemporaneidade.

Entretanto, há de se levar em conta outro aspecto importante da formação pouco abordado até agora: a *supervisão*. A meu ver, essa é uma das atividades mais enriquecedoras para um analista em construção. É recomendável, inclusive, que ela aconteça antes mesmo de se iniciar os atendimentos, mediante a frequência a *seminários clínicos*, oferecidos por instituições ou profissionais mais experientes. Trata-se de um encontro em que um dos psicanalistas (ou o próprio supervisor) leva alguns recortes de um caso e compartilha com os seus colegas, dividindo as inquietações e os "pontos cegos" desse atendimento. É o momento de *ouvir* e *não de julgar* o que foi feito pelo outro como certo ou errado – embora seja comum o relato de supervisões que tiveram desfechos catastróficos, incluindo participação de supervisores autoritários e estudantes armados de moralismo e arrogância.

Como encontro humano que é, a supervisão deve ser um exercício de *solidariedade* e *empatia*, e menos de *instrução*. Portanto, mais afeita às artes da existência, a um cuidado de si, do que ao exercício de um poder pastoral ou uma prática educativa. É aconselhável também que o recurso de supervisão se mantenha ao longo de toda a atividade clínica de um psicanalista. Muitos, inclusive, escolhem um supervisor de acordo com as suas afinidades teóricas e afetivas – *transferenciais*. Uma observação: esses encontros precisam ser cuidadosamente respaldados pelo *sigilo ético*, certificando-se de que a identidade do paciente não corre o risco de ser exposta a seus conhecidos e familiares, mesmo que involuntariamente – o que poderia ser uma triste coincidência e um desastre para o tratamento.

Podemos supor que, numa supervisão, quando bem conduzida, sempre haverá um *terceiro*, simbólico ou não, que nos impulsiona a sair de um pensamento solipsista para uma comunicação *com* um outro, em direção ao externo. Esse terceiro é um destinatário para uma narrativa nova, daquilo que vai poder ser lembrado e, então, finalmente esquecido, elaborado e, por fim, *transformado* (Porto, 2015). Finalmente, a supervisão se oferece como um lugar de *provocação*, *continuidade* e *rupturas* em nossa autoanálise. Se "a guerra é a continuação da política por outros meios", "a supervisão é a análise continuada por outros meios", na proposição afortunada de Fabio Herrmann (2001, p. 122).

Acredito que, após esses esclarecimentos, o público leigo possa se sentir mais familiarizado com as diretrizes que orientam o nosso percurso de formação.

Busquei descrever, brevemente, os três aspectos que compõem o famoso *tripé*: análise pessoal, estudo teórico e supervisão. Vimos, também, que existem várias maneiras de cruzar esse caminho *árduo* e *infinito*, pois em cada momento da história da civilização enfrentamos diferentes questões que tecem a complexa trama dos sofrimentos psíquicos.

Grosso modo, o analista precisa estar *atualizado*, em *sintonia* com as outras áreas do conhecimento e com as constantes transformações da cultura. Com efeito, um analista que só lê livros de psicanálise dificilmente estará preparado para compreender as narrativas de angústia dos seus analisandos, constituídas a partir de temas como o racismo estrutural, as questões de identidade e gênero, o desemprego ocasionado pela crise econômica e política, a homofobia, a intolerância religiosa, a violência doméstica etc.

Fechar-se na bolha de um único interesse pode ser um grande impasse à escuta analítica. A mesma reflexão aplica-se ao dogmatismo teórico, tão frequente em nosso meio – refiro-me aqui aos famosos "ianos" (kleinianos, lacanianos, winnicottianos, dentre outros), que se *recusam* a estudar qualquer outra coisa que não tenha sido escrita ou falada por seu autor de estimação; isso não quer dizer que não possamos ter uma inclinação teórica de preferência.

Uma questão espinhosa: a democratização da transmissão

Antes de prosseguir, retomemos alguns aspectos importantes tratados anteriormente:

- o pilar da formação analítica consiste na análise pessoal do candidato;
- o estudo da teoria é contínuo e permanente, envolvendo outras áreas do conhecimento que não se restringem à psicanálise, podendo ocorrer *dentro* e *fora* das instituições;
- é indispensável que o analista participe de seminários clínicos e realize supervisão com um profissional mais experiente, no decorrer de seus atendimentos.

Na ausência de um desses três itens, não há formação que se sustente. Portanto, reduzir esse percurso a um determinado prazo cronológico seria, no mínimo, inconcebível. *A formação psicanalítica é permanente.* Trata-se de um *projeto de vida*, que leva tempo e investimento (não apenas financeiro).

Isto posto, podemos começar a falar de democratização.

Partindo da suposição de que um analista se forma no *divã*, o primeiro aspecto que deve ser abordado é, justamente, a questão da possibilidade de acesso a um tratamento psicanalítico por uma população mais vulnerável, marcada pela violência da exclusão social.

A nossa disciplina sempre carregou a fama de ser *cara* e *elitizada* – o que não é nenhuma mentira, convenhamos. Contudo, muitas instituições psicanalíticas oferecem redes de atendimento com valores justos e adequados – e isso já vem ocorrendo há alguns anos. Além disso, existem diversos projetos sociais voltados para a prática de uma psicanálise popular com atendimentos públicos, mantidos por ONGs, universidades e profissionais independentes. É preciso mencionar também a grande quantidade de psicanalistas com uma formação sólida, séria e consistente que praticam a chamada "clínica social", reservando uma parcela de seus atendimentos para pessoas que não podem arcar com os custos "normais" de uma sessão de análise. Esse trabalho é louvável e tem feito a psicanálise conquistar territórios jamais imaginados. Tal movimento corresponde à concretização de um dos sonhos do próprio Freud que, numa conferência de 1918, em Budapeste, declarou abertamente:

> *Por outro lado, pode-se prever que, em algum momento, a consciência da população acordará e a alertará para o fato de que o pobre tem o mesmo direito à assistência anímica que ele já tem agora à assistência cirúrgica, que salva vidas.* E que as neuroses não são menos ameaçadoras à saúde da população que a tuberculose e que, assim como esta, não podem ser deixadas a cargo de cada pessoa do povo. . . . *Esses tratamentos serão gratuitos. Pode ser que leve muito tempo até que*

> *o Estado perceba esses deveres como sendo urgentes. (Freud, 1919[1918]/2017b, p. 201, grifos meus)*

De um modo ou de outro, a psicanálise se *inova* no cenário de crise social. É a escuta das demandas do nosso tempo que mantém o nosso saber vivo e criativo, obrigando-nos a dar conta do sofrimento e da miséria que se apresentam diante de nós enquanto algo desconhecido e que intimidam a nossa ética, lançando-nos a um lugar de desconforto e adaptação. Ora, a própria pandemia nos ensinou que podemos sustentar uma análise inteiramente *on-line* – fenômeno que acabou facilitando ainda mais o acesso das pessoas a um processo analítico.

Advém que, nesse contexto, encontramos a "solução" para somente *um* dos três vértices do tripé da formação. Porém, o que fazer com os outros dois (a saber, o estudo da teoria e a supervisão)?

Ao realizar uma pesquisa rápida na internet, é possível ter uma base do custo de alguns seminários teóricos oferecidos por instituições de importante relevância em nossa comunidade. Constatamos, com essa busca, que as mensalidades giram em torno de *trezentos* a *seiscentos* reais; valores inacessíveis à maior parte da população brasileira. Embora alguns locais ofereçam uma porcentagem de bolsas (integrais ou parciais), o ingresso nesses cursos fica bastante limitado.

No que tange às supervisões, elas geralmente possuem preços variáveis, dependendo do psicanalista que coordena os encontros coletivos ou que oferece esse serviço na modalidade de sessão individual. No entanto, determinados institutos de formação disponibilizam uma quantidade de vagas gratuitas para alunos ouvintes em seus seminários clínicos.

Assim, o indivíduo que procura por uma formação em psicanálise se vê perdido diante de tantas opções e, ao mesmo tempo, barrado por suas limitações financeiras. Além disso, circula por aí a promessa de "objetos de fetiche", como "carteirinha" e "distintivo" de psicanalista, oferecidos ao final de um curso de seis meses a um ano (totalmente online). Tais utensílios funcionam (pelo menos na fantasia de quem os criou) como *garantia* e *autorização* para clinicar.

Por mais que essas bizarrices nos pareçam cômicas e/ou trágicas, elas fazem brilhar os olhos de quem está em busca de uma nova carreira ou da oportunidade de um trabalho remunerado. Não podemos nos esquecer, entretanto, que o charlatanismo se aproveita justamente da condição de *fragilidade* humana.

Seguindo por esse mesmo caminho, no ano de 1911, em uma conferência feita na cidade de Nuremberg, durante o II Congresso de Psicanálise, Sándor Ferenczi nos lança um alerta com certo tom de presságio:

> *Mas a maneira mais perigosa e a mais desprezível de aprovar as teorias de Freud consiste em redescobri-las e propagá-las sob um outro nome. . . . Tais amigos constituem para a psicanálise uma ameaça maior do que a de seus inimigos. O perigo que nos espreita, de certa maneira,* é que viéssemos a ficar em moda e crescer rapidamente o número daqueles que se dizem analistas sem o ser. *(Ferenczi, 1911/2011b, p. 174, grifos meus)*

Com o objetivo de evitar tamanhos desastres, é necessário nos *aproximarmos* do público, esquivando-nos do jargão, do pedantismo e do modelo excessivamente erudito incompatível com o nosso tecido social. Precisamos nos desconstruir para construir novas possibilidades, a começar pela nossa própria escrita: um texto de psicanálise deve ser compreendido por *qualquer* leitor, seja ele da área ou não. Tal atitude retira o conhecimento de um lugar privilegiado e inacessível, desmistificando as características que subjazem o nosso ofício.

Como escreve Jorge Broide no prefácio do livro *As clínicas públicas de Freud: psicanálise e justiça social*, de Elizabeth Ann Danto (2019):

> *O momento histórico brasileiro tem mobilizado também diferentes associações psicanalíticas que buscam outras formas de inserção e de atendimento clínico no campo social, numa sinergia que vai colocando como algo inexorável o olhar para fora de sua própria instituição e da classe social de seus membros. É cada vez mais claro para todos os membros da comunidade psicanalítica que o isolamento do mundo cotidiano faz com que a psicanálise perca cada vez mais espaço na atualidade. (Broide, 2019, p. XVII)*

Estou de pleno acordo com Broide, e penso que falar de formação convoca a nossa disposição para acolher a diversidade, reconsiderando o lugar que ocupamos nesse processo; um posto de *responsabilidade* ética. Para que a psicanálise sobreviva é fundamental estabelecermos mais laços do que rupturas e, nessa perspectiva, é urgente a criação de diálogos.

Sobre a estrutura do livro

Finalmente, passo à introdução dos temas que serão abordados neste livro. Porém, seria inconcebível falar de cada capítulo, mesmo que de maneira sucinta, pois todos eles são tão gigantes e singulares que, ao fazer isso, eu corro o grande risco de minimizar a potência dos textos que estruturam o conjunto.

A "graça" desta obra consiste justamente na *surpresa* e na *pluralidade*.

Esclarecer, discutir e provocar me parece bem melhor do que encerrar uma discussão com "isso ou aquilo", conforme escreveu a genial Cecília Meireles, metaforizando o funcionamento do pensar infantil. Merecemos mais do que simples polarizações e/ou dicotomias. Os leitores também merecem.

Se, de acordo com o campo psicanalítico, o dispositivo proposto pelo bacharelado não atende às respectivas exigências para uma formação em psicanálise, precisamos cogitar alternativas coerentes e realizáveis, deixando de lado certas utopias e convicções. Não obstante, devemos questionar os motivos que sustentam esse argumento (um tanto quanto preconceituoso, aliás).

Nesse sentido, os ensaios aqui reunidos apontam para essas possibilidades, sem quaisquer reducionismos. Alguns se orientam por uma perspectiva mais crítica e social, outros se respaldam nas falhas que incidem na formação analítica contemporânea, e há aqueles que se guiam por uma vertente mais histórica.

Assim, o nosso leitor pode, ao estilo de Winnicott, brincar com a estrutura deste livro, saboreando cada capítulo na ordem de um clássico menu degustação: entrada, prato principal e sobremesa, ou escolher *à la carte* os ensaios que lhe interessam.

Todavia, adianto: *todos* os textos são imprescindíveis para repensarmos os alicerces da formação psicanalítica e os seus concernentes rumos na contemporaneidade.

Desejo a todos uma excelente leitura.

Referências

Almeida, A. P. (2022). *Psicanálise de boteco: o inconsciente da vida cotidiana*. Planeta.

Almeida, A. P. (2023). *Por uma ética do cuidado: Ferenczi para educadores e psicanalistas* (Vol. 1). Blucher.

Barros, M. (1999). *Exercícios de ser criança*. Salamandra. (E-book)

Broide, J. (2019). Prefácio. In E. A. Danto, *As clínicas públicas de Freud: psicanálise e justiça social*. Perspectiva.

Freud, S. (2010a). Recomendações ao médico que pratica a psicanálise. In S. Freud, *Obras completas* (Vol. 10). Companhia das Letras. (Trabalho original publicado em 1912)

Freud, S. (2010b). Conferência 34: Esclarecimentos, explicações, orientações. In S. Freud, *Obras completas* (Vol. 18). Companhia das Letras. (Trabalho original publicado em 1933)

Freud, S. (2010c). Além do princípio de prazer. In S. Freud, *Obras completas* (Vol. 14). Companhia das Letras. (Trabalho original publicado em 1920)

Freud, S. (2014). A questão da análise leiga: diálogo com um interlocutor imparcial. In S. Freud, *Obras completas* (Vol. 17). Companhia das Letras. (Trabalho original publicado em 1926)

Freud, S. (2017a). Sobre psicanálise "selvagem". In S. Freud, *Obras incompletas de S. Freud* (Vol. 6). Autêntica. (Trabalho original publicado em 1910)

Freud, S. (2017b). Caminhos da terapia psicanalítica. In S. Freud, *Obras incompletas de S. Freud* (Vol. 6). Autêntica. (Trabalho original publicado em 1919[1918])

Ferenczi, S. (2011a). Elasticidade da técnica psicanalítica. In S. Ferenczi, *Obras completas* (Vol. 4). Martins Fontes. (Trabalho original publicado em 1928)

Ferenczi, S. (2011b). Sobre a história do movimento psicanalítico. In S. Ferenczi, *Obras completas* (Vol. 1). Martins Fontes. (Trabalho original publicado em 1911)

Herrmann, F. (2001). A supervisão vista de baixo. *Jornal de Psicanálise, 34*, 111-138.

Jorge, M. A. C. (2022, janeiro 19). Bacharelado em Psicanálise é aberração. *Folha de S.Paulo*. https://www1.folha.uol.com.br/opiniao/2022/01/bacharelado-em-psicanalise-e-aberracao.shtml

Mezan, R. (2014). *O tronco e os ramos*. Companhia das Letras.

Mezan, R. (2019). *Interfaces da psicanálise*. Blucher.

Meyer, L. (2021). *Navegação inquieta: ensaios de psicanálise*. Blucher.

Porto, T. S. (2015). Supervisão: ato político de amizade. *Jornal de Psicanálise, 48*(89), 43-52.

Winnicott, D. W. (2021). Ansiedade associada à insegurança. In D. W. Winnicott, *Da pediatria à psicanálise*. Ubu. (Trabalho original publicado em 1952)

1. A sombra do machismo e a formação psicanalítica: revisitando o legado de Melanie Klein

Alexandre Patricio de Almeida

É muito difícil ficar sozinha, e é preciso muita coragem e força, mas acredito que você tenha essas duas qualidades e, portanto, não duvido que no final você consiga. O adequado é que você tenha paciência. Eu mesma experimentei tanto o isolamento que posso simpatizar plenamente com a sua posição. Mesmo agora quando tenho vários amigos competentes e confiáveis para compartilhar o meu trabalho, a sensação de isolamento não desapareceu. Numa sociedade onde trabalho há 32 anos, ainda posso encontrar uma notável falta de compreensão e boa vontade na maioria dos colegas. A minha resposta ao desinteresse deles, à sua inveja e aos seus ciúmes, foi sempre escrever e, aliás, apesar da posição controversa em que me encontro, não há dúvida de que as minhas pesquisas estão seguindo o seu caminho.

Trechos de uma carta de M. Klein para Marcelle Spira, de 18 de junho de 1958.[1]

---

[1] Quinodoz, 2015, p. 92, tradução minha.

O meu objetivo, neste capítulo, é apresentar ao leitor a *importância* e, paradoxalmente, a *ausência* da leitura e do estudo de autoras mulheres durante o processo de formação psicanalítica em nossos dias atuais. No entanto, por questões de tempo e de espaço seria praticamente impossível mensurar, com detalhes – ainda que brevemente –, as contribuições teóricas e clínicas das grandes psicanalistas que marcaram a história da nossa disciplina. À guisa de exemplo, menciono aqui nomes como: Sabina Spielrein, Marie Bonaparte, Lou Andreas-Salomé, Anna Freud, Melanie Klein, Hanna Segal, Paula Heimann, Susan Isaacs, Françoise Dolto etc.

Todas essas mulheres (e diversas outras que não citei) protagonizaram descobertas originais no que tange aos alicerces da psicanálise e, não raramente, as suas ideias foram apropriadas por autores homens que, quando muito, citavam sua "fonte de inspiração" em uma única e miserável nota de rodapé. Foi o que aconteceu com o próprio Freud, aliás, quando escreveu o clássico *Além do princípio de prazer* (1920), fortemente inspirado pelo artigo de Sabina Spielrein, produzido anos antes do ensaio freudiano, em 1912, intitulado "A destruição como origem do devir". Sabina, como muitas mulheres de seu tempo, acabou caindo no esquecimento, sendo resgatada, recentemente, pelas pesquisas da nossa querida Renata Udler Cromberg, que publicou dois volumes dedicados a essa autora pela editora Blucher.

Diante das justificativas apontadas, irei me ater ao pensamento de apenas *uma* dessas grandes mulheres: mais especificamente sobre as ideias de Melanie Klein, pois, a meu ver, ela é uma das pensadoras que compõem a *base*[2] da formação psicanalítica – ao

[2] Uso a palavra "base", pois considero as contribuições teóricas desses autores fundamentais para compreender as teses de pensadores que vieram *depois* e foram fortemente inspirados pelas suas descobertas desses *clássicos* (Freud, Ferenczi, Klein e Winnicott); como é o caso de Bion e de Lacan, por exemplo.

lado de Freud, de Ferenczi e de Winnicott. Apesar disso, ela ainda é pouco estudada nos institutos e escolas de psicanálise. Tal premissa que, a princípio, pode parecer rasa e leviana, é frequentemente confirmada por mim ao me deparar com a queixa de diversos estudantes e profissionais, que me procuram nas redes sociais, em busca de materiais e grupos de estudos sobre a teoria kleiniana, pois, segundo eles, as ideias dessa autora não são devidamente trabalhadas nos cursos de formação.

Além disso, pretendo, por meio de uma resumida descrição da biografia de Klein, demonstrar o quanto a prática da análise pessoal é um aspecto *indispensável* para a "construção" de um psicanalista. Para tanto, enfatizo o momento em que ela encontrou Sándor Ferenczi, analista responsável por resgatá-la das mazelas de uma depressão grave e apresentá-la ao universo psicanalítico. Melanie Klein, portanto, foi a "prova viva" de que uma análise, *quando bem-feita*, pode alterar os rumos da vida de alguém e, nesse sentido, não há como conceber a hipótese da existência de um analista que não tenha sido, ele mesmo, *analisado*.

Sobre o meu encontro com Melanie Klein

O meu interesse pelo pensamento de Melanie Klein surgiu após a leitura de um dos seus artigos mais tradicionais: "Amor, culpa e reparação" (1937/1996b). Nessa época, eu ainda era um menino de dezenove anos, e estava cursando o quarto semestre da graduação de pedagogia. Contudo, não foi na faculdade que esse encontro aconteceu. Fui apresentado às teses da autora em um curso de extensão da PUC-SP, realizado no ano de 2009, chamado "Sujeitos da psicanálise". Lembro-me, nitidamente, dos afetos que me invadiram à medida que mergulhava nas águas turvas do arcabouço kleiniano: um misto de *entusiasmo* e *desespero*.

A verdade é que Klein nos convoca para uma viagem às profundezas do nosso mundo interno. Os seus textos despertam um incômodo, parecido com o *das Unheimliche* freudiano (Freud, 1919/2010). Ao dissecar o inconsciente da criança, ela "nos coloca diante de um *outro saber*, saber enigmático próprio da *fantasia* e que se mantém rebelde ao 'esclarecimento'" (Kristeva, 2002, p. 51, grifos da autora). Para ela, nascemos fragmentados pela intensidade das forças destrutivas do *instinto de morte* e, assim, passamos a vida inteira tentando lidar com as suas implicações. Na perspectiva de Klein, somos, por lei, sujeitos divididos. Amor e ódio, inveja e gratidão, culpa e reparação consistem em alguns dos diversos dualismos que travam batalhas épicas em nossa dimensão psíquica.

Diferentemente do estilo de Freud – elegante, poético e refinado –, Melanie Klein escreve "sem filtros", conforme a expressão coloquial. Ela escancara as cicatrizes da alma e expõe as feridas que constituem as origens dos nossos conflitos emocionais. É o que notamos, por exemplo, quando ela decide explicar os impulsos que embasam o ciúme infantil: "Surgem então desejos de mutilar o útero da mãe e destruir o bebê que se encontra lá dentro, *mordendo-o e cortando-o* – fantasias típicas da criança durante a gestação de um irmão mais novo" (Klein, 1927/1996a, pp. 201-202, grifos meus).

Penso hoje que suas palavras nos remetem à potência desconcertante das frases desenhadas por Clarice Lispector: "Sigo o tortuoso caminho das raízes arrebentando a terra, tenho por dom a paixão, na queimada de tronco seco contorço-me às labaredas" (Lispector, 2020, p. 18). Trata-se, pois, de duas autoras geniais. Duas *mulheres*. Cada uma, ao seu modo, colaborou para deixar um legado consistente que permanece pulsando dentro de nós.

Movido, assim, pelo desejo de me aprofundar no universo kleiniano, ingressei, em 2016, no Programa de Estudos Pós-graduados em Psicologia Clínica da PUC-SP, no qual acabei desenvolvendo uma dissertação de mestrado, sob a orientação do prof. dr. Alfredo Naffah Neto. A pesquisa teve como título: "Psicanálise e educação escolar: contribuições de Melanie Klein", e foi publicada, posteriormente, em formato de livro pela editora Zagodoni (2018).

Durante esse período, tive a oportunidade de percorrer os caminhos labirínticos da tradição kleiniana, expandindo os meus estudos por intermédio das contribuições de outros autores que se alinharam a essa linhagem específica da psicanálise inglesa: Susan Isaacs, Hanna Segal, Herbert Rosenfeld, John Steiner, Joan Riviere, Robert Caper, Elizabeth Spillius, Betty Joseph, Roger Money-Kyrle, Paula Heimann e Wilfred Bion – os dois últimos acabaram se afastando de Klein por conta da originalidade de seus conceitos.[3]

No entanto, é preciso fazer um acréscimo: antes de começar o mestrado, frequentei algumas *escolas tradicionais* de psicanálise, localizadas na cidade São Paulo, nas quais realizei alguns cursos de "formação"[4] – um no Centro de Estudos Psicanalíticos e outro no Instituto Sedes Sapientiae. Cabe destacar que, nesse período, li muito pouco ou quase nada dos textos kleinianos e, raramente, os professores mencionavam as suas ideias, inclusive nos seminários clínicos. O foco das disciplinas consistia, especialmente, nas obras de Freud e Lacan.

Com a entrada no mundo acadêmico, passei a participar de congressos, colóquios e simpósios de psicanálise. Porém, um

---

[3] Paula Heimann foi excluída do grupo kleiniano após defender o uso da "contratransferência", no XVI Congresso da IPA, em Zurique – ideia da qual Klein discordava veementemente. Ver Heimann, P. (1950). On countertransference. *Int. J. Psycho-Anal.*, *31*(1), 81-84. Wilfred Bion, por outro lado, nunca rompeu declaradamente com Melanie Klein. Contudo, após a morte da autora, em 1960, ele começou a desenvolver teorias bastante originais que causaram o seu "exílio" pelo grupo kleiniano.

[4] Coloco a palavra "formação" entre aspas, pois não acredito sinceramente que alguém possa se formar em psicanálise. O estudo nessa área é permanente, tratando-se de um verdadeiro *projeto de vida*.

aspecto comum sempre chamava a minha atenção nesses eventos: *eram raros os trabalhos dedicados à teoria de Melanie Klein.* Paralelamente a isso, fui professor universitário em uma graduação de psicologia por cinco anos. Nesse ofício, pude constatar uma forte *resistência* dos alunos diante do pensamento dessa autora – o que não acontecia com Freud e Winnicott, que também faziam parte da matriz curricular da universidade.

Outro fato interessante: quando iniciei a minha pesquisa de mestrado, quase não havia materiais publicados no Brasil, no que diz respeito a dissertações e teses, sobre Melanie Klein. Além disso, suas "Obras completas", organizadas em quatro volumes pela editora Imago, encontram-se, ainda hoje, *esgotadas*. Um exemplar usado, disponível para compra pela internet, chega a valer, em média, de duzentos a quinhentos reais.[5] A coleção "Nova Biblioteca de Psicanálise" – coordenada por Elias Mallet da Rocha Barros –, que reúne diversos artigos de autores kleinianos, também seguiu o mesmo destino, transformando-se em uma autêntica relíquia.

Recentemente, consultei o nome de Melanie Klein em um dos periódicos de maior prestígio do nosso campo científico: o *International Journal of Psychoanalysis*, que se enquadra na categoria Qualis A1 – isto é, a avaliação mais alta concedida pela Capes.[6] Fiquei bastante surpreso com os dados quantitativos que apareceram: enquanto o termo "Donald W. Winnicott" constava em 1.032 resultados, "Melanie Klein" estava presente apenas em 490 deles.[7]

---

[5] Uma busca feita por mim, em dezembro de 2022, identificou um exemplar de *Inveja e gratidão e outros trabalhos* sendo vendido pelo site "Estante virtual" pela bagatela de R$ 599,00.

[6] Disponível para consulta em: https://sucupira.capes.gov.br/sucupira/public/index.xhtml.

[7] Consulta realizada no mês de janeiro de 2023, no site: https://www.tandfon-line.com/toc/ripa20/103/6.

Diante desse panorama, proponho aos leitores as seguintes indagações: por que as obras clássicas de Melanie Klein não são republicadas? Por que há uma aparente resistência para se trabalhar com as suas teorias? Quais são os agentes que poderiam estar nos bastidores desse movimento? Será que essa atitude denuncia um certo *machismo* recalcado presente na psicanálise contemporânea?

A psicanálise é machista?

> *De acordo com Showalter (1987), o manicômio, como casa do desespero, deve ser entendido como símbolo de todas as instituições criadas pelos* homens, *do casamento à lei, que confinaram e confinam as mulheres, e as deixam loucas. Segundo essa autora, nos últimos séculos o homem foi identificado à racionalidade e a mulher à figura da insana, nesse caso em uma dupla polaridade: a loucura como um dos erros das mulheres e, por outro lado, como a própria essência feminina. Neste último sentido, Showalter (1987) aponta o quanto a loucura tem sido mais experienciada por mulheres do que por homens e que, mesmo quando a loucura é vivenciada pelos homens, é metafórica e simbolicamente representada* como feminina. *(Zanello, 2018, pp. 20-21, grifos meus)*

No decorrer dos últimos anos, acompanhamos uma série de movimentos reivindicatórios de direitos nos campos do gênero, da raça e de classe. Como um grande marco desse acontecimento, podemos citar o caso de Angela Davis que, em 1981, publica o seu fabuloso *Mulheres, raça e classe* (2016), um verdadeiro *divisor de águas* na análise histórica da luta pelos direitos das mulheres. No

Brasil, assim como em outros países da América Latina, a mobilização feminina contra o machismo, nas décadas de 1960 e 1970, tinha como pano de fundo um contexto específico: a ditadura militar (1964-1985). Mesmo em um cenário de violência e repressão, alianças e movimentos militantes se formaram em cidades como Rio de Janeiro e São Paulo.

Atualmente, as redes sociais vêm sendo usadas para denunciar, movimentar e reivindicar um *protagonismo feminino*. Discussões a respeito do consentimento, o *não* da mulher e o direito ao próprio corpo assumiram um lugar de destaque nas lutas emancipatórias. Ainda avançando nesse domínio, nos deparamos também com debates relacionados às diferenças entre assédio e elogio, tolerável e inadmissível, entre as pautas do feminismo branco, do feminismo negro, indígena, asiático e trans. Fala-se da perda de privilégios, das novas dinâmicas entre as relações, questionando-se inclusive a própria concepção de poder. Afinal, como bem escreveu Grada Kilomba (2019), em sua obra-prima *Memórias da plantação*: "Só quando se reconfiguram as estruturas de poder é que as *muitas* identidades marginalizadas podem também, finalmente, reconfigurar a noção de conhecimento" (p. 13, grifos da autora).

É válido ressaltar que, dentro desse contexto, a história de desqualificação da mulher passa a ser entendida como a história da *própria transmissão cultural.* Lacan (1998), nos seus *Escritos*, mais precisamente no ensaio "Diretrizes para um congresso sobre a sexualidade feminina" (1960), afirma que os analistas também estão expostos aos discursos de sua época e, como quaisquer outros, a um preconceito relativo ao sexo. É preciso indagar: quais são os efeitos disso na *transmissão* da psicanálise?

Considero que enquanto permanecermos ancorados em explicações estereotipadas como: "não-toda, inveja do pênis, angústia de castração, fixação na fase fálica, desejo feminino, continente obscuro etc.",[8] pouco ou quase nada poderá ser debatido sobre o tema. Acomodados nesse lugar, jamais seremos capazes de olhar o machismo estrutural no qual a própria psicanálise se insere, assim perpetuando a misoginia de maneira silenciosa e violenta.

Lembremos, todavia, que a criação da prática psicanalítica desencadeou uma mudança importante: o paciente/analisando passou a ser o *centro* do tratamento, e não mais o médico/analista. Para Freud (1893-1895), os sintomas de suas pacientes histéricas não eram mais interpretados como impulsos a serem domados, mas como palavras a serem escutadas que revelavam os conflitos entre os desejos e a moral sexual de cada época.

Para Simone de Beauvoir, a teoria freudiana ainda é atravessada por uma história de *dominação masculina*. A autora afirma que a psicanálise toma o masculino como norma e o feminino como uma simples derivação deste. Sobre isso, Maria Rita Kehl aponta em seu livro *Deslocamentos do feminino*:

> *cada vez que um psicanalista, depois de Freud, sustentar que existe um ponto impossível de se desvendar sobre o querer das mulheres, devemos lhe responder, como Sócrates: "indaga-te a ti mesmo"... pois só o que um homem recusa a saber sobre o seu desejo é capaz de produzir o mistério sobre o objeto ao qual ele se dirige, o desejo de uma mulher. (Kehl, 2016, n.p.)*

[8] Não estou, aqui, reduzindo a importância epistemológica desses conceitos clássicos, mas lançando uma crítica a uma parte do movimento psicanalítico que pretende lançar explicações rasas e levianas sobre temas sociais complexos, fazendo uso de tais jargões.

Em poucos momentos de sua obra, observamos Freud tão desconcertado, como ocorre quando ele se dispõe a falar sobre o feminino. Por outro lado, em tempos nos quais a regra social para as mulheres era o silêncio, o mestre de Viena produziu uma ruptura com a invenção da psicanálise. Criou um espaço e uma escuta para que as histéricas pudessem narrar o seu sofrimento e os detalhes da sua sexualidade. Entretanto, ainda que ele tenha deixado o tema da feminilidade em aberto, não podemos ignorar expressões fortemente machistas como a "inferioridade orgânica da menina", a "inveja do pênis", o "superego frágil", assim como a "maternidade sendo abordada como a saída mais saudável do amadurecimento da mulher". Logo,

> *É fundamental, portanto, destacar a histeria como uma das formas de responder e lidar, ao longo dos séculos, com o mal-estar da feminilidade . . . Emilce Dio Bleichmar (1988) defende que a histeria é o sintoma da estrutura profundamente conflitiva da feminilidade em nossa cultura, testemunhando o caráter desvalorizado de sua identidade de gênero. Tendemos a pensar que a histérica se interroga se ela é homem ou mulher. No entanto, é sobre o poder, a valorização e as formas de reconhecimento que ela se interroga. Não é à diferença entre os sexos que ela reage,* mas à desigualdade. *(Vasconcelos et al., 2020, p. 197, grifos meus)*

Cabe à psicanálise, portanto, encontrar uma linha tênue de diálogo possível, considerando a sua responsabilidade no escopo desse debate. "Passar o pano" para Freud, dizendo que ele "foi um homem do seu tempo", sem validar o calibre dessa problemática, é uma atitude que reafirma a falta de vontade da comunidade psicanalítica para se *reinventar* e percorrer outros eixos teóricos – como o vasto campo da crítica feminista, por exemplo. Trata-se de uma fuga infantil que em nada se aproxima do projeto subversivo freudiano. Ora, é precisamente a essa dimensão que se dirigem as teorias e práticas psicanalíticas, sendo pertinente que elas possam estabelecer uma ponte *entre* as duas margens do rio: a psicologia individual e a esfera social.

Nunca me esqueço da experiência desconfortável que vivenciei em um congresso de psicanálise, no período em que estava finalizando o mestrado, no qual apresentei um fragmento da minha pesquisa sobre a obra de Melanie Klein. Ao final da conferência, um dos psicanalistas que estavam na plateia perguntou-me com tom de sarcasmo: "como você consegue entender as ideias dessa mulher louca?" – tal fala exemplifica *concretamente* a citação de Valeska Zanello (2018), utilizada para abrir este item.

Aparentemente, a ferida narcísica que atinge o nosso meio está longe de cicatrizar e, nesse intervalo, a misoginia se espalha perniciosamente, ainda que disfarçada de militância e hipocrisia, sob a escrita dos analistas que desprezam o legado das nossas grandes autoras. Em relação a isso, Kehl afirma:

> *se a produção psicanalítica contemporânea não puder acompanhar estes deslocamentos, a psicanálise deixará de fazer sentido. A psicanálise nasceu para dar voz ao emergente e não para corroborar com a tradição. (2016, n.p.)*

Nesse sentido, acompanhando os deslocamentos produzidos pelo feminismo nas últimas décadas, o que os psicanalistas, *com a sua psicanálise*, podem repensar, de maneira crítica, nos rumos da "formação", para que possamos alcançar a subjetividade de nossa época?

A seguir, pretendo desenvolver alguns argumentos a fim de endossar essa discussão. Para tanto, enfatizo o contexto histórico que marca a entrada de Klein para a psicanálise por meio de sua análise pessoal com Sándor Ferenczi, arriscando o esboço de uma reflexão ao cotejar tais ideias com o tema da *formação psicanalítica*, e o quanto essa mancha do ostracismo de Klein vem "contaminando" o pensamento dos jovens analistas.

Nasce uma analista: Klein descobre Ferenczi

> *Tenho muito a agradecer a Ferenczi. Uma coisa que ele me transmitiu e que fortaleceu em mim foi a convicção da existência do inconsciente e da sua importância para a vida mental. Também apreciei estar em contato com alguém como ele, um homem de talentos incomuns. Ele tinha um traço de gênio. (Klein, 1959/2019, p. 69)*

Não irei me ater aqui aos detalhes e acontecimentos que marcaram a infância de Melanie Klein, por não ser esse o objetivo deste capítulo. Aos interessados, sugiro a leitura da excelente biografia escrita por Phyllis Grosskurth (1992), *O mundo e a obra de Melanie Klein*, e o meu ensaio "A depressão para Melanie Klein: quando as trevas aprisionam o ego" (Almeida, 2022). Vou abordar essa questão, portanto, por meio de um recorte da história em que a autora *conhece* a psicanálise por sua análise pessoal com Sándor Ferenczi.

No ano de 1903, Melanie Reizes casou-se com Arthur Klein (de quem herdou o sobrenome). Arthur era o melhor amigo do seu irmão Emanuel – recém-falecido – e um engenheiro químico bem-sucedido. O casamento foi visto como uma garantia de estabilidade financeira para Klein e sua família. Em contrapartida, a decisão impediu-a de fazer o curso de medicina com o qual havia sonhado. Assim, ela renunciou à sua carreira profissional para se tornar uma dona de casa deprimida e frustrada com o próprio destino. História bem comum no início do século XX, em que o lugar da mulher estava previamente demarcado.[9]

Em 1904, quando Klein tinha 24 anos, nasceu a sua filha Melitta. O trabalho de Arthur demandava consecutivas mudanças de cidade. Apesar de contrariar as suas vontades, Klein acompanhava o marido em suas constantes viagens. Talvez por conta disso e das suas intensas variações de humor, um tanto quanto patológicas, Klein cuidou de Melitta até os sete meses, deixando a filha nas mãos de sua mãe, Libussa, e de várias babás.[10]

O seu segundo filho, Hans, nasceu em 1907. Logo após, Klein apresentou um terrível quadro de depressão. Libussa foi morar com a família para ajudar a filha no cuidado com as crianças. A rivalidade entre as duas é uma característica essencial dessa relação, considerando que a sua mãe tinha uma personalidade difícil, com condutas intrusivas e autoritárias. "A combinação de Libussa e Melanie na mesma casa provocava uma *catástrofe*. Duas vontades fortes opunham-se. . . Mãe e filha estavam *sempre se*

[9] Conforme aponta Zanello (2018): "O casamento (e a maternidade) ainda são vistos como um destino 'normal', naturalizado, sobretudo, como desejo feminino 'essencial'. . . Assim, muitas mulheres acabam por se casar com o próprio casamento, independentemente do parceiro que arranjem, e principalmente, da satisfação ou não que tenham com essa relação" (p. 95).

[10] A relação entre mãe e filha foi sempre muito difícil. Melitta tornou-se médica e psicanalista. Depois de um período na Inglaterra, foi morar nos Estados Unidos, junto com o seu marido. Ao longo da vida, assumiu uma postura bastante questionadora e até ofensiva diante da obra teórica de sua mãe. As mágoas foram tantas que Melitta sequer participou do velório de Klein, em Londres.

desentendendo quanto à educação das crianças e à administração da casa" (Grosskurth, 1992, p. 69, grifos meus).

Em 1910, a família mudou-se para Budapeste, onde Klein tomaria contato com a obra de Freud. Ela demonstrou uma breve recuperação de suas crises depressivas no ano de 1912, o que infelizmente durou pouco. A temporada de 1913 e 1914 consistiu em anos de terrível tensão. Perto do Natal de 1913, ela descobriu que estava grávida, reagindo muito mal à ideia de ter outro filho quando já passara dos 30 anos. Erich, o caçula, nasceu em 1º de julho de 1914.

No final de outubro do mesmo ano, Klein e Arthur levaram Libussa a uma clínica para tirar radiografias. Os exames não apontaram qualquer sinal de câncer. Porém, quase imediatamente Libussa adoeceu por uma grave bronquite. Com o passar dos dias, o seu estado de saúde foi piorando; o que sinalizou a sua morte eminente – Erich estava com 4 meses de idade.

Essa tragédia, em questão, foi o que *impulsionou* Klein a buscar um tratamento psicanalítico. Levando em consideração os tópicos que serão abordados neste capítulo, considero importante citar, na íntegra, o que a autora descreve em sua "Autobiografia":

> *É claro que eu senti, como qualquer pessoa sentiria, que eu poderia ter cuidado melhor dela, e que morar em nossa casa com os netos foi, obviamente, a melhor coisa para ela . . . Lembro-me disso com um certo sentimento de culpa de que eu poderia ter feito mais pela minha mãe, e sabemos que tais sentimentos existem. Ajoelhei-me ao lado de sua cama e lhe pedi perdão. Ela me respondeu que eu teria pelo menos tanto para perdoá-la quanto ela para me perdoar. Então ela disse: "Não sofra, não fique de luto, mas lembre-se de mim com amor". (Klein, 1959/2019, pp. 53-55)*

Porém, lembremos que a vida também nos surpreende de maneira positiva e, em 1914, Klein leu o ensaio freudiano "Sobre os sonhos" (*Über den Traum*), e compreendeu imediatamente que era *aquilo* que ela almejava para satisfazer suas demandas intelectuais e emocionais. Essa leitura a motivou a procurar o analista mais famoso da Hungria.

Quando Melanie Klein conheceu Sándor Ferenczi, ele ocupava uma posição respeitável na Sociedade Psicanalítica de Budapeste e era, há alguns anos, o amigo mais estimado de Freud – que o chamava de "meu amado filho" (Grosskurth, 1992). A proximidade entre mestre e discípulo era tanta que Freud enviava para Ferenczi cada manuscrito antes de publicá-lo.

Entretanto, Klein não fornece nenhuma indicação sobre quem a aconselhou a ler Freud ou como conheceu o analista húngaro. Há somente uma ligação notória com Ferenczi: quando Arthur se mudou para Budapeste,

> *entre inúmeras atividades com que ele se envolveu, estava uma publicação comercial para uma indústria de papel que, por sua vez, era dirigida por um dos irmãos de Ferenczi, que mais tarde passou a direção para Arthur. (Grosskurth, 1992, p. 80)*

O estilo empático da clínica ferencziana[11] foi um recurso indispensável para o processo *curativo* de Klein. "Segundo Michael Balint, Ferenczi foi 'essencialmente uma criança a vida inteira', e era 'aceito como um igual, na verdade, por toda criança, e o mesmo acontecia com as crianças infelizes que eram seus pacientes'" (Grosskurth, 1992, p. 83). Essa devoção ao sofrimento alheio era tudo o que Melanie Klein mais precisava, especialmente se levarmos em conta o seu

[11] Kupermann, 2019.

passado traumático, assombrado por uma série de lutos e frustrações. Em seu escrito autobiográfico, ela explicou a origem da ocupação que se estenderia *por toda* a sua existência. Vejamos:

> *Durante essa análise com Ferenczi, ele chamou minha atenção para o talento que eu tinha de compreender as crianças e para o meu interesse por elas, e me encorajou muito na minha ideia de me dedicar à análise, particularmente à análise de crianças. Eu tinha, evidentemente, três filhos naquela época e, como disse, não achava que a informação proveniente da educação e da compreensão pudesse cobrir um entendimento completo da personalidade e, portanto, exercer a influência que se desejaria. (Klein, 1959/2019, pp. 68-69)*

Em síntese: o analista de Budapeste não apenas cuidou de sua paciente emocionalmente debilitada, como também percebeu nela um *dom* que não poderia ser desperdiçado. Foi justamente essa *percepção* que alterou os rumos da história da psicanálise. Além disso, digamos que ele foi bastante sagaz e uniu o *útil ao agradável*, pois "no caso de Melanie, é possível que Ferenczi lhe tenha sugerido a observação rigorosa de crianças como um meio de aproximar-se do âmago de seus problemas" (Grosskurth, 1992, p. 85). Isto é: na visão desse psicanalista, entender a dinâmica do funcionamento psíquico infantil poderia *facilitar* a compreensão de Klein sobre as suas próprias questões emocionais.

A nossa autora ainda estava em análise com Ferenczi, quando apresentou, em julho de 1919,[12] um relato da análise de uma

[12] "Michael Balint lembrava-se de estar sentado na sala de espera dele, aguardando para discutir uma conferência que o ouvira fazer na universidade, quando a porta do consultório se abriu e por ela saiu Melanie Klein aos prantos". (Grosskurth, 1992, p. 85).

criança à Sociedade Húngara de Psicanálise. Logo depois, ela foi imediatamente admitida como membro dessa instituição[13] – dada a qualidade do artigo. Esse trabalho foi publicado no ano seguinte, na *Revista Internacional de Psicanálise*, com o título original "*Der Familienroman in statu ascendi*" ("O desenvolvimento de uma criança"). O material descreve o "tratamento" de seu próprio filho Erich, que teve a identidade disfarçada pelo nome "Fritz".

Esse primeiro artigo kleiniano pretendeu mostrar os resultados *milagrosos* obtidos quando uma mãe cria o filho de acordo com os fundamentos da psicanálise. Diferentemente de Anna Freud, Klein acreditava, desde o início, que a criança deveria ser analisada como um adulto: sem qualquer sugestão ou interferência educacional – fatores que contribuíram para a construção de uma nova prática que a tornou reconhecida mundialmente.

Em 1920, no 6º Congresso Internacional de Psicanálise, em Haia, Klein conhece Karl Abraham, seu futuro analista e, também, grande protetor e incentivador. A convite de Abraham, Melanie muda-se para Berlim e, em 1921, abre o seu consultório para realizar atendimentos psicanalíticos de crianças. Em 1922, pelo valor de suas descobertas e produções intelectuais, Klein torna-se membro da Sociedade Psicanalítica de Berlim. A ascensão profissional e sua estabilidade emocional foram os agentes propulsores que a incentivaram de vez a divorciar-se de Arthur. Encorajada por suas motivações, Klein encerra um ciclo de frustações e infelicidade que sustentava o seu casamento.

Em 1926, após a morte precoce de Abraham (que ocorreu no ano anterior), Klein percebe-se totalmente desolada e solitária na Alemanha e, convidada por Ernest Jones, muda-se para a Inglaterra neste mesmo ano. Em 1927, ela é eleita membro pleno

[13] "E sem supervisão", enfatizou ela mais tarde (Grosskurth, 1992, p. 86).

da Sociedade Britânica de Psicanálise. Nesse período, suas ousadas teorias sobre o mundo arcaico e primitivo do psiquismo infantil já atraíam diversos admiradores.

Klein viveu em Londres de 1926 até 1960, quando veio a falecer, por intercorrência de um câncer de cólon. Lá, o seu legado foi erguido e solidificado. Tornou-se uma das grandes fundadoras daquela vertente que, por muitos anos, ficou conhecida como a "Escola Inglesa de Psicanálise". Seu jeito irreverente e revolucionário de praticar a clínica e definir conceitos deixou marcas permanentes na ciência criada por Freud.

O que aprendemos com Melanie Klein sobre a formação do analista?

No texto "A análise finita e a infinita", publicado por Freud nos anos finais da sua vida, em 1937, ele afirma:

> *Detenhamo-nos um pouco aqui, para garantirmos ao analista nossa sincera empatia e que, ao exercer a sua atividade,* sentimos com ele *a dificuldade em cumprir exigências tão duras. É quase como se o analisar fosse aquela terceira das profissões "impossíveis", em que se tem a certeza de antemão do resultado insuficiente. As outras duas conhecidas há muito mais tempo, são o educar e o governar. Aparentemente, não podemos exigir que o futuro analista seja um* ser completo *antes de se ocupar com a análise, ou seja, que apenas pessoas de uma completude tão perfeita e tão rara possam se dedicar a essa profissão. (Freud, 1937/2017, pp. 355-356, grifos meus)*

Nesse ensaio, o problema lançado por Freud se dirige às questões relacionadas não somente ao âmbito da formação profissional, mas também ao processo de *construção pessoal* do analista que, sendo um ser humano como qualquer outro, acumula incontáveis angústias, inseguranças e vulnerabilidades, encobertas pelo véu do inconsciente – que podem ser acessadas mediante um processo psicanalítico.

É somente passando pela experiência de uma análise que o psicanalista conseguirá desenvolver as habilidades de escuta, empatia e manejo. Sem *experienciar* essa jornada, a tentativa de tornar-se um clínico perde-se antes mesmo de ser iniciada. Analisar-se é, sem sombra de dúvidas, uma tarefa indispensável ao candidato que almeja empreender-se às inconsistências do *impossível* – como bem destacou Freud (1937). Com efeito, penso ser conveniente citá-lo mais uma vez:

> *Onde e como o pobre coitado [candidato à analista] poderá adquirir aquela habilitação ideal, necessária em sua profissão? A resposta será: na própria análise, com a qual começa a preparação para a sua atividade futura. Por razões práticas, esta só poderá ser* breve e incompleta;[14] *a sua finalidade principal é possibilitar um juízo ao professor para avaliar se o candidato pode*

[14] É curioso que o modelo atual adotado pela IPA (International Psychoanalytical Association), segue na direção oposta do aconselhamento freudiano, exigindo dos candidatos uma frequência mínima de sessões: quatro vezes na semana, ao longo de cinco anos (aproximadamente). Além disso, essa análise pode ser realizada *apenas* por um analista didata. Por outro lado, não concordo que essa análise pessoal deve ser breve, como aponta Freud. Haja vista que, atualmente, muitos estudantes de psicanálise sequer se engajam no processo analítico – principalmente se observarmos as *formações instantâneas* que surgem a todo momento na internet, sem quaisquer compromissos éticos.

> *ser aprovado para continuar a formação. O seu trabalho estará terminado quando trouxer para o aprendiz a convicção segura da existência do inconsciente, quando lhe transmitir as* autopercepções *– normalmente indignas de credulidade – ao aflorar o recalcado e, por fim, quando lhe mostrar, a partir de uma primeira amostra,* a técnica que só se consolida na atividade analítica. *(Freud, 1937/2017, p. 356, colchetes e grifos meus)*

Contudo, Freud afirma que apesar de ser indispensável ao processo formativo, a análise por si só *não é* suficiente. Em outras palavras: a análise não deve ser utilizada, unicamente, com o objetivo de *formação profissional*, mas necessita partir do *próprio desejo* do futuro analista em querer descobrir-se como ser humano. Ao longo desses anos trabalhando com a transmissão da psicanálise, percebi que muitos alunos encaram o percurso de análise pessoal como um item *obrigatório* da formação e, por essa razão, acabam cumprindo as horas de suas sessões como se estivessem livrando-se de uma carga que precisa ser realizada para a obtenção de um "diploma". Tal gesto perde assim a sua *espontaneidade* e, por conseguinte, a sua legitimidade. Eu, particularmente, não gosto desse olhar masoquista que um tratamento psicanalítico costuma receber. Uma análise sempre gera frutos, desde que as sementes sejam efetivamente plantadas, e essa é uma competência do analista (sendo ele didata ou não).

Nas palavras do próprio Freud: "a partir das motivações recebidas na própria análise que elas não se esgotem com o seu término, mas que os processos de reformulação do Eu (*Ichumarbeitung*) continuem *espontaneamente* no analisando" (Freud, 1937/2017, p. 356, grifos meus). As novas experiências adquiridas durante a análise pessoal precisam ser utilizadas para nos propiciar *novos sentidos* à nossa própria subjetividade. É esse movimento interno e, paradoxalmente, externo que possibilita ao futuro psicanalista dimensionar o seu verdadeiro exercício de escuta, buscando apoio em sua própria análise como um recurso de amparo diante das situações desafiadoras, derivadas da prática clínica – seja ela exercida dentro ou fora do consultório.

A análise pessoal do analista não se limita apenas aos "aspectos intelectuais" do processo de formação, pois o papel dela é o de, muitas vezes, *desconstruir* para *construir* e, nesse sentido, ela ultrapassa as barreiras de qualquer modalidade de transmissão, pois consiste em uma experiência pessoal, que pertence a outro segmento. A meu ver, ela deriva da noção de *liberdade* humana. Emerge do "se reconhecer" como um ser dotado de existência e, portanto, *convocado a viver*. É uma abertura para a qual colabora a responsabilidade na estruturação de si mesmo – território privilegiado da psicanálise.

Em síntese: refiro-me à ideia de que a análise pessoal, ao iluminar os aspectos nebulosos da psique, aumenta a liberdade da capacidade do indivíduo para fazer escolhas significativas, podendo assim arcar com os ganhos e as perdas decorrentes – condição que Melanie Klein nomeou de "capacidade para lidar com a ambivalência e, também, com a frustração". Além disso, ao percorrer o caminho do autoconhecimento, o sujeito, entre os diversos percalços enfrentados, poderá ir ao encontro da sua verdadeira essência, evitando que aspectos *mal elaborados* dominem a relação com seus analisandos – como o narcisismo, a vaidade, a arrogância e as suas próprias resistências. Caminhemos com Freud:

> *Não causaria espanto se através do trabalho com todo o recalcado, que luta por satisfação na alma humana, também despertássemos no analista aquelas demandas pulsionais que ele do contrário poderia manter*

> *reprimidas. Esses também são os "perigos da análise", que não ameaçam o parceiro passivo, mas sim o ativo na situação analítica, e não deveríamos deixar de enfrentá-los. (Freud, 1937/2017, p. 357)*

Verificamos, assim, que a análise do analista deve ser uma prática *constante* e, por isso, "infinita". Atentando-se a essa questão, Freud afirmou que:

> *todo analista, periodicamente, por exemplo, a cada cinco anos, deveria voltar a se tornar objeto da análise, sem se envergonhar desse passo. Isso significaria, portanto, que também a própria análise se transformaria de tarefa finita em tarefa infinita. (Freud, 1937/2017, p. 357)*

Sem dúvida alguma, a análise pessoal é mais do que uma etapa da formação, é uma conduta *permanente* – bem como o estudo da teoria e a supervisão. Talvez resida aí a *dimensão implícita* que Freud quis nos dizer com o termo "impossível". Afinal, buscar compreender os emaranhados do psiquismo é uma tarefa para toda a vida.

Esse traço de *implicação pessoal* foi justamente o que impulsionou Melanie Klein a procurar uma análise, passando por uma *experiência analítica* que lhe forneceu melhores condições de vida e de saúde emocional, revelando, por fim, o seu talento profissional. Ela poderia ter sido como qualquer outra mulher da sua época: casada precocemente, tendo de assumir as inúmeras responsabilidades dos afazeres domésticos, frustrada em relação aos seus próprios sonhos, amargurada, depressiva e isolada do mundo social. Porém, Klein não se contentou com a iminência de um futuro infeliz. Ao ler o escrito de Freud, ficou apaixonada pela psicanálise, buscando o início de um processo psicanalítico. Com o auxílio de Sándor Ferenczi, descobriu a sua vocação para tornar-se, ela mesma, psicanalista. E, por vontade e talento próprios, desenvolveu uma obra colossal que alterou os horizontes da nossa ciência.

É um fato curioso que, quando era criança, Klein almejava ser médica e salvar vidas – assim como o seu pai, que trabalhou ativamente para conter a epidemia de cólera que assolou a Europa a partir de 1830.[15] Embora ela nunca tenha cursado medicina, podemos dizer que a *sensibilidade* clínica da autora, cuja história de vida foi tão fascinante, lhe permitiu se aproximar das angústias mais primitivas do ser humano. Nunca é tarde para lembrar que na ausência de empatia com o sofrimento do paciente *não* é possível acontecer uma psicanálise. "Melanie Klein se apropria profundamente dessa empatia em sua escuta analítica, sendo herdeira, portanto, de Ferenczi nesse aspecto" (Cintra & Ribeiro, 2018, p. 28).

A falta que Melanie Klein faz na formação dos psicanalistas

Para falar dos efeitos provocados pela carência do estudo da obra de Melanie Klein na formação psicanalítica contemporânea, penso que é imprescindível apresentar aos leitores os aspectos centrais que fundamentam os pilares do seu edifício teórico. Como

[15] Phyllis Grosskurth (1992) nos revela que: "Quando criança, Melanie adorava ouvir falar da coragem de seu pai durante a epidemia de cólera. Em resposta a um pedido para que os médicos fossem para os vilarejos poloneses, ele não só foi, mas, ao contrário dos outros médicos, que se postavam nas janelas e diziam às vítimas o que fazer, Moriz Reizes [pai de Klein], audaciosamente, entrava nas casinhas e tratava os pacientes como faria se estivessem sofrendo de qualquer enfermidade" (pp. 17-18, colchetes meus).

esperado, atribuirei uma maior ênfase à noção de *posições* – esquizoparanoide e depressiva –, pois elas revelam um olhar inovador às origens dos adoecimentos psíquicos. Utilizo, ao longo do meu texto, uma linguagem clara e didática, justamente para despertar o interesse do público leigo e para resgatar a vivacidade das ideias de uma autora tão indispensável para a nossa prática clínica. Comecemos pela citação a seguir:

> *Quando comecei o trabalho psicanalítico, eu ainda era, penso, muito ambiciosa; é contraditório que, ao mesmo tempo eu não tivesse ideia de que estava realmente apresentando contribuições inteiramente novas para a teoria e realmente senti que isso era algo autoevidente. Eu não era vaidosa naquela época, porque achava que nenhuma outra conclusão poderia ser tirada ao analisar as crianças e seguir o que Freud havia estabelecido. (Klein, 1959/2019, p. 82)*

Apesar de sempre ter se colocado como uma *freudiana*,[16] Melanie Klein criou um pensamento *autêntico*, carregando consigo uma série de psicanalistas brilhantes que se formaram sob a luz de suas ideias. Recordemos que Klein foi ousada desde o início do seu processo de formação: uma mulher sem curso universitário que, a partir de sua análise pessoal, interessou-se pelo funcionamento psíquico infantil.

A sua primeira marca autoral pode ser relacionada à *técnica do brincar*, criada para analisar o inconsciente das crianças. Ela percebeu que, por meio das atividades lúdicas, as fantasias e as

---

[16] Sobre esse assunto, há um registro de uma sessão de supervisão, em que psicanalista Betty Joseph responde a Melanie Klein: "Tarde demais, você é uma kleiniana, queira ou não queira".

ansiedades infantis se manifestavam mais facilmente, tornando-se passíveis de interpretações – o que acarretava o alívio dos sintomas. Além disso, ela defendia o argumento de que a dinâmica da análise com crianças deveria se desenrolar nos mesmos moldes da análise com adultos. Por isso costumamos dizer que *o sonho está para Freud, assim como o brincar está para Klein*. Mais ainda: *se Freud descobriu a criança no adulto, Klein revelou o bebê na criança.*

Entretanto, restringir a imensidão da sua obra aos conceitos que tangenciam a temática da análise infantil indica um equívoco fundamental ou falta de conhecimento. Melanie Klein (1946/1996c) desenvolveu uma gama de compreensões aos estudos da psicose e, também, importantes reflexões sobre a relação transferencial analítica – foi uma das precursoras a trabalhar com a transferência negativa. Seus conceitos de "identificação projetiva", "superego arcaico" e "inveja" demarcaram uma nova concepção de subjetividade.

Para a autora, desde os seus primeiros dias, o bebê vivencia ansiedades provenientes de fontes *internas* e *externas*. Isto é, a ação do instinto de morte dá origem ao medo de aniquilamento, fenômeno que seria a causa primária da ansiedade persecutória provocada por uma ação interna. Já a primeira fonte externa de ansiedade pode ser encontrada na experiência do nascimento, que será a base para todas as situações posteriores de angústia, influenciando as relações do bebê com o mundo exterior; a dor e o desconforto que invadem o recém-nascido são sentidos por ele como um ataque de forças hostis – como uma *perseguição*.

Klein (1952/1996d) afirma que as experiências iniciais do infante com a alimentação e a presença da figura materna inauguram uma *relação de objeto*. Ela supõe que há sempre uma *interação*, embora em proporções variadas, entre os impulsos amorosos e os agressivos, correspondendo à dualidade entre os instintos de vida e de morte. Nos períodos livres de tensão, nos quais predominam o conforto e a segurança, o equilíbrio entre esses dois instintos é ótimo e estável. Contudo, esse mesmo equilíbrio passa a ser perturbado sempre que ocorrem privações provenientes de fontes internas e externas, pois, nesses momentos, os impulsos agressivos são acentuados.

A perspectiva kleiniana salienta o *fator inato* da constituição psíquica ao defender a premissa de que "naquelas crianças em que o *componente agressivo inato é forte*, a ansiedade persecutória, a frustração e a voracidade são facilmente despertadas, o que contribui para a dificuldade do bebê em tolerar a privação e lidar com a ansiedade" (Klein, 1952/1996d, p. 87, grifos meus). Em vista disso, Klein afirma que de nada adianta um ambiente acolhedor, caso a constituição psíquica do indivíduo seja predominantemente tomada pelo instinto de morte que, a partir de 1957, com a publicação do seu ensaio "Inveja e gratidão" (1996e), será chamado de *inveja inata.*

Em contrapartida, a autora não deixa de considerar o impacto das experiências externas – como contestam ferrenhamente os desentendidos de sua obra. Em seus escritos, é ela própria quem nos diz: "*as experiências recorrentes* de gratificação e frustração são poderosos estímulos para os impulsos libidinais e destrutivos, para o amor e para o ódio" (Klein, 1952/1996d, p. 87, grifos meus). Em outro trecho, ela assevera:

> *Apesar de todas essas dificuldades internas e externas, o bebê normalmente encontra um meio de lidar com seus conflitos fundamentais, o que lhe permite, em outros momentos, sentir prazer e gratidão pela felicidade recebida. Se ele tiver a sorte de* ter pais compreensivos, *seus problemas podem ser minorados; por outro lado,* uma educação excessivamente severa ou excessivamente indulgente pode aumentá-los. *(Klein, 1960/1996f, p. 310, grifos meus)*

Esse intenso dualismo entre seio[17] bom e seio mau é oriundo da falta de integração do ego, assim como os processos de cisão que ocorrem dentro do ego e em relação ao objeto externo. Além das experiências de gratificação e frustração derivadas de fatores externos, diversos processos internos, sendo os principais deles a *projeção* e a *introjeção*, contribuem para a dupla relação do bebê com o objeto. O infante projeta os seus impulsos de amor e os atribui ao seio (bom) que cuida e o gratifica, assim como projeta os seus impulsos destrutivos para o exterior e os atribui ao seio (mau) frustrador. Simultaneamente, pela introjeção, um seio bom e um seio mau são estabelecidos dentro do ego frágil da criança. Dessa forma, a imagem do objeto externo (real) é *distorcida* na mente do bebê por suas fantasias, que estão intimamente ligadas à projeção dos impulsos do indivíduo sobre o objeto. É comum na clínica e, em outros espaços, observarmos crianças que, ao quebrarem um brinquedo, deixam-no de lado. Na mente delas é como se o próprio brinquedo tivesse se tornado mau e, nessa lógica, ele provavelmente irá revidar o ataque que sofreu.

Quando projetamos o nosso instinto de morte no meio externo para nos livrarmos da "pressão interior", sofremos com a retaliação e a ansiedade persecutória do próprio objeto. "Olho por olho, dente por dente", conforme a lei de talião. Todavia, quanto mais projeções fazemos, mais o nosso ego se torna fragmentado e enfraquecido, sofrendo com ansiedades persecutórias.

Todas essas características pertencem à posição esquizoparanoide.

Em compensação, quando a força dos impulsos destrutivos é menos intensa, a cisão, por sua vez, também se torna menos

---

[17] A palavra "seio" pode ser compreendida como uma metáfora para o conjunto de cuidados dedicados à criança, voltados, principalmente, ao aspecto da alimentação nos períodos iniciais da vida. Evidentemente, o *seio* também pode ser representado por outros recursos, inclusive uma mamadeira.

abrangente e o ego é capaz de integrar e de sintetizar, em alguma medida, os sentimentos dirigidos ao objeto externo. A *integração* ocorre no momento em que o amor pelo objeto predomina sobre o ódio. A tendência do ego para integrar-se pode ser considerada, na perspectiva de Klein, uma verdadeira manifestação do instinto de vida – que, com amadurecimento das suas ideias, ganha o sentido de *gratidão*.

A fusão dos sentimentos de amor e dos impulsos destrutivos em relação a um só e mesmo objeto – o seio, inicialmente – dá origem à ansiedade depressiva, à culpa e à necessidade de reparar o objeto amado danificado – o seio bom. Nos primórdios da nossa existência, tais estados de integração são de curta duração, considerando que o ego é uma instância extremamente prematura. À medida que o desenvolvimento ocorre, experiências de *síntese* e, consequentemente, de *ansiedade depressiva* tornam-se mais frequentes e mais duradouras. Segundo a autora, "isso leva a uma *diminuição real* da ansiedade, condição fundamental para o desenvolvimento normal" (Klein, 1952/1996d, p. 91).

Esses aspectos dão forma à posição depressiva.

Logo, os fatores externos desempenham um papel *crucial* desde o início da vida, pois, conforme indicado, todo estímulo ao medo persecutório *reforça* os processos de cisão e os sentimentos de angústia, ou seja, a tendência do ego para cindir a si mesmo e, por conseguinte, o próprio objeto. Em contrapartida, toda experiência boa fortalece a confiança no objeto bom e contribui para a integração do ego e a unificação do objeto.

Melanie Klein não estabelece uma fixação dos períodos em que devem ocorrer essas posições, tampouco não determina uma duração específica para elas. Segundo a autora: "existem grandes variações individuais" (Klein, 1952/1996d, p. 95). Isso diferencia suas ideias de uma concepção de desenvolvimento linear, derivada da noção de fases ou etapas (como aparece em Freud e Winnicott, por exemplo).

A relação com o seio amado e odiado – que é simultaneamente bom e mau – é a primeira relação de *objeto total* da criança. Entretanto, a necessidade de divisão desse objeto em um seio ideal e outro devorador e perigoso ainda é mantida pelo bebê. Esses dois aspectos são introjetados e formam o núcleo do superego.[18] "Cisão, onipotência, idealização, negação e controle dos objetos internos e externos são dominantes nesse estágio" (Klein, 1952/1996d, p. 95).[19]

Em resumo: o fio condutor do tecido kleiniano é a suposição de que o ser humano é habitado por angústias extremamente intensas provenientes, originalmente, da ação interna do instinto de morte, e que o funcionamento mental é estruturado para afastar ou conter, dentro do possível, essas angústias. Tal fluxo psíquico ganha intensidade com o uso dos mecanismos de defesa que procuram manter a integridade do sujeito e a sobrevivência dos seus objetos internos (que foram constituídos por meio de *projeções* e *introjeções*), defendendo-os dos ataques das fantasias agressivas inconscientes. Quanto mais o indivíduo passa por experiências dolorosas e de frustração – como o bebê, por exemplo, que é privado do seio quando sente fome –, mais intensamente ele irá *projetar*

---

[18] "Na visão de Klein, o superego começa a se formar no início da vida, e não com a resolução do complexo de Édipo, como teorizou Freud. O superego precoce é muito severo e, no processo de desenvolvimento, torna-se menos austero e mais realista. No desenvolvimento patológico, o superego arcaico não é modificado e, em casos extremos, os aspectos aterrorizantes e idealizados desfeitos dos objetos primários são separados do ego e banidos para uma área de inconsciente profundo" (Spillius et al., 2011, p. 147, tradução minha).

[19] Apesar de esses mecanismos de defesa dificultarem a conquista da integração, eles são essenciais para o desenvolvimento *total* do ego, pois aliviam o sofrimento do indivíduo. A presença ora do objeto bom, ora do objeto mau, subjaz ao fato observável de que os bebês alternam tão rapidamente entre estados de completa gratificação e de grande aflição (Klein, 1952/1996d).

a sua raiva sobre os objetos externos. Para Klein, o objeto não é objeto de uma pulsão, no sentido preciso que este termo tem para Freud. O *objeto* kleiniano é algo que se encontra preso nas malhas de uma *relação objetal* (Mezan, 2019), constituída por fantasias, defesas e ansiedades específicas.

É claro que isso tudo é apenas um curto apanhado das teses da autora. "Dentro desse ângulo, devemos olhar para o pensamento de Melanie Klein como uma obra aberta" (Barros & Barros, 2018, p. 14), capaz de se reinventar a cada contato com o cenário atual. "Não se trata de aceitá-la ou rejeitá-la na sua totalidade, mas de tomar a sua obra como um *rico modelo* sobre o funcionamento do aparelho psíquico" (Barros & Barros, 2018, p. 14, grifos meus). A saúde mental, sob os olhos de Klein, está sempre com a sua estabilidade ameaçada; *flertamos* com a neurose e com a psicose o tempo todo. Ou seja, não é sobre conceber o humano nos enquadres de uma estrutura predeterminada (rígida), mas se atentar ao estado emocional que configura o discurso e se manifesta no corpo, na nossa vida cotidiana, nas nossas relações e, sobretudo, na clínica. Para Klein, o psiquismo é *dialético* como uma espécie de espiral. Manter a sanidade significa, portanto, lidar com a solidão resultante do enfrentamento da realidade de que não existe um estado idealizado de perfeita integração. Integrar-se demanda o abandono das idealizações. Exige um certo grau de maturidade para encarar as constantes frustrações, e para admitir que o objeto bom internalizado *não* é aquele livre das imperfeições.

Assim,

> *Desconhecer o pensamento kleiniano já não é mais admissível para um psicanalista bem formado, sejam quais forem as suas escolhas e suas filiações no amplo espectro do pensamento psicanalítico atual. É preciso conhecer a*

> *obra de Melanie Klein, ainda que seja para a ela se opor em parte ou no todo, mas, evidentemente, sabendo-se que é possível daí tirar algum proveito. (Cintra & Figueiredo, 2010, p. 24)*

"Para Melanie Klein e seus continuadores, as pessoas não sofrem apenas devido a carências, traumas ou repressões. Elas sofrem também pela falta de experiências emocionais que propiciem o crescimento" (Barros & Barros, 2018, p. 17). Nesse sentido, não basta que a psicanálise trabalhe com o levantamento das repressões que bloqueiam certos pensamentos de se tornarem conscientes, ou que propicie um ambiente facilitador que permita reparar situações de falhas passadas. "A presença da cisão e da identificação projetiva aponta uma mente fragmentada, na qual diversas instâncias psíquicas *não se comunicam*, e que tem sua capacidade de simbolizar prejudicada" (Barros & Barros, 2018, p. 17, grifos meus). Essa ausência de simbolização cria uma atmosfera interna de vazio, de falta de sentido para a vida.

Entretanto, "em Klein, o 'vazio' emocional não equivale a uma tela em branco. Em vez de um 'branco' emocional, temos este espaço psíquico preenchido por uma força negativa antivida" (Barros & Barros, 2018, p. 17). Com a noção de identificação projetiva (Klein, 1946/1996c), a nossa autora afirma que o paciente *projeta para dentro* da mente do analista e não sobre ele, introduzindo a hipótese de que o analisando movimenta alguma coisa em nosso mundo interno, seja na realidade, seja na fantasia, e nesse processo nos provoca um convite à ação. "De certa forma, poderíamos dizer que quem projeta *infecta* o outro com uma nova identidade" (Barros & Barros, 2018, p. 19). Sendo assim, é necessário que o analista detenha um bom equipamento mental para conter essas projeções e transformá-las, em um processo contínuo de *revitalização* do paciente.[20] Uma tarefa um tanto quanto complexa, é preciso admitir, mas que pode ser facilitada pelo conhecimento da obra kleiniana.

Para finalizar sem encerrar

A angústia é a passagem que leva à alegria.

Kaur, 2020.

Infelizmente, muitos autores caem no esquecimento ou recebem a antipatia do público quando passam a constituir uma corrente ideológica que beira a *santificação*. Grande parte dos analistas pós-kleinianos fizeram exatamente isso com as teses de Melanie Klein, tornando a sua teoria rígida e engessada, conquistando assim a aversão de uma parcela do campo psicanalítico. Radicalizaram o seu pensamento, tomando-o como uma verdade absoluta – justamente aquilo que não poderia acontecer com nenhuma linha psicanalítica, pois o nosso saber é ancorado nas grandes incertezas.

Por outro lado, penso que o ostracismo da nossa Grande Dama não ocorreu apenas por conta dessa postura dos seus discípulos. Haja vista que o mesmo fenômeno também pode ser observado em relação às ideias de Winnicott e, especialmente, às de Lacan. Encontramos, em nossa comunidade científica, verdadeiras "seitas" que levantam a bandeira sagrada winnicottiana e lacaniana, renegando qualquer coisa que não seja derivada desses autores. Nesse

[20] O conceito de Bion (1962) de continente e contido representa de modo mais preciso essa situação. Continência envolve não apenas uma alteração do que foi projetado, mas também uma alteração do próprio "projetador" no processo de criação e no tipo de conexão emocional envolvida na identificação projetiva.

sentido, continuo defendendo a hipótese de um machismo enraizado na psicanálise contemporânea – ainda que essas palavras causem incômodo e resistência. Mesmo porque as obras publicadas por esses autores *homens* não se encontram esgotadas e sem previsão de relançamento pelas editoras especializadas. Muito pelo contrário: novas traduções e textos inéditos de Winnicott e Lacan são publicados com alguma frequência.

Pelo que sei e acompanho, Klein ainda continua sendo estudada com profundidade nas Sociedades de Psicanálise filiadas à IPA (International Psychoanalytical Association). Isso é bom, mas deve-se considerar o quanto essas formações são elitizadas e atendem a um nicho bastante exclusivo da população brasileira – embora, mais recentemente, alguns desses institutos tenham passado a oferecer uma pequena quantidade de vagas para bolsistas. Afinal, quem pode arcar com as despesas de uma análise didática quatro vezes por semana? Ou frequentar seminários em bairros nobres das grandes capitais?

Diante desse panorama, o pensamento kleiniano continua restrito a uma pequena parte da nossa comunidade científica, inclusive no âmbito das linhas de pesquisas desenvolvidas pelos programas de pós-graduação *stricto sensu* (mestrado e doutorado). Aspectos que indicam uma perda muito significativa da riqueza que poderia ser obtida em nosso processo de formação.

A seguir, compartilho, com os leitores, pequenos fragmentos produzidos por analistas renomados, que salientam a importância do legado de Melanie Klein para o nosso ofício:

> *É uma ironia extraordinária que o trabalho de Klein fosse – e, em minha opinião, continue sendo – a continuação mais autêntica do pensamento freudiano ortodoxo, exatamente em uma época na qual*

> *muitos daqueles princípios ortodoxos tinham sido praticamente descartados pelos sucessores legítimos de Freud. David Rapaport (1959) certa vez afirmou: "A psicologia de Melanie Klein não é uma psicologia do ego, mas uma mitologia do id" (p. 11). Embora a intenção era a de que este fosse um comentário* pejorativo e sarcástico, *ele não tinha ideia de quão certo ele realmente estava e de quão elogioso estava sendo com relação a Klein. Levou muito tempo para que os freudianos clássicos reconhecessem a importância crítica da ênfase kleiniana na fantasia inconsciente. (Grotstein, 2017, pp. 27-28, grifos meus)*

> *A curiosidade a respeito do corpo da mãe expandia-se naturalmente para a curiosidade acerca do próprio corpo da criança e desempenhava um papel na formação e criação de um mundo interno. . . Ela [a criança] não necessitava de um processo de sublimação, apenas uma expansão por intermédio da formação de símbolos, o que era uma procura de* sentido*. . . Essa é uma diferença filosófica importante entre as ideias de Melanie Klein e de Freud a respeito da vida mental. Ele tendia a olhar para trás pela ótica da psicopatologia enquanto ela olhava para frente pela ótica do desenvolvimento da criança. (Meltzer, 1990, pp. 32-33, grifos do autor e colchetes meus)*

> *A concepção dialética kleiniana de estrutura psíquica e do desenvolvimento psicológico efetua um descentramento do sujeito de sua posição à "frente" de uma linha*

de desenvolvimento. Pelo contrário, o sujeito é concebido como existindo num tempo psicanalítico *(oposto ao tempo linear, sequencial), participando assim de todas as facetas da subjetividade e de todas as formas de primitivismo e maturidade, simultaneamente numa inter-relação mutativa... Pode-se dizer que Klein contribuiu para compor o terceiro descentramento histórico do homem, o descentramento psicológico do homem de sua própria consciência. (Ogden, 1996, pp. 34-35, grifos meus)*

Junto com uma abertura geral dos arquivos psicanalíticos, muito do ímpeto por trás do atual retorno à Klein vem do feminismo. ... Nas décadas de 1930 e 1940, foi a análise ousada de Klein das psicoses que provocou a ira de muitos. Neste final do século, diversos teóricos tentam entender a dinâmica psíquica de uma modernidade que parece exigir que sejamos, de alguma forma, psicóticos. O relato de Klein sobre as relações objetais, os mecanismos esquizoides que, para ela, determinam o nosso ser social (amar e odiar, aniquilar e reviver, perseguir e ser perseguido), não apenas oferece um relato de nossas primeiras relações com a mãe, mas, como Teresa Brennan argumentou, também pode explicar nossas relações paranoicas com o mundo que nós – de maneira verdadeiramente paranoide – construímos para nós mesmos. (Stonebridge & Phillips, 2005, tradução minha)

De um interior a outro, da angústia ao pensamento: a topografia kleiniana é uma sublimação da cavidade, uma

> *metamorfose uterina sobre a receptividade feminina. De sua proximidade com a profundidade inominável ela fez um conhecimento de si – antes de nos convencer que esse conhecimento imaginário é válido para todos:* homens e mulheres. O phantasme *encarnado do interior materno se torna, pelo viés da interpretação analítica, um meio de conhecimento de si: não é mais a fé, é a psicanálise que é seu domínio privilegiado. (Kristeva, 2002, pp. 275-276, grifos meus)*

Essas passagens evidenciam um pouco da potência e da genialidade do pensamento kleiniano, confirmando a atualidade das suas construções. O que nos cabe, como analistas, é interrogar o contexto no qual estamos inseridos. Enquanto não formos capazes de desenvolver esse sentido crítico, a psicanálise permanecerá ultrapassada. Porém, insistimos em manter os nossos olhares "para fora", ignorando as falhas e as inconsistências que estão do "lado de dentro".

Além de retornarmos a Klein e às outras autoras mulheres da nossa ciência, devemos, a meu ver, nos debruçar sobre as questões que atingem o nosso tempo: como a desigualdade de classes, de gênero, de raça e as violências perpetuadas pelo racismo, pela misoginia, pela homofobia etc. Precisamos nos aprofundar nessa problemática, discutindo as diversas vertentes de transmissão da psicanálise. Afinal, não estamos mais na pequena Viena do século XX.

Lembremos que, em psicanálise, pesquisa e prática caminham lado a lado. Desprezar essas questões espinhosas significa atropelar a própria escuta clínica e, por conseguinte, desmantelar a nossa ética. Melanie Klein fornece um caminho que percorre as esquinas mais sombrias do inconsciente, proporcionando um alcance profundo da subjetividade. Numa elaboração constante de pensamentos e palavras, o nosso papel passa pela perda de si e do outro, para atingir e ampliar o sentido das emoções, por meio da gratidão e da quebra dos ideais. A formação em psicanálise precisa se orientar por essa mesma direção: reconhecer as suas origens femininas e agradecer as suas incontáveis contribuições.

Referências

Almeida, A. P. (2022). A depressão para Melanie Klein: quando as trevas aprisionam o ego. In A. P. Almeida & A. Naffah Neto (Orgs.), *Perto das trevas: a depressão em seis perspectivas psicanalíticas*. Blucher.

Barros, E. L. R., & Barros, E. M. R. (2018). Prólogo: Melanie Klein ontem, hoje e amanhã. In E. M. U. Cintra & M. F. R. Ribeiro, *Por que Klein?*. Zagodoni.

Bion, W. R. (1962). *Learning from experience*. Basic Books.

Cintra, E. M. U., & Figueiredo, L. C. (2010). *Melanie Klein. Estilo e Pensamento*. Escuta.

Davis, A. (2016). *Mulheres, raça e classe*. Boitempo.

Freud, S. (2010). O inquietante. In S. Freud, *Obras completas* (Vol. 14). Companhia das Letras. (Trabalho original publicado em 1919)

Freud, S. (2017). A análise finita e a infinita. In S. Freud, *Fundamentos da clínica psicanalítica: obras incompletas de S. Freud*. Autêntica. (Trabalho original publicado em 1937)

Grosskurth, P. (1992). *O mundo e a obra de Melanie Klein*. Imago.

Grotstein, J. S. (2017). *"... no entanto, ao mesmo tempo e em outro nível...": teoria e técnica psicanalítica na linha kleiniana/bioniana* (Vol. 1). Blucher.

Heimann, P. (1950). On countertransference. *Int. J. Psycho-Anal.*, *31*(1), 81-84.

Kaur, R. (2020). *Meu corpo minha casa.* Planeta.

Kehl, M. R. (2016). *Deslocamentos do feminino: a mulher freudiana na passagem para a modernidade.* Boitempo. (E-book)

Kilomba, G. (2019). *Memórias da plantação: episódios de racismo cotidiano.* Cobogó.

Klein, M. (1996a). Tendências criminosas em crianças normais. In M. Klein, *Amor, culpa e reparação e outros trabalhos.* Imago. (Trabalho original publicado em 1927)

Klein, M. (1996b). Amor, culpa e reparação. In M. Klein, *Amor, culpa e reparação e outros trabalhos.* Imago. (Trabalho original publicado em 1937)

Klein, M. (1996c). Notas sobre alguns mecanismos esquizoides. In M. Klein, *Inveja e gratidão e outros trabalhos.* Imago. (Trabalho original publicado em 1946)

Klein, M. (1996d). Algumas conclusões teóricas relativas à vida emocional do bebê. In M. Klein, *Inveja e gratidão e outros trabalhos.* Imago. (Trabalho original publicado em 1952)

Klein, M. (1996e). Inveja e gratidão. In M. Klein, *Inveja e gratidão e outros trabalhos.* Imago. (Trabalho original publicado em 1957)

Klein, M. (1996f). Sobre a saúde mental. In M. Klein, *Inveja e gratidão e outros trabalhos.* Imago. (Trabalho original publicado em 1960)

Klein, M. (2019). *Melanie Klein: autobiografia comentada.* Blucher. (Trabalho original publicado em 1959)

Kristeva, J. (2002). *O gênio feminino: a vida, a loucura, as palavras – tomo 2: Melanie Klein.* Rocco.

Kupermann, D. (2019). *Por que Ferenczi?* Zagodoni.

Lispector, C. (2020). *Água viva.* Rocco.

Meltzer, D. (1990). *O desenvolvimento clínico kleiniano* (Vol. 2). Escuta.

Mezan, R. (2019). *O tronco e os ramos.* Blucher.

Ogden, T. (1996). *Sujeitos da psicanálise.* Casa do Psicólogo.

Quinodoz, J-M. (2015). *Melanie Klein and Marcelle Spira: their correspondence and context.* Routledge.

Spielrein, S. (2021). *A destruição como origem do devir.* Artes & Ecos. (Trabalho original publicado em 1912)

Spillius, E. B., Milton, J., Garvey, P., Couve, C., & Steiner, D. (2011). *The new dictionary of Kleinian thought.* Routledge.

Stonebridge, L., & Phillips, J. (Orgs.). (2005). *Reading Melanie Klein.* Routledge. (E-book)

Vasconcelos, J. F., Crissiuma, M. B., Angelini, M. F., & Conde, R. L. (2020). Escrever: mulheres, ficção e psicanálise. In A. M. Parente & L. Silveira (Orgs.), *Freud e o patriarcado.* Hedra.

Zanello, V. (2018). *Saúde mental, gênero e dispositivos.* Appris.

2. A instituição psicanalítica e as sociedades de psicanálise: percursos e encruzilhadas num processo de tornar-se psicanalista[1]

Alfredo Naffah Neto

A instituição psicanalítica e as sociedades de psicanálise

Penso que a *instituição psicanalítica,* no sentido forte do termo, constitui algo distinto da entidade empírica que corporifica – por meio de uma estrutura social, cultural e jurídica – uma sociedade ou organização psicanalítica (ligada ou não à IPA), cuja função seja congregar e formar profissionais.

[1] O presente texto foi publicado inicialmente sob o título: "A instituição psicanalítica como matriz simbólica – vicissitudes de uma formação autogerida" pela *Revista Brasileira de Psicanálise, 43*(4), 59-68, 2009. Para a presente publicação, o texto foi revisto e modificado em vários pontos, a fim, principalmente, de incluir novos acontecimentos importantes à temática em questão.

Não quero dizer com isso que essas entidades não tenham a sua importância e utilidade para todos aqueles que buscam uma formação psicanalítica regular e sistemática e, ao mesmo tempo, almejam pertencer a uma organização que lhes favoreça a troca entre colegas, a conquista de títulos e funções didáticas, a continuidade de formação e aperfeiçoamento ao longo do tempo etc.

É verdade que já ouvi inúmeros senões que perpassam várias delas: por exemplo, o comentário de que algumas entidades lacanianas exigem quase nenhuma análise para que o sujeito se torne um psicanalista; bastaria, quando muito, uma "experiência de inconsciente", o que quer que isso queira dizer. Mas não sei, de fato, o quanto disso tudo é verdadeiro e em que extensão. Também já ouvi inúmeras críticas à análise didática, exigida pelas sociedades ligadas à IPA. O último caso que me foi contado, meio em surdina, num restaurante, foi de alguém que teria passado praticamente os cinco anos de análise didática conversando e discutindo futebol com o seu analista, apenas para efeito curricular, já que a análise verdadeira já se encerrara algum tempo antes de se iniciar a "análise didática". Também não fui (nem teria como) conferir a veracidade da fofoca. Fato é que, como não pertenço nem me formei em nenhuma dessas organizações, não posso falar delas *em primeira pessoa.*

Pretendo, pois, falar sobre a minha experiência pessoal de formação que se processou à margem de qualquer entidade empírica credenciada, mas que, nem por isso, exterior à *instituição psicanalítica.* Pois, esta última designa, no meu entender, uma *matriz simbólica,* distinta de qualquer entidade empírica, que compreende um conjunto de prescrições que definem condições mínimas, teórico-técnicas, para que um procedimento terapêutico possa ser chamado de *psicanálise* e o profissional nele implicado de *psicanalista*.[2]

Ao refletir, aqui, sobre a minha formação pessoal e as vicissitudes que a engendraram, pretendo lançar alguma luz sobre esse tipo de formação marginal: suas vantagens, desvantagens, riscos e preciosidades. Sem idealizações nem preconceitos.

Como desdobramento desse tema, pretendo falar brevemente sobre a psicanálise que se ensina e se discute na universidade, já que como professor titular da PUC-SP, no Programa de Pós-graduação em Psicologia Clínica, venho trabalhando, há muitos anos, na orientação de dissertações e teses que versam sobre temas psicanalíticos (na sua maior parte, *clínicos*).

A instituição psicanalítica como matriz simbólica

Grosso modo, pode-se dizer que para que uma forma determinada de psicoterapia possa ser chamada de *psicanálise*, ela necessita apresentar, pelo menos, três características singulares.

A primeira delas é considerar que a maior parte dos processos formadores da psique humana são *inconscientes*; de maneira que a consciência ocupa apenas uma pequena parte do todo. E pesquisar esses processos inconscientes, suas ramificações, suas formações sintomáticas.

A segunda característica é considerar que a *sexualidade* e a *agressividade/destrutividade*, originárias dos impulsos instintivos

[2] Estou falando aqui da psicanálise compreendida como uma disciplina que implica, ao mesmo tempo, um corpo teórico e um conjunto de técnicas terapêuticas. Pois, a teoria psicanalítica, entendida como ferramenta teórica de interpretação da sociedade e da cultura, está disponível para quem dela quiser fazer uso: filósofos, artistas, críticos de arte etc. Para tanto, não é necessário tornar-se um psicanalista.

(ou pulsionais),[3] formam as experiências mores que moldam a psique humana, e que o seu desenvolvimento depende de fatores constitucionais e de fatores ambientais.

Há linhagens que valorizam mais os fatores constitucionais – como a linhagem kleiniana (incluindo, aí, Bion, como o kleiniano mais *sui generis*) – e outras que valorizam mais os fatores ambientais – como a linhagem que nasce com Ferenczi e se desenvolve com Balint e Winnicott, entre outros. E há concepções que valorizam o ambiente, mas na sua dimensão linguístico-simbólica, como a lacaniana (discorrendo sobre a posição que o bebê ocupa no discurso dos pais antes mesmo de nascer e o que lhe circunscreve um lugar no mundo). Por isso, é difícil encontrar uma definição de psicanálise comum a todas as linhagens. Porém, mesmo autores como Winnicott, que pressupõe que a *sexualidade humana* não existe desde o início da vida, mas necessita se constituir ao longo do desenvolvimento infantil, não negariam a importância dada, aqui, ao desenvolvimento desses impulsos instintivos. Pois, para ele, ainda que os primeiros tempos de vida do bebê sejam basicamente regidos por suas necessidades biológicas (acolhidas e sustentadas por um *ambiente suficientemente bom*), uma das metas básicas do desenvolvimento infantil é a apropriação e a fusão dos impulsos eróticos-agressivos na constituição de uma *sexualidade infantil*. Ele nos diz:

> *Não há nenhuma possibilidade, em qualquer sentido, de que uma criança cujo ambiente é insuficientemente adaptado às suas necessidades – próximo ao início de vida – possa alcançar um estado de fusão entre a agressividade (que faz com que as relações objetais sejam*

[3] Existem, até hoje, controvérsias sobre a tradução mais correta, em língua portuguesa, do termo alemão *Trieb*, se é *instinto* ou *pulsão*.

> *vividas como reais e produz a externalidade dos objetos em relação ao self) e os desejos eróticos (que carregam a capacidade para a satisfação libidinal). (Winnicott, 1964 [1959], p. 127)*

Ou seja, sem a apropriação e fusão dos impulsos eróticos--agressivos pelo *self*, as relações objetais não serão vividas como *reais*, consequentemente não se conseguirá diferenciar um mundo interno (povoado por fantasias) de um mundo externo (sentido como real), nem constituir a experiência do *prazer*.

A terceira característica que qualquer psicoterapia necessita ter para ser chamada de psicanálise é trabalhar terapeuticamente por meio da *transferência*.

A *interpretação* da transferência constitui a ferramenta central da psicanálise clássica. Mas autores como Lacan e Winnicott também propõem instrumentais diferentes, dependendo do caso. Os lacanianos utilizam muito o que denominam *ato analítico*, que constitui uma espécie de ruptura do campo analítico transferencial, capaz de propiciar um desdobramento de significantes fundamentais em cadeias associativas. E os analistas winnicottianos utilizam, especialmente com pacientes de tipo *borderline* ou psicótico, o que denominam *manejo transferencial*, que implica basicamente uma sustentação transferencial, ao longo do tempo, de pacientes extremamente regredidos, a fim de que experiências que ficaram truncadas na sua história de vida original possam ser retomadas por meio do processo transferencial e adquirir estatuto e forma. Portanto, essas ferramentas psicanalíticas – e outras tantas que venham a ser inventadas – devem, por direito, figurar ao lado da interpretação da transferência, como instrumentais possíveis. O importante disso tudo e que caracteriza a terapêutica psicanalítica é operar por meio da transferência, não importando tanto se por interpretação, ato ou manejo. O que determina a escolha são as características do caso clínico e do momento terapêutico.

Numa outra vertente paralela, podemos argumentar que poderá se autodenominar *psicanalista* aquele que:

- tiver sido analisado num tempo suficiente que lhe tenha possibilitado conquistar uma maturidade como ser humano, e abrir canais para os processos inconscientes, podendo sustentar o contato com eles sem grandes angústias;
- tiver estudado profundamente o campo psicanalítico em uma ou mais de suas linhagens teórico-clínicas;[4]
- tiver realizado análises inteiras de pacientes (com começo, meio e fim) e passado por supervisões, num nível suficiente para elaborar seus pontos cegos e interiorizar os diferentes manejos e formas de interpretação da transferência (em função das diferentes psicopatologias psicanalíticas).

Esse inventário não pretende ser exaustivo nem absoluto. O que pretendo aqui é simplesmente evidenciar que o que denomino *instituição psicanalítica* é justamente a *matriz simbólica* que compreende esse conjunto de prescrições ou condições definidoras da atividade psicanalítica e do profissional psicanalista.

Evidentemente, ela engloba outros desdobramentos que não desenvolvi aqui, como aqueles que definem os *usuários* passíveis

---

[4] Atualmente, concebo quatro linhagens principais dentro do campo psicanalítico, todas elas derivadas de Freud (ou de algum aspecto de sua teoria): 1) aquela que assume como eixos fundamentais a *constitucionalidade* e a *fantasia inconsciente*, que é a escola kleiniana (incluindo Bion); 2) aquela que assume como eixo básico a problemática do *trauma*, em suas várias formas, e que se inicia com Ferenczi e se desdobra com Balint, Winnicott, Searles etc.; 3) aquela que assume como conceito mor a noção de *significante*, que é a escola lacaniana, com todas as suas derivações; 4) a psicologia de ego, americana, que sublinha a importância do ego e de suas articulações adaptativas ao ambiente sociocultural, que inclui autores como Horney, Erikson etc.

de usufruir da terapêutica psicanalítica (ou seja, quem são os pacientes *analisáveis*), entre muitos outros.

Como a profissão de psicanalista não é regulamentada por uma lei federal (por exemplo, a de médico ou a de psicólogo), existem diferentes tipos de formação psicanalítica, desde aquela regulamentada pela IPA e realizada pelas sociedades a ela filiadas e credenciadas para tal, até aquelas oferecidas por um sem número de entidades independentes e/ou filiadas a escolas dissidentes (como a lacaniana, por exemplo), além de uma enormidade de aberrações que aparecem frequentemente, dentre elas entidades que se proclamam psicanalíticas e oferecem cursos, sem apresentarem credencial para tal (muitas vezes, sem ter sequer noção do que seja psicanálise).

E há psicanalistas de formação autogerida, como é o meu caso.

Caminhos e descaminhos numa formação autogerida

Tornei-me psicanalista após ter passado cerca de vinte anos trabalhando com psicoterapia psicodramática em suas várias modalidades (individual, grupal e de casal). Tive uma formação regular em psicodrama em uma das entidades existentes em São Paulo, na época. Cheguei mesmo a galgar todos os degraus ligados a essa modalidade profissional e me tornei um didata, além de ter escrito vários livros sobre o meu trabalho clínico e as minhas investigações teóricas na área. Nessa época, cheguei a trabalhar com quase quarenta pacientes simultaneamente, distribuídos em três grupos, além das sessões individuais, de casal etc.

No entanto, a vida dá voltas e uma delas me pegou de surpresa. Como necessitei de psicoterapia, numa certa época da vida, e não havia mais ninguém na minha área de trabalho que pudesse ser meu terapeuta (já que eram todos meus colegas e, na maior parte, conhecidos ou amigos), fui encaminhado a um psicanalista que, por acaso, era um didata de uma entidade ligada à IPA. E lá passei cerca de dez anos. Os primeiros três numa frequência de três sessões por semana, os últimos sete com duas sessões por semana (já que, em certo momento, tive que diminuir o número de sessões para viabilizar pagar uma análise para o meu filho). Meu analista dizia assim: "O que se faz numa análise de quatro vezes por semana pode-se fazer também numa de duas; apenas, leva mais tempo".

Essa era uma época em que eu já estava em crise com o método psicodramático e as suas limitações, o que me levou gradativamente a abandoná-lo.[5] Entretanto, o intervalo entre ocupar o lugar de analisando e tornar-me um psicanalista envolveu uma longa maturação, em grande parte, devida ao meu namoro com a filosofia.

Esse namoro já começara com o mestrado em filosofia, realizado na USP, sob orientação de Marilena Chaui, mas se tornara um quase casamento quando me apaixonei pela filosofia de Nietzsche e passei cerca de vinte longos anos estudando o filósofo alemão, uma parte deles enquanto ainda trabalhava como psicodramatista, e uma segunda etapa quando, tendo abandonado o psicodrama, tentei criar uma psicoterapia de fundamentação nietzschiana, a partir de um diálogo entre a obra de Freud e a de Nietzsche, publicando três livros nessa direção (Naffah Neto, 1985, 1992, 1994).

Quando avalio essa empreitada hoje, penso que houve aí certa dose de pretensão aliada a alguma imaturidade, apesar de, no todo,

---

[5] Já expus, num outro texto, essas limitações e, por essa razão, não pretendo entrar aqui no seu mérito, já que elas não têm a ver com a temática do presente artigo. A quem possa interessar, indico o meu texto "Do psicodrama à psicanálise: o sentido de uma trajetória" (Naffah Neto, A. 1998). Também gravei, recentemente, uma longa entrevista com o psicodramatista Sérgio Guimarães, discorrendo sobre esse assunto e que está disponível no YouTube (dividida em vários episódios), para quem tiver interesse. Disponível em: https://www.youtube.com/watch?v=UlJq7FnSewg.

ser uma tentativa bastante corajosa da minha parte. Acontece que a filosofia de Nietzsche pode constituir uma excelente ferramenta crítica na interlocução com a psicanálise, mas não possui estofo suficiente para a constituição de uma clínica eficiente, especialmente quando se trata de pacientes difíceis, do tipo *borderline*, por exemplo. E isso eu pude comprovar na prática.

Por isso, essa tentativa esgotou-se no prazo de alguns anos, ao longo dos quais acabei sendo intimado pelos próprios acontecimentos da minha clínica a assumir, de fato, a metodologia psicanalítica e a manter Nietzsche apenas como um interlocutor sagaz, capaz de me ajudar a realizar uma crítica dos valores dominantes e me indagar sobre o tipo de *subjetividade* que venho produzindo na minha prática clínica. Desvio desnecessário? Perda de tempo?

Tudo tem seus prós e seus contras. Se nesse período tivesse optado por entrar em uma sociedade psicanalítica e realizar uma formação regular, teria provavelmente evitado esse desvio e caminhado mais diretamente para o que vim a me tornar depois. É possível que essa decisão tivesse poupado meus pacientes das minhas experimentações e desvios de rota, tornando seus processos terapêuticos mais regulares e estáveis. Tenho que confessar que atravessava um período no qual me sentia desnorteado nas questões técnicas; havia realizado várias experimentações, inclusive na área de terapia corporal.[6] É que, nessa época, já não contava mais

---

[6] Esse foi um período em que trabalhava numa clínica basicamente de terapeutas corporais (de linhas neo-reichianas) e achei que o trabalho que Reich realizava com os pacientes, nos primeiros tempos, por meio de massagens, desbloqueando tensões corporais, poderia me ser útil. Por sorte, realizei essa experiência somente com um ou dois pacientes, pois vim a perceber que ela criava situações transferenciais de difícil manejo. Na verdade, eu tentava levar em conta, no plano da técnica, a importância que Nietzsche dava ao *corpo* na constituição do psiquismo. Mais tarde, pude descobrir que Winnicott considerava a dimensão corporal numa importância equivalente, sem que se necessitasse trabalhar *diretamente* com ela, por meio de manipulações.

com o método psicodramático, nem resolvera assumir a técnica psicanalítica e trabalhar centrado na transferência.

Confesso, porém, que se tivesse entrado para uma formação psicanalítica regular, isso teria me privado de duas riquezas. A primeira delas é o que ganhei ao longo desse estudo profundo da filosofia nietzschiana, tanto como visão crítica do conhecimento quanto como saber aguçado desse animal chamado homem. A segunda, talvez a mais importante, é que fui me tornando psicanalista paulatinamente, de dentro para fora, por meio de um longo processo de amadurecimento e à medida que a própria clínica me solicitava certas posições a assumir.

Pode parecer caricato para quem vê a situação de fora, mas quando, finalmente, me vi obrigado a assumir a psicanálise como um método de trabalho, a primeira coisa que fiz foi providenciar um divã. Pois acabara de ter uma relação terapêutica que evoluíra para uma forma de transferência negativa bastante complicada e concluíra que o uso de divã poderia ter evitado alguns desenlaces desnecessários.

Nessa época minha análise já caminhava do meio para o fim e eu acumulara um longo estudo teórico de Freud, além de algum conhecimento de Klein e Bion (em função da linhagem do meu analista). Meti-me na empreitada e, como eu não tinha um supervisor nessa época, levava os meus casos para as sessões de análise, a fim de elaborar os meus pontos cegos.

Logo em seguida formei, junto com outros colegas psicanalistas, um grupo de seminários teórico-clínicos, para o qual, nos primeiros anos, trazíamos psicanalistas experientes para supervisionar nossos casos. Então, a partir das questões clínicas mobilizadas, montávamos nossos seminários teóricos, percorrendo diferentes autores: Bion, Winnicott, Balint, Searles, Ogden etc. Esse grupo ganhou o nome de *Grupo Terceira Margem*, em homenagem a Guimarães Rosa e ao seu conto "A terceira margem do rio" (Guimarães Rosa, 1962) – em uma clara alusão à nossa condição de analistas marginais. Com o passar dos anos, deixamos de trazer analistas de fora e o próprio grupo passou a supervisionar os casos clínicos de seus membros, em uma gama variada de perspectivas psicanalíticas, já que o grupo reunia (e até hoje reúne) analistas de diferentes linhagens teórico-clínicas. Embora tantos ângulos de visões diferentes possam deixar o analista supervisionado um pouco atônito, algumas vezes, a depuração posterior dos comentários variados pode se mostrar de grande riqueza.

Eu fiz parte desse grupo por cerca de 26 ou 27 anos, até me desligar no ano de 2021, com muita gratidão a todos os membros pelas trocas experimentadas ao longo de tanto tempo juntos. É que, após tantos anos, minhas prioridades levaram-me alhures. Senti necessidade de aprofundar mais a minha clínica eminentemente ferencziana-winnicottiana e, nessa direção, tornei-me membro efetivo do Instituto de Psicanálise Winnicottiana e, por extensão, da International Winnicott Association, tendo desde então colaborado na formação de psicanalistas chineses, dando supervisões e aulas.

Contudo, poder chegar a definir a minha clínica como eminentemente ferencziana-winnicottiana envolveu um longo percurso, com mudanças de direção, como relato a seguir:

> *(Quando me tornei psicanalista), reuni tudo o que estudara de Freud, Klein e Bion ao longo da vida a essa longa experiência de análise pessoal para instrumentar o meu trabalho clínico . . . De Winnicott, algum conhecimento vago, quase nada...*
>
> *Mas o mundo dá voltas inesperadas e, algum tempo depois, tornei-me – por questões circunstanciais – orientador da tese de doutorado de Elsa Oliveira Dias, cujo*

tema era a teoria das psicoses de Winnicott. Então, por razões alheias à minha vontade, fui levado a um contato longo, extenso e minucioso com a obra winnicottiana. Era a primeira vez que ela adentrava o meu mundo profissional, trazida por um sopro de acaso. Mas, confesso que me interessou bastante tudo o que pude aprender e problematizar na orientação dessa tese.

Algum tempo depois – não sei dizer quanto –, recebi no consultório o que considero, hoje, o meu primeiro caso difícil na condição de psicanalista. Tratava-se de uma paciente de 40 anos, terceira geração de uma família libanesa imigrante, de religião católica ortodoxa grega, casada e mãe de dois filhos pequenos, de dez e oito anos de idade. A sua queixa básica: nada fazia sentido na sua vida. Casara-se com um homem da colônia, bastante apreciado por seus pais, mas muito pouco valorizado por ela própria, e sua vida era basicamente atender às expectativas do mundo ao seu redor, do marido, dos filhos e dos pais, que moravam no mesmo prédio e controlavam a sua vida nos mínimos detalhes: a que horas chegara em casa no dia anterior; que comida fizera no almoço; se estava ou não sendo uma boa mãe etc. Sentia-se, literalmente, como um peixe fora d'água ou como uma atriz que tivesse entrado na peça errada, como se aquela não fosse a sua vida. E eu me lembro de ficar muito impressionado com a total falta de afetividade e de apego que ela demonstrava por todos, inclusive pelos filhos.

Seu único interesse afetivo – num nível bastante idealizado – era um antigo namorado de adolescência, que reencontrara recentemente e de quem se tornara uma amante circunstancial, já que ele era casado como ela e, além disso, morava em Lima, no Peru, só vindo a São Paulo muito ocasionalmente. Mas funcionava para ela como uma espécie de príncipe encantado, propiciando-lhe alguma esperança de realização pessoal diante da vida familiar sem sentido, à qual se sentia escravizada. Era uma gata borralheira sonhadora: a tônica de suas sessões alternava-se entre uma lamúria ressentida, ininterrupta, implacável – que jorrava de sua boca quase que como por costume, de forma monótona e enfadonha – e momentos de extrema idealização, quando falava do amado distante e inacessível. E eu me sentia, também, como um peixe fora d'água, já que qualquer tentativa de interpretação era imediatamente rejeitada, como se eu estivesse falando com uma muralha de pedra, incapaz de entender o meu idioma.

Nessa época, meu referencial teórico levava-me a entender essa reação da paciente como um ataque ao vínculo analítico e era assim que eu interpretava isso. Mas sempre que lhe falava do seu "ódio à realidade", do seu ataque às minhas interpretações, reduzindo-as a pó de traque, ela me olhava como se eu fosse um sádico, literalmente incapaz de entendê-la (já que, nessa época, as sessões eram face a face, dada a sua impossibilidade de usar o divã). Mais do que isso: não conseguia reconhecer nenhum ódio em si própria e a interpretação, mais uma vez, caía no vazio.

Hoje, olhando retrospectivamente, posso reconhecer que, mesmo dentro de um referencial bioniano, talvez eu fizesse interpretações excessivamente saturadas, incapazes de contemplar as condições emocionais da paciente;

mas isso só vim a entender muito mais tarde, quando li os excelentes seminários clínicos de Antonino Ferro na Sociedade Brasileira de Psicanálise de São Paulo (França & Petricciani [orgs.] 1998 e 2003) e pude perceber que não era só eu quem cometia esse erro, mas também a grande maioria dos psicanalistas supervisionados por ele . . . Nesse caso, sem dúvida nenhuma, a minha inexperiência – de analista iniciante – era a responsável por todo esse desencontro com a paciente.

De qualquer forma, a sensação de impotência acabou me levando a mudar de direção na condução dessa análise. Um tanto macaco velho na clínica (ainda que minha experiência fosse, predominantemente, como psicodramatista), após tantos anos de trabalho, incluindo uma mudança radical de rumo –, eu já me guiava, nesse momento, por um certo pragmatismo, avesso a qualquer ideia de universalidade. Nietzsche ensinara-me a crítica radical da noção de verdade e a ideia de que todo conhecimento é perspectivo e eu aplicava esse perspectivismo à psicanálise: via as diferentes correntes psicanalíticas como originárias de diferentes perspectivas ou ângulos de visão e de interpretação da realidade, incluindo aí, obviamente, os referenciais epistemológicos adotados.

Então, comecei a perceber que sempre que eu conseguia emoldurar as reações emocionais da paciente por acontecimentos da sua história de vida, que emergiam por associação livre – e que, quase sempre, resvalavam pela falta de continência dos pais, a característica intrusiva da mãe e coisas afins –, a sua angústia se reduzia consideravelmente e ela se sentia mais compreendida e

> *aceita por mim. Mas, para seguir esse rumo com alguma consistência teórica, eu teria de me aprofundar em Winnicott, já que os temas de suas associações livres eram maciçamente winnicottianos.*[7] *Assim, afinal, por força das circunstâncias, o psicanalista inglês fazia a sua segunda entrada significativa na minha vida profissional e, de novo, por razões alheias à minha escolha. Só que, agora, a questão era mais séria, pois se tratava da clínica. (Naffah Neto, 2005, pp. 434-437)*

Essa mudança de direção aconteceu já no final da minha análise e, por mera coincidência, eu sabia de alguém que tinha sido analisado pelo mesmo profissional e que, de maneira análoga à minha, afastara-se dos referenciais teóricos do analista para se aprofundar na obra de Winnicott. Então, numa das sessões, disse, de modo meio provocativo: "Não é curioso que duas pessoas analisadas por você, que tem uma maneira de trabalhar tão claramente calcada na tradição Klein-Bion, se tornem winnicottianos?". Ao que ele me respondeu de maneira firme e serena: "A função de uma análise não é criar cópias do analista, mas produzir indivíduos autônomos". É claro que eu pensava da mesma forma que ele, mas foi muito importante para mim – talvez como um filho que pede a bênção ao pai (no âmbito transferencial) – saber que ele referendava a minha autonomia.

---

[7] Aí, embora, por um lado, eu tivesse de recorrer a Winnicott – já que o material psíquico trazido pelas associações livres da paciente me levava a ele, sem nenhuma sombra de dúvida –, por outro, recuperava o procedimento clássico freudiano de me guiar pelas associações livres da paciente, método do qual já fora um tanto quanto afastado pela escola kleiniana (que sempre remete tudo à transferência). Isso provavelmente tornou-me, como psicanalista, mais aberto e sintônico às necessidades da paciente.

Após essa análise de dez anos, passei por uma outra mais curta, de pouco menos de dois anos, a fim de elucidar um lado nebuloso que sobrara da primeira experiência analítica (eles sempre sobram...). Quis o acaso que o analista escolhido trabalhasse numa vertente lacaniana – já que o critério que norteara a sua escolha não fora esse, teórico – mas isso tornou essa experiência *sui generis*, extremamente diferente da primeira; tão diversa que, dentro de mim, reluto o tempo inteiro em chamar as duas pelo mesmo nome: *psicanálise*. E me pergunto, inúmeras vezes, qual é a unidade real dessa nossa disciplina tão multifacetada.

Mas a análise lacaniana não me tirou do rumo winnicottiano; pelo contrário, desde então, tenho explorado esse novo meio de inúmeras formas, inclusive tendo estudado Ferenczi mais a fundo e o descoberto como uma espécie de precursor de Winnicott.[8] O fato de ser professor universitário e lecionar num curso de pós-graduação permite-me transformar os meus seminários semestrais em verdadeiros laboratórios de investigação e escolher, como tema, assuntos que quero investigar mais a fundo e que, em geral, me são sugeridos pela atividade clínica. Isso tem gerado artigos diversos, que tenho publicado em diferentes revistas de psicanálise:

---

[8] As obras de Winnicott e de Ferenczi são inacabadas, portanto demandam pesquisa em, pelo menos, dois sentidos. Primeiramente, porque a morte veio privá-los de dar uma forma teórica mais delineada ao desenvolvimento das suas concepções *psicopatológicas* que permaneceram, em parte, em estado embrionário; em segundo lugar, porque elas encontram-se espalhadas ao longo de toda a obra e é preciso um longo trabalho para reuni-las e dar-lhes um sentido coerente, especialmente no caso de Winnicott. Em função disso, Winnicott é, muitas vezes, tomado *erroneamente* como um grande clínico com uma teoria pouco consistente. Nada poderia ser menos verdadeiro do que isso; é que os seus textos – que operam por meio de uma *lógica do paradoxo* – geralmente enganam o leitor que – habituado que está à racionalidade aristotélica – pensa que entendeu tudo quando, grande parte das vezes, não entendeu nada. Meu trabalho tentando desenvolver a teoria e a clínica winnicottianas iniciou-se por volta do ano 2000 e continua até os dias atuais, tendo reunido, desde algum tempo, Ferenczi nessa jornada.

escrevi sobre a *singularidade* da perspectiva winnicottiana, quando comparada a outras abordagens psicanalíticas, mobilizado pelas mudanças ocorridas na minha prática clínica (Naffah Neto, 2005; 2007b). Por outro lado, a análise de casos de tipo *borderline* me levou a investigar a problemática do falso *self* nesse tipo de patologia (Naffah Neto, 2007c) e a usar a trajetória de vida da cantora Maria Callas para aprofundar o estudo (Naffah Neto, janeiro--junho 2007a).[9] Ainda no âmbito do trabalho clínico com esse tipo de patologia, já investigara o uso do divã e do *holding* nos processos de regressão psicanalítica (Naffah Neto, 2003) e desdobrei essa pesquisa num estudo minucioso da análise de Margareth Little, realizada por Winnicott (Naffah Neto, 2008b). Casos de neurose obsessiva (e de histeria), noutra vertente, mobilizaram-se a pesquisar esse tema na obra de Winnicott e revelar lados de seu trabalho muito pouco conhecidos (Naffah Neto, 2008a). Isso além de artigos suscitados pela própria atividade de pesquisa psicanalítica (Naffah Neto, 2006).

No ano de 2017, reuni muitos desses artigos numa coletânea (Naffah Neto, 2017). Em 2018, publiquei dois artigos sobre análises completas de pacientes de tipo *borderline,* no sentido amplo do termo, sendo um paciente de "personalidade esquizoide" e outro de "personalidade como se" (Naffah Neto, 2018a e 2018b). Finalmente, em 2021, organizei, junto com Alexandre Patricio de Almeida, um livro sobre a patologia depressiva, em seis perspectivas psicanalíticas diferentes, para evidenciar como a psicanálise ainda é uma disciplina múltipla (Almeida & Naffah Neto, 2022).

[9] Uma segunda linha de pesquisas que tenho desenvolvido envolve temas articulando psicanálise e música, em várias dimensões. Isso devido ao fato de ter um grande interesse musical, especialmente ligado à música popular e ao canto lírico. Também tenho publicado ensaios ligados a essas questões (Naffah Neto, 2004; Gerber & Naffah Neto, 2007).

Esse é o lado em que a universidade tem contribuído para a minha formação: permitindo uma dialética (sem síntese) entre a experiência clínica e a elaboração teórico-técnica, numa trajetória de mão dupla, percorrida o tempo todo.

A psicanálise na universidade

É preciso dizer, de uma vez por todas, que a universidade não produz psicanalistas, nem tem como fazê-lo, já que essa formação pressupõe uma experiência iniciática (de passar por uma análise), o que está totalmente fora do âmbito universitário.[10] Ao contrário disso, um mestrado ou um doutorado em psicanálise *pressupõe*, como condição *sine qua non*, uma formação psicanalítica já realizada. Exceções à regra são os casos em que a psicanálise é usada como ferramenta de interpretação da cultura, ou no tipo de pesquisa teórica que se debruça sobre a obra de um autor (psicanalista, no caso), para problematizá-la ou revelar seus pontos obscuros. É que essas duas modalidades de pesquisa requerem competência nas tarefas implicadas (boa capacidade para interpretação de texto, fundamentação filosófica etc.), mas não uma formação psicanalítica.

Afora esses casos, quando alguém busca uma pós-graduação em psicanálise ou bem está querendo problematizar a sua prática clínica ou está buscando aprofundá-la em alguma direção específica: no estudo de uma patologia singular, de um manejo técnico etc. Entretanto, se a universidade não produz psicanalistas no sentido de *capacitação clínica*, ela pode, sem dúvida, contribuir

[10] Por essa razão, a notícia de que o MEC autorizou o funcionamento de um curso de graduação em psicanálise espantou a todos, pela evidência de como o nosso Ministério da Educação não tem nenhuma noção do que venha a ser uma formação psicanalítica.

bastante para o que poderíamos chamar de *formação continuada*, oferecendo um rico espaço de reflexão e de pesquisa. Ou seja, tenho observado que os psicanalistas que entram para realizar um mestrado ou um doutorado sob minha orientação – quando conseguem realizar o percurso completo –, saem profissionais mais maduros e competentes.

Conclusão

O que posso concluir, nesse final de percurso, é que a *instituição psicanalítica*, tal qual a entendo, possui vida própria, independentemente de qualquer entidade associativa que possa se constituir como seu porta-voz. Tendo se formado inicialmente pelas propostas de Freud, foi ganhando corpo ao longo de mais de um século de psicanálise, por meio das obras de todos aqueles que o sucederam. Não constitui, nem poderia constituir, algo pronto e acabado, mas um ente que se transforma continuamente ao longo do tempo, muito embora possua um arcabouço estrutural relativamente estável.

Quanto às vantagens e às desvantagens de uma formação regular, por meio de uma sociedade qualquer, ou de uma formação marginal como a minha, penso que são relativas às expectativas e às características de cada um. Há pessoas que necessitam, mais do que outras, de uma direção e de um abrigo no seio de uma comunidade profissional formada; para elas, a formação regular será a mais indicada, sem dúvida. No entanto, há aqueles como eu que, quando optei pela psicanálise, já era "macaco velho", um tanto avesso às mazelas organizacionais de entidades constituídas e que preferi uma formação autogerida. O mais importante disso tudo, no meu modo de ver, é a *responsabilidade profissional* com que se encara a tarefa, já que a formação psicanalítica é trabalho para uma vida inteira.

Referências

Almeida, A. P., & Naffah Neto, A. (Orgs.). (2022). *Perto das trevas – a depressão em seis perspectivas psicanalíticas.* Blucher.

França, M. O. de A., & Petricciani, M. (Orgs.). (1996). *Antonino Ferro em São Paulo.* Sociedade Brasileira de Psicanálise de São Paulo.

Gerber, I., & Naffah Neto, A. (2007). Linguagem musical e psicanálise. *Ide: psicanálise e cultura,* 30(44), 08-14.

Guimarães Rosa, J. (1962). A terceira margem do rio. In *Primeiras estórias.* José Olímpio.

Naffah Neto, A. (1985). *O inconsciente: um estudo crítico.* Ática.

Naffah Neto, A. (1992). *O inconsciente como potência subversiva.* Escuta.

Naffah Neto, A. (1994). *A psicoterapia em busca de Dioniso – Nietzsche visita Freud.* Escuta.

Naffah Neto, A. (1998). *Outr'em-mim: ensaios, crônicas, entrevistas.* Plexus.

Naffah Neto, A. (2003). O divã psicanalítico e o corpo materno – algumas considerações sobre o *holding* em processos de regressão psicanalítica. *Trieb – Sociedade Brasileira de Psicanálise do Rio de Janeiro, II*(1), 109-26.

Naffah Neto, A. (2004). A escuta musical como paradigma possível para a escuta psicanalítica. *Percurso – Revista de Psicanálise, XVII*(33), 53-60.

Naffah Neto, A. (2005). Winnicott: uma psicanálise de experiência humana em seu devir próprio. *Natureza Humana – Revista de Filosofia e Psicanálise*, *7*(2), 433-54.

Naffah Neto, A. (2006). A pesquisa psicanalítica. *Jornal de Psicanálise, Instituto de Psicanálise – SBPSP*, *39*(70), 279-88.

Naffah Neto, A. (2007a). A função do falso *self* na produção de uma diva: o caso Maria Callas. *Natureza Humana – Revista de Filosofia e Psicanálise*, *9*(1), 9-28.

Naffah Neto, A. (2007b). A noção de experiência no pensamento de Winnicott como conceito diferencial na história da psicanálise. *Natureza Humana – Revista de Filosofia e Psicanálise*, *9*(2), 223-41.

Naffah Neto, A. (2007c). A problemática do falso *self* em pacientes de tipo *borderline* – revisitando Winnicott. *Revista Brasileira de Psicanálise*, *41*(4), 77-88.

Naffah Neto, A. (2008a). Contribuições winnicottianas à clínica da neurose obsessiva. *Percurso – Revista de Psicanálise*, *XXI*(41), 17-36.

Naffah Neto, A. (2008b). O caso Margareth Little: Winnicott e as bordas da psicanálise. *Jornal de Psicanálise, Instituto de Psicanálise – SBPSP*, *41*(75), 107-21.

Naffah Neto, A. (2017). *Veredas psicanalíticas – à sombra de Winnicott*. Novas Edições Acadêmicas.

Naffah Neto, A. (2018a). Apontamentos sobre a análise de uma paciente esquizoide, de uma perspectiva winnicottiana. *Jornal de Psicanálise*, *51*(95), 59-72.

Naffah Neto, A. (2018b). Com os pés no chão: sobre como se pode sonhar a conquista de um corpo próprio num processo de análise. *Revista Brasileira de Psicanálise*, *52*(2), 141-50.

Winnicott, D. W. (1964 [1959]). Classification: is there a psycho-analytic contribution to psychiatric classification? In: D. W. Winnicott. (1990). *The maturational processes and the facilitating environment.* Karnac.

3. Minha experiência como analista didata na formação de analistas na Sociedade Brasileira de Psicanálise de São Paulo

Claudio Castelo Filho

Neste capítulo, proponho-me a descrever o processo de formação de um psicanalista que julgo pertinente e necessário.

Minha percepção sobre a formação de psicanalistas do Instituto de Psicanálise Durval Marcondes da Sociedade Brasileira de Psicanálise de São Paulo[1]

Antes de tudo, quero deixar claro que não falo em nome da Sociedade Brasileira de Psicanálise de São Paulo (SBPSP) e tampouco do Instituto Durval Marcondes ou de seus corpos diretivos.

---

[1] Este modelo de formação é seguido pela grande maioria das Sociedades de Psicanálise vinculadas à Federação Brasileira de Psicanálise (FEBRAPSI) e à International Psychoanalytical Association (IPA).

Descrevo como tem sido a *minha* participação na instituição, desde que iniciei minha formação como candidato em 1987 até a minha graduação como analista didata em 2003, e a experiência adquirida como membro da Comissão de Ensino do Instituto e do Conselho Consultivo, durante muitos anos. Além das análises didáticas, supervisões, dos cursos teóricos e seminários clínicos que coordeno, sempre tive alguma participação institucional, mas não estou em qualquer diretoria.

Narro como tem sido, até o presente momento, a formação de analistas na SBPSP, a mais antiga instituição ligada à psicanálise do país, que teve seu início nos anos de 1920, a partir do contato de Durval Marcondes com os textos de Sigmund Freud, inicialmente por meio de um artigo de Franco da Rocha, seu professor, e em seguida pela troca de correspondências com o criador da psicanálise.

Nas décadas seguintes, além de Durval e associados a ele, Darcy Uchoa, Virgínia Leone Bicudo, Lígia Amaral, Frank Philips e Sérgio Dias estiveram no cerne do desenvolvimento do movimento psicanalítico em São Paulo e no Brasil. O processo de formalização da SBPSP deu-se com a vinda da dra. Adelheid Koch a São Paulo nos anos de 1940, a primeira analista didata ligada à International Psychoanalytical Association (IPA), que foi fundada por Freud e tem sua sede em Londres. Em 1951, foi constituída oficialmente a SBPSP, durante o Congresso Internacional de Psicanálise realizado em Amsterdã, com a presença da dra. Koch e de Lygia Alcântara do Amaral.[2]

[2] Ver entrevista de Carmen Chaib Mion, presidente da SBPSP, sobre os 70 anos da filiação da Sociedade à IPA, publicada na *Revista Brasileira de Psicanálise*, *55*(3), 2021, pp. 27-39.

O modelo de formação – até hoje seguido – foi o proposto por Eitingo[3] em 1925, com o qual vejo-me em sintonia, baseado no tripé: análise didática, supervisões oficiais e cursos teóricos. Para ingressar na formação de psicanalista do Instituto Durval Marcondes da SBPSP, o postulante deve apresentar-se para um processo de seleção, por meio de avaliação de seu currículo, escrita de um memorial e entrevistas pessoais.

Após esse processo, pode vir a ser aprovado a ingressar no Instituto, tendo, porém, que começar a sua análise com um analista didata da Sociedade, pelo menos seis meses antes do ingresso nos cursos. O pretendente à formação (uma vez admitido, passa a ser chamado membro filiado do Instituto em São Paulo e candidato na maior parte das formações da IPA) precisa submeter-se a uma análise com um analista didata durante pelo menos cinco anos[4] com quatro sessões semanais, e duas supervisões oficiais de 80 horas com dois outros analistas didatas que não podem ser aquele com quem faz sua análise.

---

[3] "Max Eitingon, responsável pela primeira clínica psicanalítica em Viena, efetuou de maneira singular sua análise didática com Freud . . . Eitingon concebeu sua clínica psicanalítica a partir de três funções: terapêutica, formativa e de pesquisa. . . . O Congresso Internacional de Psicanálise de 1925 procurou evitar a prematura amalgação e síntese da psicanálise com outros campos de estudo, métodos de pesquisa e práticas clínicas. Por conta da série de problemas iniciais que Freud experimentou com alunos que se desviaram de seus ensinamentos, o ainda jovem movimento psicanalítico internacional estava preocupado em preservar e evitar a destruição da teoria e da prática freudiana. Diante dessa perspectiva, a supervisão era uma maneira de garantir a autenticidade da prática psicanalítica. Somada à análise didática, a análise de controle ou supervisão tornou-se peça-chave na formação psicanalítica" (Moncayo, 2021)

[4] Considero que esse tempo em análise deveria ser apenas o "aperitivo" para alguém que pretende capacitar-se com analista. Uma análise muito mais extensa e profunda é bem mais que recomendável para que ele possa começar a alcançar níveis realmente mais profundos da realidade psíquica e tornar-se capaz de suportar e acolher as intensas turbulências dessas dimensões.

Com o término de cada supervisão, é necessário produzir um relatório de sua prática de atendimentos que serão, cada um, avaliados por bancas de professores. A segunda supervisão oficial só poderá ser iniciada tendo sido aprovado o relatório da primeira. Após a aprovação do segundo relatório e a apresentação deste em reunião científica – com todos os créditos de cursos teóricos e seminários clínicos concluídos –, o candidato (ou membro filiado) apresentará ao corpo societário um trabalho de sua autoria pleiteando ser aceito como membro associado da Sociedade. Todo esse processo leva em média de sete a dez anos.

O principal eixo do tripé é, sem dúvida, *a análise didática* do membro filiado. Wilfred R. Bion expõe com clareza o porquê de tal relevância:

> *não há postulante à análise que não tema os elementos psicóticos nele existentes e não creia poder atingir um ajustamento satisfatório, sem que se analisem esses elementos. Uma solução desse problema é particularmente perigosa para quem estiver engajado em dar formação: o indivíduo busca lidar com dito medo tornando-se candidato, de sorte que o fato de ser aceito para formação possa ser tomado como um atestado oficial de imunidade passado por aqueles que melhor se qualificam para sabê-lo. Com a ajuda do próprio psicanalista, poderá seguir fugindo de se defrontar com o seu temor e terminar por vir a ser um pseudo-analista. Devido à identificação projetiva (na qual não acredita), sua qualificação como analista consiste na capacidade de se vangloriar de se haver libertado da psicose – motivo por que menospreza os pacientes e os colegas. (Bion, 1967, pp. 143-144)*

O principal foco de nossa formação tem sido desde sempre a prática clínica. É muito diferente saber sobre psicanálise do que saber, viver, o que é psicanálise. Certa vez, durante um seminário, pedi a uma aluna, que tinha uma importante graduação acadêmica, para fazer uma síntese da leitura que havia feito de um artigo de Melanie Klein. Ela fez uma detalhada exposição teórica muito bem articulada. Todavia, ficou perplexa quando lhe indaguei como ela realizava aquelas ideias em sua prática clínica. Ela não sabia o que dizer. Voltou a repetir o que me dissera lendo os trechos de seu resumo, mas não conseguia encontrar em sua prática como verificava tudo aquilo nela.

Ao relatar esse episódio, lembro-me do que costumava dizer Pérsio Osório Nogueira, um proeminente membro da SBPSP. Como exemplo disso, ele dizia que conhecia nomes de legumes e verduras como agrião, rúcula, escarola, acelga, alface, couve, cebolinha e podia repeti-los. Outra coisa era ele ir até a feira para reconhecer e comprar esses alimentos (ele não saberia) e muito menos teria noção de como prepará-los e servi-los (tinha admiração por quem era capaz).

Em "Learning from experience", de Bion, encontramos o seguinte:

> *Um paciente capaz de abstração e formação de sistemas em conformidades com regras que garantem que o sistema não contém uma incompatibilidade intrínseca e, no entanto, é incapaz de encontrar uma realização para a qual o sistema abstrato se aplica. (Bion, 1962, p. 61)*

Penso que a isso corresponde a ideia de que uma pessoa pode ser muito erudita sem, contudo, ter se tornado sábia. Ela pode saber tudo sobre psicanálise, sem saber realizar o que, de fato, é uma psicanálise.

No meu atual trabalho como editor da *Revista Brasileira de Psicanálise*, deparo-me, junto com minha equipe editorial, com alguns trabalhos que vêm com o seguinte problema detectado por pareceristas eminentes: uma grande e sofisticada articulação teórica que não encontra correspondência com a prática relatada pelos autores. Frequentemente há uma tentativa forçada para que a teoria se encaixe no material clínico descrito ou no sentido inverso, um artifício para fazer encaixar a observação clínica em teorias conhecidas sem que a articulação entre as duas coisas pareça ter pertinência – como peças que não correspondem ao lugar certo de um quebra-cabeças e foram encaixadas à força –, ficando evidente, para os leitores, o não encaixe real. Isso ocorre em todas as correntes teóricas que podem se atribuir os autores.

Tu não deverias ter ficado velho antes de ficares sábio (do bobo da corte para o rei)

Rei Lear, Shakespeare

O porquê da necessidade de uma análise didática

O analista didata, em princípio, deve ser:

> *alguém que a instituição reconheceu como tendo um profundo conhecimento e experiência da psicanálise, de maneira que o "candidato" possa ter a experiência de uma psicanálise reconhecida como tal, pois somente a experiência de ser analisado o capacitaria a ter noção da coisa real, do que é mesmo uma psicanálise, muito diferente de conhecer suas teorias. A teoria na prática é outra, já diz um velho adágio. Alguns se apresentam com a ideia de que a análise didática é uma atividade*

pedagógica, de ensino. Para mim, toda análise é didática, no sentido socrático de levar uma pessoa a desenvolver o seu próprio discernimento. Também considero ser ilusório que a pessoa que vem para a análise didática não a necessite para sua vida pessoal. Quem procura essa área de atividade humana (psicologia, psicanálise, psiquiatria e congêneres) certamente já tem muitas turbulências internas. A análise didática não se diferencia em nada de outras análises. O nome didática é decorrente da atribuição institucional dessa denominação, visto que o analista que a pratica tem o reconhecimento institucional para analisar os pretendentes à formação psicanalítica. Muitos querem se tornar psicólogos, psiquiatras ou psicanalistas para não se verem como pacientes, analisandos, pois o preconceito contra a perturbação mental permanece considerável. Existe a fantasia de que o entendimento das teorias capacitaria o indivíduo a prescindir de tratamento pessoal – ele se autoanalisando, ou algo similar, ou fazendo uma cisão segundo a qual os "necessitados", inferiores, seriam os pacientes e os "procurados", superiores seriam os terapeutas, médicos e psicanalistas. A análise do analista é fundamental para que ele se dê conta de suas próprias dimensões primitivas, primordiais e psicóticas (não implica que seja psicótico, mas que tenha acesso aos aspectos psicóticos e neuróticos de sua própria personalidade, sem o que não poderá enxergar algo similar nos outros; sem enxergá-las em si mesmo, tenderá a distorcer suas próprias percepções da realidade). (Castelo Filho, 2020, pp. 22-23)

Na prática do consultório, não distingo a análise didática da análise de qualquer outro paciente, pois penso que para um analista ajudar um outro indivíduo a tornar-se ele mesmo (o único propósito real de uma análise), o próprio analista precisa ter se encontrado (pelo menos de modo razoável) consigo mesmo e ter a condição de se acolher e de se aceitar por aquilo que de fato é, e não por aquilo que se espera dele, e muito menos o que seu analista ou uma instituição psicanalítica esperaria que ele fosse. Surpreendentemente, penso que somente aqueles que têm respeito e consideração por aquilo que efetivamente se percebem ser podem oferecer isso a outrem e podem desenvolver real capacidade ético-civilizatória, o que distingo totalmente de algo moralista ou normativo. Entretanto, se aquilo que uma psicanálise encontrar numa pessoa for um ladrão, a análise pode ajudá-lo a tornar-se um ladrão mais eficiente.[5]

A qualificação de um analista didata

Para se tornar analista didata, além de ter sua formação completa no Instituto Durval Marcondes e ter ingressado como membro associado da SBPSP, o postulante tem de ter feito monitorias de cursos de colegas docentes, produzir trabalhos apresentados em reuniões científicas e congressos, e depois de alguns anos de experiência, apresentar novo memorial e submeter-se a uma banca de avaliação (esse processo costuma ser extenso e meticuloso), candidatando-se a membro efetivo.

---

[5] "A psicanálise não faz mal nem bem, mas a pessoa pode usar a experiência para o propósito que desejar. Afinal de contas, se um cirurgião cura um ladrão ou um assassino ele os torna mais eficientes, mas não mais morais" (Bion, 1991, p. 332, tradução livre minha).

Aprovado em tal etapa, o indivíduo pode solicitar sua passagem a docente do Instituto, estando apto a dar cursos teóricos. Após outros anos como docente, um determinado número de cursos ministrados, trabalhos significativos apresentados em reuniões científicas, participações institucionais, congressos, publicações etc., o sujeito poderá pleitear a função de "analista didata". Novamente outro memorial deverá ser produzido; apresentação de currículo, dos trabalhos escritos e publicados, e a avaliação de uma banca que deverá ser constituída por quatro analistas didatas que entrevistarão o pretendente, verificarão sua experiência clínica e o arguirão sobre suas competências. Além de mais outros quatro membros de uma comissão fixa de avaliação para passagem a didata que dialogará com a primeira, para que após um detalhado exame de tudo o que foi apresentado e conversado durante as entrevistas haja uma votação para a aprovação ou não do pretendente.

Se houver maioria ou unanimidade de votos a favor do pretendente, o membro efetivo docente passa a realizar a função de analista didata, na qual poderá receber os alunos que pretendem fazer a formação como analisandos (análise didática) e as supervisões oficiais de outros formandos que não sejam seus pacientes. Os seminários clínicos só podem ser oferecidos e coordenados por analistas didatas (que podem continuar, certamente, lecionando seminários teóricos também).

Da apresentação para o processo de avaliação até à aprovação como didata (caso ocorra), o processo costuma levar de oito meses a um ano. Portanto, toda essa trajetória visa à manutenção de um padrão de qualidade e qualificação. Como em qualquer atividade científica, isso não implica um certificado de garantia, mas é um forte indicativo de alta qualificação do profissional e de que aquilo que seja praticado é psicanálise e não outra forma de atendimento psicoterápico ou fora do escopo da psicanálise que é psicanálise, e não outra coisa.

Na época em que fiz minha formação no Instituto, deparei-me com colegas que se revoltavam por não verem suas práticas com florais de Bach ou de atividades que implicavam interação corporal reconhecidas como atividades psicanalíticas. Estes mesmos sujeitos acabaram saindo, com motivo, do Instituto.

O nome *psicanálise* vem sendo apropriado e esvaziado das formas mais exóticas possíveis, como o completo paradoxo de associar psicanálise e proselitismo religioso de qualquer natureza. Freud, que era avesso à religião e que a via como algo antagônico à psicanálise, deve estar se revirando no túmulo com denominações "A psicanálise de Deus" e congêneres, para citar apenas uma.

> *Talvez possa depender, também, se a personalidade do analista permite que o paciente o coloque no lugar de seu ego ideal, o que envolve a tentação para o analista de interpretar o papel de profeta, salvador, ou redentor do paciente. (Freud, 1923/1978, p. 50)*

Considero que o exercício da psicanálise é tão sério quanto a atividade de um neurocirurgião, e que é grave que as formações possam ser facilitadas e *banalizadas.* Como se fosse possível formar um psicanalista com cursos feitos sem critérios e sem o real contato com aquilo que é psicanálise – mesmo o que só é possível por meio da análise pessoal longa e profunda, daquele que venha a exercê-la, dos atendimentos clínicos que realize, das supervisões e dos cursos teóricos que duram em média de quatro a sete anos, pelo menos.

A alta frequência nos atendimentos em análise, com quatro sessões por semana, permite um espaço físico e mental de acolhimento das angústias do analisando, para que essas forças poderosas possam se tornar conhecidas e administráveis sem que sejam necessárias correntes (como as cordas que amarraram Odisseu[6] ao mastro de seu navio), enclausuramentos, ou evitar que velas sejam içadas, impedindo a navegação pelos sete mares e que descobertas possam ser feitas. O principal instrumento para tal é a mente do analista, que esteja acostumada a transitar por borrascas e a atravessar grandes turbulências.

Durante uma análise que, efetivamente, investigue as profundidades da mente desconhecida, angústias profundas são mobilizadas no paciente ao deparar-se com alguém que é ele mesmo e que, no entanto, lhe é, amiúde, completamente estranho e desconhecido.[7] O analisando depara-se também com dimensões primordiais e poderosas que verifica em si e que lhe escapam do controle e capacidade de escolha em relação a existirem ou não. A própria realidade em que acredita viver pode se revelar outra que nunca viu, como os contemporâneos de Galileu, Copérnico e Kepler, ao se depararem com uma Terra que se movia e não era o centro do universo – a vivência é de catástrofe, e não à toa Galileu quase foi queimado vivo e outros contemporâneos seus acabaram, de fato, sendo.

---

[6] Homero, *Odisseia*, canto 12.

[7] Como Édipo, que pensava ser um e descobre ser outro ao final da primeira tragédia de Sófocles. A diferença pode se dar no desfecho de tais percepções em análise, se o analista for capaz de auxiliar o paciente a ter um encontro em que existe compaixão pela condição humana, o que não ocorre ao final de Édipo Rei, mas que surge em Édipo em Colono, em que o protagonista coloca a desnecessidade de ele ter se punido, cegando-se e desterrando-se na miséria, arrastando suas filhas com ele, deixando a cidade em guerra fratricida entre seus filhos. Penso que na segunda tragédia, com uma consciência benevolente (Eumênides e não Eurínias, conforme a Oresteia), coloca-se a possibilidade de aprender e se desenvolver com a experiência. O analista, tendo passado ele próprio por essas vivências em sua análise e dispondo de compreensão e compaixão humana despojadas de viés moralista, pode capacitar seu analisando a desenvolver essa atitude para consigo mesmo, acolhendo-se na sua própria humanidade que inclui do mais primitivo, primevo, primordial, ao mais sofisticado e civilizado.

Outra fonte de grande angústia pode ser a percepção de quanto o indivíduo possa se ver responsável por situações a que sempre atribuíra origem a fatores externos. As sessões passam a ser ansiadas, e o curto intervalo entre uma e outra (um dia) costuma ser fundamental para que o contato com essas percepções desnorteantes seja tolerado e assimilado, com a ajuda da mente de uma analista continente para a turbulência associada a tais percepções.

Nosso contato com o analisando também mobiliza, em nós, fortes emoções, muito primevas. Aqueles que estão atendendo em psicanálise e não se dão conta disso estão mexendo com nitroglicerina sem perceberem o perigo.[8] Precisamos ser capazes de senti-las para ter uma noção do que ocorre no ambiente, capacitando-nos a intuir quais seriam as experiências emocionais de nossos pacientes e com quais realidades psíquicas "não sensoriais" elas poderiam estar relacionadas, assim como às quais eles reagem. Isso não implica que o analista esteja sentindo os sentimentos de seus pacientes, mas que tenha a *consciência* de suas próprias reações emocionais no contato com eles – o que só pode ocorrer, com amplitude, caso tenha se analisado em profundidade e extensão (muitos anos), e com a realização das teorias na prática, por meio de um sério preparo profissional.

---

[8] Certa vez, há muitos anos, dava uma supervisão na qual a supervisionanda disse ter oferecido a seu paciente um modelo para que ele percebesse algo de sua vida mental. O modelo era o filme *O sétimo selo*, de Ingmar Bergman, em que o personagem principal joga xadrez com a Morte. Ajudei-a a perceber que sua associação não revelava somente algo da mente do paciente, mas aquilo que ela estava vivendo com ele: era ela quem jogava com a morte. O paciente era muito perturbado e potencialmente violento. Tinha quase dois metros de altura e era robusto. A analista, pequena e miúda, atendia-o após as 20 horas, quando todos os demais colegas de consultório já tinham ido embora e a secretária também. Seu consultório era em um andar alto e naquele horário havia somente um porteiro no térreo. Disse-lhe que ela deveria pensar seriamente as condições em que o atendia e se era o caso de continuar naquele contexto.

Nesse aspecto, uma análise é uma *experiência*, para o analista e o analisando, de grande intensidade e turbulência emocional – e caso não o seja, o analista deve se perguntar o que de errado está acontecendo. O analista que possa contar com a expansão de sua capacidade para conter intensidades emocionais poderá auxiliar seu analisando a desenvolver esse continente *em si*, o que pode permiti-lo ter alguma clareza e lucidez de pensamento para lidar com situações de estresse em sua vida cotidiana, ou mesmo em condições dramáticas.

A exemplo disso, um oficial graduado de uma força armada precisa ser capaz de pensar com clareza diante de situações de terror para ter chance de sobreviver e atuar com eficiência. Ele não pode estar cindido do medo, pois isso o deixaria sem contato com a situação real e poderia levá-lo a agir de maneira irrealista e desastrosa. Porém, precisa ser continente de seu medo para poder funcionar sem estar subjugado a ele.

> *Somos animais extremamente perigosos; entre todos os animais ferozes que habitam esse planeta o humano tem sido bem-sucedido em matar todos os seus rivais – exceto o vírus.*
>
> *Na sessão analítica nos ocupamos com dois animais ferozes e perigosos, um dos quais, possivelmente ambos – tem ao mesmo tempo o desejo de ser amistoso e útil para o outro. . . . Penso que é uma obrigação permanecer civilizado, porém permanecer civilizado não é o mesmo que ficar sem perceber o que é de fato o caráter humano. Estamos ocupados com impulsos poderosos que são tudo menos civilizados – assassinato, ódio, amor, rivalidade. Portanto temos de ser sensíveis e alertas à poderosa natureza emocional de dois objetos na mesma sala ao*

> *mesmo tempo – tanto quanto a esse elemento que quer ser útil.*
>
> *. . . Defrontamo-nos com um paradoxo; ambos lutamos para manter uma tal capacidade civilizada tanto quanto formos capazes ao mesmo tempo que nos esforçamos para tornar evidente a natureza primitiva e perigosa da situação.*
>
> *Q: Se você for demasiado civilizado pode ser destruído pelo paciente?*[9]
>
> *Bion: Sim. (Bion, 1980, pp. 39-40)*[10]

O trabalho do analista não difere muito daquele em que alguém precisa manter-se pensando com clareza diante da turbulência emocional com a qual se depara a cada encontro, para não naufragar na aparente calmaria das águas em que possa estar navegando, da mesma forma que Palinuro, o timoneiro de Eneias, não se deixava enganar pelas águas do Mediterrâneo.[11]

Caso a análise do analista tenha sido *insuficiente*, superficial, ou a imitação de uma análise, o mais provável é que se deixe manipular pelas identificações projetivas de seus analisandos e

[9] Certa vez perguntaram a Winnicott "por que um objeto bom é destruído?" O "objeto bom" é apenas um termo psicanalítico – não me sinto particularmente impressionado pela pergunta ou pelo problema. Mas sugiro que temos uma chance de ver não por que o objeto bom está em perigo, mas que a destrutividade é estimulada pela presença de algo que pode ser destruído. Em outras palavras, há um prazer primitivo a ser obtido no exercício da crueldade e na destruição de algo que vale a pena destruir (Bion, 2005).

[10] Tradução livre minha.

[11] Todavia o deus Morfeu, encarregado por Juno de levá-lo ao engano de acreditar na calmaria e dormir, revoltou-se por Palinuro não se entregar ao seu logro. Jogando-lhe água do Letes nos olhos, arremessou-o no mar agarrado ao leme, com parte da popa do navio, para que se afogasse (Vírgílio, Eneida, livro V).

venha reagir contratransferencialmente, seja de maneira violenta, ou de maneira a reassegurar o paciente, seduzi-lo ao fugir das tormentas que se apresentam, fazendo uma pseudoanálise, ou agindo de modo moral e doutrinário. O analisando não poderá ir com determinado analista além do ponto em que ele (analista) tiver chegado. Quão mais extensa e profunda for a análise do analista e seu preparo profissional, maior será sua condição para ajudar os seus pacientes a se expandirem mentalmente. O contato com a realidade exterior só é realmente possível se houver contato com o mundo interno, com a vida emocional.

A psicanálise não se propõe a pensar por alguém nem a resolver seus problemas. Ela pode ajudar um indivíduo a expandir sua capacidade para pensar *por si mesmo*, ter seu próprio discernimento e não precisar fazer parte de rebanhos e seguir pastores.

Sobre o argumento de facilitar as exigências das formações psicanalíticas e a redução na frequência das análises (incluindo as didáticas) por questões relacionadas às dificuldades da vida atual

No final da I Guerra Mundial, Freud estava em Viena, sofrendo privações, sem ter o que comer e nem como aquecer sua casa no inverno rigoroso. Seu irmão conseguiu para ele, na revista *Cosmopolitan*, nos Estados Unidos, a encomenda de três artigos. Freud receberia 3 mil dólares pelos artigos – o que era uma quantia muitíssimo elevada para aqueles tempos. Entretanto, ao receber o *briefing* sobre o tipo de artigo solicitado pelo editor, Freud, que estava num grande estado de penúria, sem pacientes e com todo tipo de dificuldades materiais, recusou a oferta e, segundo Ernest Jones (1999), sentiu-se encolerizado consigo mesmo ao considerar a possibilidade de abrir mão de seus valores e consistência científicas para publicar em uma revista de grande popularidade na América, mas cujos parâmetros eram os de uma publicação popular dedicada ao "público feminino" com abordagens reducionistas, superficiais, simplistas e, frequentemente, sensacionalistas. Além disso, Freud mandou dizer ao editor que se ele era conhecido por ser *Freud*, era por jamais ter cedido ou baixado seus padrões de seriedade e de qualidade científicas, por maiores que tivessem sido as dificuldades pelas quais passara na vida.

Segunda Guerra Mundial e pós-guerra na Europa

Considero, em seguida, os tempos difíceis do período entre-guerras na Europa, acompanhados pela ascensão do Nazifascismo da II Guerra, e da grande escassez de recursos que toda a população europeia sofreu até meados nos anos 1950. Nem por isso, os padrões de atendimentos psicanalíticos foram alterados. Ao contrário, foi exatamente nesses tempos tão difíceis que a psicanálise mais prosperou. Foi então que as obras de Klein, Winnicott e Bion apareceram e floresceram, além de outros nomes importantes como Joseph, Tustin, Isaacs, Segal, Lacan etc. O mesmo fenômeno também se deu em outros países.

Argumentos em prol da diluição e o questionamento deles

Os argumentos em prol da diluição da análise pessoal, com redução da frequência da análise didática dos candidatos ou membros filiados para uma suposta "alta frequência" de três a cinco sessões por semana, apelam para questões de ordem econômica e de interesse na formação que seriam limitados pelas exigências dela. Na prática, sabemos que em todos os lugares em que isso aconteceu, conforme informação recente, nenhum dos candidatos dessas sociedades na América Latina que assim procederam comparecem à análise didática mais do que três vezes por semana. O resultado almejado de ter mais pessoas para a formação, ao contrário, não parece ter sido alcançado, pois já se fala na redução da frequência para duas sessões semanais, de maneira semelhante àquela das liquidações de artigos baratos em loja de departamento populares.

Faz parte do senso comum a noção de que é muito difícil alguém dar valor a algo que não se dá valor. Há a queixa de que a psicanálise não é mais valorizada. Será que não seria por conta dos próprios psicanalistas e instituições psicanalíticas que não valorizam a própria essência do que fazem e ensinam?

Sempre penso qual seria a reputação, se é que haveria alguma, do Balé Bolshoi, do Royal Ballet ou do balé da *Opéra de Paris*, caso a formação de seus dançarinos fosse facilitada em nome das dificuldades da vida atual. Ou a de um médico neurocirurgião, cuja formação seja "facilitada" por conta das dificuldades e custos dela. A profusão de faculdades de medicina privadas de qualidade duvidosa pode deixar mais clara a problemática. Tornar-se um psicanalista é dispor-se a grandes sacrifícios, está longe de ser, exceto nas imitações, uma atividade fácil e em que se pode viver sem ter de lidar com muitas adversidades e situações complicadas.

Reitero que o trabalho psicanalítico não tem qualquer propósito de modificar a natureza e as características de um analisando, mas de ajudá-lo a desenvolver recursos mentais e emocionais para negociar e administrar essas características, reconhecendo-as como próprias – à medida que elas sejam percebidas na mente e adquiram consciência, tornando-o capaz de pensar antes de agir.

Não para se livrar de si mesmo ou curar-se de quem ele é, mas para ter condição de gerenciar suas potencialidades de modo que elas lhes sejam mais favoráveis para, enfim, ter a melhor qualidade de vida que puder alcançar, reconhecendo sua verdadeira natureza e tirando dela o melhor proveito possível.

Isso é o que penso ser apresentado por Bion em *A memoir of the future,* em que o analista intermedeia e apresenta aspectos diferentes, antagônicos e controversos de um indivíduo para si mesmo. Nessa intermediação, ele também conversa e negocia com seus próprios aspectos internos, de maneira que, ao final, não existe uma cura, mas uma eventual possibilidade de conversa entre os diferentes grupos e dimensões internas que possam ter um resultado criativo (e, por conseguinte, sempre há um potencial de turbulência por o ser), como o próprio livro o é. Contudo, isso não é possível sem que o analista já tenha, como mencionei seguidamente, se tornado continente e assimilado boa parte desses seus aspectos primordiais e essenciais, para ter condições de negociar com eles – a partir da consciência que tenha deles –, o que é impossível sem uma longa e extensa análise pessoal com um profissional bem gabaritado para isso e, em seguida, contar com sua formação séria de muitos estudos, uma considerável cultura geral, supervisões, e o persistente espírito de aprendizado e interesse no desconhecido.

Referências

Bion, W. R. (1967). *Estudos psicanalíticos revisados (second thoughts)*. Imago.

Bion, W. R. (1977). Learning from experience. In W. R Bion, *Seven servants: four works by Wilfred R. Bion*. Jason Aronson. (Trabalho original publicado em 1962)

Bion, W. R. (1980). *Bion in New York and São Paulo*. Clunie Press.

Bion, W. R. (1991). *A memoir of the future: the past presented*. Karnac.

Bion, W. R. (2005). *The Italian seminars*. Karnac.

Castelo Filho, C. (2020). Para que serve a psicanálise? In C. Castelo Filho, *A psicanálise do vir a ser*. Blucher.

Ésquilo (525-455 a.C.). (2004). *Oresteia III – Eumênides*. Iluminuras.

Freud. S. (1978). The ego and the id. In S. Freud, *The standard edition*. Hogarth Press. (Trabalho original publicado em 1923)

Gavião, A.C.D. (2022).Clínica psicanalítica e clínica da formação em psicanálise. In: *Revista Brasileira de Psicanálise, 56*(3), 71-89.

Homero. (2002). *Odisseia*. Ediouro.

Jones, E. (1999). *A vida e a obra de Sigmund Freud* (Vol. 2). Imago.

Klein, M. (1975). Some reflections on The Oresteia. In M. Klein, *Envy and gratitude and other works*. Hogarth Press. (Trabalho original publicado em 1963)

Mion, C. C. (2021). Entrevista com Carmen C. Mion. *Revista Brasileira de Psicanálise, 55*(3), 27-39.

Moncayo, R. (2021). O supervisor suposto saber: perspectivas lacanianas sobre a análise de controle. In *Revista Brasileira de Psicanálise, 55*(4), 69-89.

Sófocles. (1980). Édipo Rei. *Prometeu acorrentado/Ésquilo, Édipo Rei/Sófocles, Medéia/Eurípedes*. Abril Cultural.

Sophocles. (1982). Oedipus at Colonus. In *The complete plays of Sophocles*. Bantam Books.

Virgílio (Publius Vergilius Maro). (70-19 a.C.). (2016). *Eneida*. Editora 34.

4. Democratização da formação em psicanálise

Érico Andrade

Nenhuma instituição humana pode, a longo prazo, escapar à influência da crítica legítima.

Freud, 1925.[1]

Introdução

Com o livro *As clínicas públicas de Freud*, Elisabeth Ann Danto (2019) apresentou o longo percurso da criação de clínicas que visavam atender às pessoas com baixo poder aquisitivo, mas que teriam direito, segundo o próprio Freud, ao tratamento psicanalítico (Freud, 1919/1976a). A reconstrução histórica realizada no livro de maneira detalhada e exaustiva projeta o texto de Freud "Linhas de progresso na terapia psicanalítica" (1919) para o centro do debate a respeito do público para o qual se destina a clínica psicanalítica.

[1] Freud, 1925/1976b, p. 273.

Com o trabalho de Danto, o texto de Freud não pode ser mais compreendido como um comentário isolado ou uma simples constatação de que a psicanálise deveria atingir um nicho mais amplo. Freud parecia ter clareza de que se há algo menos central na clínica é o pagamento da sessão, quando se entende a radicalidade do cuidado que a psicanálise propõe e que deve ser estendido a todas as camadas sociais.

Essa clareza – e aqui reside o grande mérito do trabalho de Danto – não está apenas no nível teórico da sua formulação, expressa num texto pequeno no interior de uma grande obra repleta de tantas páginas, mas numa prática de clínicas públicas que se proliferavam em parte da Europa, sob a anuência entusiasmada de Freud. Nesses termos, o mestre de Viena não hesitou em afirmar que: "com recursos próprios, sociedades [psicanalíticas], locais sustentam . . . ambulatórios nos quais analistas experientes, bem como analistas em formação dão tratamento gratuitos a pacientes com recursos limitados" (Freud, 1919/1976a, p. 105, colchetes meus).

Em certo sentido, Freud entendia que a consolidação da psicanálise passava por uma ampliação do atendimento clínico que não poderia ser restrito apenas às pessoas com posses. Havia uma compreensão, na época, ainda segundo Danto, de que os(as) psicanalistas deveriam "doar parte do seu tempo a pessoas que de um modo ou de outro não poderiam pagar pela psicanálise" (Danto, 2019).

O trabalho de Elisabeth Ann Danto é definitivo quanto à importância de se democratizar o acesso à psicanálise, e ao fato de que isso estava presente no pensamento de Freud. Com efeito, em um recente texto publicado na *Folha de S.Paulo*, intitulado "Democratizar a psicanálise",[2] tentei mostrar que, além de nos preocuparmos com a democratização do acesso à análise pessoal,

---

[2] https://www1.folha.uol.com.br/opiniao/2022/01/democratizar-a-psicanalise.shtml

é fundamental que possamos pensar de modo ainda mais dilatado o termo "democracia" no interior da psicanálise.

Embora a democratização do acesso à análise pessoal seja uma condição necessária – que ainda pena em se efetivar no Brasil – não é suficiente para que a formação em psicanálise seja democrática. Assim, considerando que a formação psicanalítica hoje é monopolizada a "Sociedades de Psicanálise", cujo perfil elitista é flagrante, é preciso *radicalizar a democracia na psicanálise*, para que ela possa ser pensada também no âmbito da formação.

Para encampar a defesa da democratização da psicanálise, o foco deste capítulo será, primeiro, apresentar as raízes da resistência em se reconhecer o caráter elitista da psicanálise brasileira, na mesma medida em que evidencia o que se pode caracterizar por *elitismo* em nossa disciplina.

Sendo assim, defenderei que o mito de democracia racial e os seus desdobramentos nas questões de gênero e classe se constituíram como o fator decisivo para o recalcamento do elitismo na psicanálise. Em um segundo momento, vou mostrar como esse elitismo se manifesta em vários planos e não apenas na questão pecuniária. Por fim, argumentarei que a forma mais eficaz de combater tal elitismo é por uma *virada decolonial*, em que o foco da psicanálise não seja mais eurocentrado, mas efetivamente aberto a uma das culturas – raras – que tem contribuído para a existência da psicanálise, a saber, a cultura brasileira.

Ou seja: sustento que a democratização da formação em psicanálise atravessa dois planos. Por um lado, ela passa pela perspectiva prática, cujo foco está na criação de formações públicas, que podem ser levadas a cabo também pelas Sociedades de Psicanálise. Por outro, ela passa pela formulação de uma perspectiva teórica na qual no centro das reflexões esteja o "sul global".

Resistência e mecanismos de defesa: a negação do caráter elitista da psicanálise

> *e vamos falar sobre o caso brasileiro,*
> *esclarecendo a articulação entre as*
> *categorias de raça, classe, sexo e poder.*
> Lélia Gonzalez, 2020.

No texto "A resistência à psicanálise" (1925), Freud tece algumas considerações sobre o ceticismo, entendido como uma estratégia científica de exigência do escrutínio da dúvida diante da assimilação de uma novidade. Ele ressalta, contudo, que essa atitude científica pode ter alguns efeitos inesperados, dentre os quais: "pode dirigir-se nitidamente contra o que é novo, enquanto poupa o que é familiar e aceito e pode contentar-se com rejeitar as coisas antes de tê-las examinado" (Freud, 1925/1976b, p. 265). Assim, mesmo a prudência, que em geral acompanha uma atitude cética em face de novas crenças, pode ser um sofisticado mecanismo de *resistência.*

Para superar esse mecanismo, muitas vezes certa perseverança é necessária. Afinal, Freud ainda nos diz que é com razoável frequência que "na história da pesquisa científica aconteceu que inovações tenham se defrontado com resistência intensa e obstinada, ao passo que eventos subsequentes demonstraram que a resistência era injustificada e a novidade, valiosa e importante" (Freud, 1925/1976b, p. 266). Essas palavras certeiras de Freud nos permitem perceber que se cá estamos discutindo o elitismo da formação em psicanálise, é porque uma resistência inicial à referente questão foi parcialmente superada pela assimilação da compreensão de que num país desigual como o Brasil a democracia nunca pode ser tomada como uma coisa consolidada. A democracia é um extenso, traumático e tortuoso processo.

Portanto, ainda que o debate a respeito da democratização da psicanálise possa suscitar respostas pouco republicanas, ou seja, marcadas por um desejo de recalcar a temática, o fato de que a discussão tenha percorrido o Brasil e esteja aqui presente é evidência de que algumas barreiras foram removidas, nos possibilitando refletir com vagar a respeito das formas de garantir uma democratização da formação em psicanálise.

Assim, se no seu advento, na Grécia Antiga, a democracia já era marcada por várias contradições, extensamente estudadas por vários filósofos[3] no caminho que ora ensejamos percorrer no Brasil parece se impor a necessidade de discutirmos quais seriam as nossas contradições. Ou ainda, quais entraves à democracia fazem que a desigualdade atravesse ainda, com bastante determinação, as instituições brasileiras e, em especial, as instituições de psicanálise. Uma das hipóteses que podemos seguir para compreendermos esses entraves, os quais podem se confundir com os motivos de resistência à questão da democratização da nossa disciplina, repousa na dificuldade de reconhecermos que essa desigualdade atinge mais fortemente aquilo que se constitui como o outro – aquilo que está, no máximo, nas bordas das instituições; a saber, as pessoas negras, de classes mais baixas e, do ponto de vista do gênero, a comunidade LGBTQIAPN.

A relação entre essas três categorias, extensamente exploradas por Lélia Gonzalez (2020), não é um fenômeno simples. A sua complexidade não se dá, contudo, apenas pelo fato de elas estarem *entrelaçadas*. O que está em jogo também é o modo como

---

[3] Rorty é um dos maiores críticos da filosofia grega por ela ser negligente com a democracia no sentido de se pautar na afirmação da verdade em termos absolutos. No entanto, ele aponta para o caráter muito restrito da democracia grega no notável debate que realizou com Habermas a respeito da filosofia e da política (Rorty & Habermas, 2011).

esse entrelaçamento se inscreve no Brasil na promoção do que podemos chamar de elitismo, e da nossa inépcia de lidar com ele ou a nossa tendência de achar que se trata de um problema com menor gravidade. Ou melhor: de não compreendermos que tal fator consiste no maior desafio para a psicanálise brasileira no que diz respeito à formação.

Uma evidência das dificuldades para se constatar o grau do elitismo presente na psicanálise está na resistência das instituições em responder a um simples questionário social e racial, enviado por minha estudante bolsista de Iniciação Científica do CNPq/UFPE. Além de o e-mail ser sonoramente ignorado, dentre as poucas respostas que obtivemos, destaca-se uma que se negava a distribuir o questionário entre os seus membros porque já teria adotado políticas afirmativas. Não há relação, contudo, entre a adoção de políticas afirmativas e a negação em responder ao questionário. Certamente, essa pesquisa que ora realizo será mais desenvolvida e irá merecer um artigo específico, mas recorro a essa resposta para demonstrar que mesmo um mapeamento simples, focado em questões como autodeclaração racial e perfil econômico, *das condições sociais e raciais é objeto de flagrante resistência.*

Com efeito, mesmo sem termos os números precisos do perfil das pessoas que fazem parte das principais Sociedades de Psicanálise do Brasil ou das Instituições que, por exemplo, assinaram o "Manifesto" contra o bacharelado em psicanálise, não é sem propósito afirmar que o recorte econômico e social se faz presente em forma de *segregação*. Para dirimir dúvidas a esse respeito, convido os leitores, e quem faz parte de uma Sociedade de Psicanálise, a perceber *quem* compõe os cargos de direção e qual é o perfil dos(as) associados(as).

Paremos um pouco para essa constatação mediante algumas perguntas: quantas pessoas de baixa renda estão presentes no corpo das Sociedades de Psicanálise? Quantas pessoas negras compõem o quadro de associados e associadas, sobretudo em relação à proporção da população negra brasileira, dessas mesmas sociedades? Ou, para atualizar um pouco mais as questões de gênero, quantos de nós se reconhecem num lugar diferente daquele imposto pela normatividade cisgênero? Por fim, quantas sociedades efetivamente abarcam a diversidade de gênero, racial e social no Brasil?

Essas questões são sobre o elitismo. Tanto o elitismo que aponta para a existência de uma classe responsável por monopolizar os meios de produção numa perspectiva marxista, quanto o elitismo que num ponto de vista weberiano indica os diferentes estamentos sociais. Meu ponto é que seja qual for o referencial com que operemos com o conceito de elitismo, muito dificilmente a psicanálise, na figura das instituições, estaria isenta. Isso não quer dizer que os psicanalistas estão nas mesmas condições dos grandes empresários, nem que não existam psicanalistas atuando no serviço público. O elitismo é um conceito que denota uma estrutura presente nas instituições que segrega a maior parte da população brasileira e para a qual as Sociedades de Psicanálise são estranhas e distantes.

É precisamente no sentido que coloco aqui que o *elitismo fala sempre de um duplo*. Fala da ausência da diversidade que compõe o Brasil nos espaços de formação em psicanálise e da nossa presença neste mesmo espaço; da nossa presença cisgênero, classe média, média alta e majoritariamente branca.

A questão que se impõe, então, é *por que negar o caráter elitista da psicanálise*? Por que a resistência e a pressa em se falar de ações afirmativas, empreendidas apenas recentemente em algumas instituições, *quando a questão que ora introduzimos no debate da psicanálise brasileira é estrutural*?

A minha hipótese é que a razão pela qual algumas instituições se entrincheiram numa clara resistência a reconhecerem o caráter elitista da formação psicanalítica é a mesma que as faz elitista. Trata-se, portanto, de uma relação *dialética*. Para tanto, é preciso identificar, mais precisamente, uma das formas de negação que me parece estar sub-repticiamente presente no nosso país: *o mito da democracia racial*.

Certamente, estamos discorrendo sobre a forma mais exitosa do recalcamento da desigualdade brasileira. Acreditar na democracia racial nos deu o conforto de acharmos que tudo é apenas uma questão de mérito individual, porque supostamente não haveria nenhum obstáculo real e institucional para as mudanças sociais, e que as questões de gênero seriam menos importantes.

Outro elemento relevante da suposta democracia racial é a nossa autopercepção como um país miscigenado, em que uma gota de sangue negro já nos conectava com a senzala, da mesma forma que estariam conectadas às pessoas negras, sobretudo, de pele retinta. Essa foi uma forma vitoriosa de esconder o nosso racismo pela afirmação de que todas as pessoas seriam, em alguma medida, negras, mas como nos mostraram Beatriz Nascimento (2021) e Sueli Carneiro (2011), sempre existiram pessoas mais negras do que outras e o Estado, assim como as instituições, nunca erram na identificação dessas pessoas. Basta olhar o contraste entre os sujeitos nos presídios e aqueles que se encontram aqui lendo o meu texto. *Todos são igualmente negros?*

A miscigenação nem de longe é suficientemente radical para suplantar o abismo social que separa as pessoas negras, socialmente reconhecidas como negras, dos espaços de poder. *Não é uma gota de sangue que torna alguém negro no Brasil.* A raça não é uma condição biológica, mas social.

As críticas contundentes dos movimentos sociais e de pensadores(as) brasileiros(as) debelaram esse recalcamento e alertaram para o fato de que, para que a democracia possa ser exercida, na sua vocação de pluralidade, é necessário ouvir outras vozes, assim como mudar mais radicalmente o modo como organizamos socialmente a produção e a distribuição dos bens – *tanto simbólicos quanto materiais.*

Com essas observações, meu objetivo não é proceder numa espécie de inquirição das atitudes isoladas dos indivíduos que compõem as Sociedades de Psicanálise, porque isso seria pressupor, por um lado, que as pessoas individualmente seriam racistas, transfóbicas e classistas. E, por outro, que o caráter estrutural do debate que ora trago em alguns meios de comunicação, como o jornal *Folha de S.Paulo* e a revista *Carta Capital* poderia ser entendido a partir de um modelo ideológico neoliberal, no qual o foco da análise está nos indivíduos.

Costumo dizer, como educador que me considero, que o caráter estrutural desses problemas é uma oportunidade pedagógica para que possamos elaborar alternativas para o combate a diversas formas de opressão e, por conseguinte, para o fortalecimento da democracia.

Contudo, isso não deve nos impedir de admitir que nos espaços de formação em psicanálise, sobre os quais estou falando, e para os quais se destina o meu texto, *nós encontremos um perfil majoritariamente branco, heteronormativo e cisgênero.* E não se trata de apontar o dedo em riste para nenhum espaço específico ou mesmo para instituições de apenas algumas regiões do Brasil. Nisso, as instituições de psicanálise mimetizam uma longa história de exclusão. Em outras palavras: não é um problema apenas de uma instituição de psicanálise, tampouco um problema das instituições de psicanálise isoladamente. *É um problema que atravessa a história do Brasil.*

Com efeito, o que gostaria de sublinhar é aquilo que é *próprio* da psicanálise. Aliás, como aprendemos na análise, o que está em jogo aqui é como nós – Sociedades e Instituições de psicanálise – nos implicamos com esse problema e não como cada um e cada uma atua, individualmente, nos serviços públicos, como o Sistema Único de Saúde (SUS), por exemplo. Qual é a nossa atuação a respeito dessas questões? Ou ainda, qual é a nossa participação neste imenso latifúndio da desigualdade brasileira?

Para que esse combate possa ser encampado, é preciso uma dupla tarefa. Por um lado, temos a tarefa de colocar em análise o *narcisismo da branquitude* heteronormativa, no qual repousa a resistência ao reconhecimento do caráter elitista da formação em psicanálise, e que se esconde, muitas vezes, no mito da democracia racial.[4] Por outro, a tarefa é reelaborar as teorias psicanalíticas visando promover leituras que, na sua radicalidade, apontem para os limites de uma espécie de *escuta universal*, pressupondo tanto um analista universal quanto um paciente igualmente universal ou desencarnado.

Isto é: o combate ao racismo e ao elitismo que lhe é a causa, assim como é também o seu resultado, se realiza por uma elaboração do narcisismo da branquitude, que só pode ocorrer com o *reconhecimento* dos seus privilégios.

[4] O conceito de branquitude com o qual opero aqui se baseia nos trabalhos das pensadoras de Schucman (2010), Conceição (2017) e Bento (2022). Em geral, tomo o conceito de branquitude como norma e padrão das relações sociais que passam a ter a legitimidade homologada apenas pela chancela da cultura e conhecimento de matiz europeia. Neste ponto, o conceito de branquitude se imbrica com a noção de *colonialidade* presente no debate contemporâneo, porque sempre se remete à cultura responsável por traçar e instituir o conceito de raça como dispositivo de controle social (Mbembe, 2018).

Reconhecendo privilégios para democratizar a formação

Penso que esse reconhecimento deve se realizar em dois níveis. Em primeiro lugar, por uma análise de como a branquitude se constituiu como espaço hegemônico de definição do que é a escuta psicanalítica e dos padrões que devem reger essa escuta. Em segundo lugar, pela modulação da hegemonia da branquitude nos espaços de poder e de decisão, na forma de uma disponibilidade radical para a escuta das subjetividades negras e das teorias que põem em xeque o próprio alcance da psicanálise, ou de *certa psicanálise*, no que diz respeito, por exemplo, à sua pressuposição do binarismo sexual.

É preciso, portanto, dar corpo ao invisível ou àquilo que não se encontra na maior parte dos espaços de formação em psicanálise. E isso não se faz sem que levemos à radicalidade as interpelações que Frantz Fanon (2020) fez à psicanálise, quando questionou as categorias psicanalíticas clássicas, inscritas em alguns dos seus conceitos como o Complexo de Édipo, uma vez que certas construções teóricas não necessariamente tocam, em toda a sua profundidade, *as feridas do sofrimento colonial.* Ou ainda, pensemos aqui nas críticas que Paul Preciado (2020) deferiu, na Escola da Causa Freudiana de Paris, à heteronormatividade como padrão e pressuposto de atuação de certa psicanálise, prontamente "rebatidas" com deboche, gracejo e obscurantismo por um dos mais iminentes psicanalistas franceses, Jacques Alain Miller[5] que foi capaz, sem pudor, de recorrer ao politicamente incorreto para desdenhar do que chamou de uma atitude "militante". Uma atitude que na boca de um conservador é sempre reputada ao outro.

[5] Disponível em: https://laregledujeu.org/2021/04/22/37014/transsexuel-docile-au-trans

Isso nos oferece um panorama do nosso desafio e nos convida a refletir quanto ao fato de que o mal-estar na civilização não é mais uma repressão generalizada da sexualidade, mas formas de opressão que atravessam diferentemente certas subjetividades e incidem mais em alguns gêneros do que em outros. O mal-estar é a desigualdade social que produz uma elite na mesma medida em que segrega a maior parte da sociedade, como constatamos nas reuniões das sociedades de psicanálise, próximas de uma realidade europeia – sobrenomes europeus em abundância, no que concerne ao perfil das pessoas que a compõem – e longe das favelas brasileiras e dos seus milhares de "Silvas".

Para romper com o elitismo na formação, em termos mais práticos, é preciso estudar pessoas negras, oferecer condições materiais para a análise pessoal e para um eventual desejo de *ser analista*. Assim como dialogar, numa condição de *horizontalidade*, com os movimentos sociais no sentido de escutar quais são as suas demandas e como podemos pensar de maneira articulada uma luta contra a desigualdade – que presenciamos, muitas vezes, com indiferença e alguma dose de cinismo.

Se consideramos correta a avaliação de Angela Davis (2017), *de que não basta simplesmente não ser racista, temos que ser também antirracistas*, é fundamental que não apenas contemplemos a desigualdade na sua dimensão interseccional e que constitui a ferida aberta do Brasil, como se ela não nos dissesse respeito como instituição (sei perfeitamente que várias pessoas ligadas, de algum modo, à psicanálise atuam no sistema público de saúde). É preciso criar um pacto racial, de gênero e de classe, para tomar de empréstimo, num sentido novo, a expressão cunhada por Charles Mills (1997), *pacto racial*. Ou seja, não devemos nos contentar com o fato de que individualmente não somos racistas, se é que não somos, mas devemos institucionalmente construir mecanismos para sermos *antirracistas* naquilo que o antirracismo implica também nas questões de gênero e de classe.

É nesse sentido que é preciso operar uma reconstrução de como a psicanálise foi introduzida no Brasil, visando recuperar as lacunas sociais dessa história para começarmos um trabalho de elaboração do seu elitismo. Uma formação em psicanálise *não pode operar no desconhecimento da história da psicanálise.* Afinal, como combater o elitismo sem que façamos um trabalho de escuta de como as instituições psicanalíticas se reconheceram ao longo de sua história, no interior de um país marcado por uma desigualdade tão acentuada quanto seletivamente violenta, dirigida sempre aos mesmos corpos.

O convite que os meus textos têm colocado no espaço público para pensarmos *juntes* a democratização da psicanálise só faz sentido porque confio plenamente na capacidade da psicanálise de *se reinventar*, e não se colocar de maneira largamente reativa como fez Elisabeth Roudinesco,[6] em uma recente entrevista, na qual se junta ao coro da branquitude alérgica às pautas identitárias por confundi-las com uma espécie de *particularismo.*

É nesse sentido que a formação em psicanálise não pode considerar o Brasil apenas parcialmente. O Brasil da zona sul do Rio de Janeiro, dos bairros nobres da zona norte do Recife ou nos Jardins, em São Paulo. Não é possível tratar naturalmente, como fez Contardo Calligaris (2021) no seu livro *Cartas a um jovem terapeuta* o fato de que a formação é inacessível para a maior parte das pessoas que não pode pagar um carro ou um valor equivalente a um apartamento para terem direito a uma formação em psicanálise.

---

[6] Disponível em: https://oglobo.globo.com/cultura/livros/noticia/2022/07/elisabeth-roudinesco-os-movimentos-identitarios-lutam-por-mais-direitos-mas-se-isolaram-em-si-mesmos.ghtml

Se é verdade que as centenas de formações psicanalíticas que se proliferam no Brasil, focadas, sobretudo, num público das classes menos favorecidas, têm vieses corporativos e muitas vezes religiosos, não menos verdade é que adianta pouco torcer o nariz para essas formações do alto de nossa sabedoria. Se queremos mesmo acabar com o elitismo na formação em psicanálise, é fundamental começarmos com a qualidade da humildade de reconhecer que sem um profundo processo de democratização do acesso à análise pessoal e, se for o caso, ao desejo de iniciar uma formação, estaremos apenas contribuindo para uma psicanálise que arrasta consigo a repetição do mal-estar do qual *ela é um dos sintomas.*

Referências

Andrade, E. (2022). Democratizar a psicanálise. *Folha de S.Paulo.* https://www1.folha.uol.com.br/opiniao/2022/01/democratizar-a-psicanalise.shtml

Andrade, E. (2022). Democratizar a psicanálise é preciso, bacharelado em psicanálise não é preciso. *Carta Capital.* https://www.cartacapital.com.br/opiniao/democratizar-a-psicanalise-e--preciso bacharelado-em-psicanalise-nao-e-preciso/

Bento, C. (2022). *O pacto da branquitude.* Companhia das Letras.

Calligaris, C. (2021). *Cartas a um jovem terapeuta.* Paidós.

Carneiro, S. (2011). *Racismo, sexismo e desigualdade no Brasil.* Selo Negro.

Césaire, A. (1955). *Discurso sobre o colonialismo.* Veneta.

Conceição, W. L. (2017). *Brancura e branquitude: ausências, pertenças e emergências de um campo em debate.* [Dissertação de mestrado, Universidade Federal de Santa Catarina, Programa de Pós-graduação em Antropologia Social]

Danto, E. A. (2019). *As clínicas públicas de Freud: psicanálise e justiça social.* Perspectiva.

Davis, A. (2017). *Mulheres, cultura e política*. Boitempo.

Fanon, F. (2020). *Pele negra, máscaras brancas*. Ubu.

Freud, S. (1976a). Linhas de progresso na terapia psicanalítica. In S. Freud, *Obras completas de S. Freud* (Vol. XVII). Imago. (Trabalho original publicado em 1919)

Freud, S. (1976b). Resistências à psicanálise. In S. Freud, *Obras completas de S. Freud* (Vol. XVI). Imago. (Trabalho original publicado em 1925)

Mbembe, A. (2018). *Crítica da razão negra*. N-1 Edições.

Mills, C. (1997). *The contract racial.* Cornell University Press.

Miller, J. A. (2021). *Docile au trans.* https://laregledujeu.org/2021/04/22/37014/transsexuel-docile-au-trans/

Nascimento, B. (2021). *Uma história feita por mãos negras*. Zahar.

Preciado, P. (2020). *Je ne suis un monstre qui vous parle*. Grasset.

Roudinesco, E. (2022). Entrevista à *Folha de S.Paulo*. https://www1.folha.uol.com.br/ilustrissima/2022/03/identitarismo-troca-conceitos-universais-por-marcas-particulares-diz-roudinesco.shtmloudinesco

Rorty, R., & Habermas, J. (2011). Debates. In J. Cristómo (Org.), *Filosofia, racionalidade e democracia*. Unesp.

Schucman, L. V. (2010). Racismo e Antirracismo: a categoria raça em questão. *Psicologia Política*, *10*(19), 41-55.

Souza, S. N. (2021). *Torna-se negro*. Zahar.

5. A universidade como espaço do fazer do psicanalista

Fernanda Samico

A psicanálise tem encontrado, no campo universitário, um espaço importante de diálogo, reflexão e pesquisa. O crescente número de psicanalistas aí observados possibilita que a psicanálise seja inserida como um modo de pensar a cultura, a saúde mental e a sociedade em geral.

Mesmo não tendo nascido no *hábitat* da academia, foi inserida nas universidades devido à relevância que sua teoria possui para o pensamento contemporâneo. Porém, ocupa um lugar limítrofe: não é um saber sobre saúde mental, mas faz parte da grade curricular dos cursos de medicina e psicologia; não é uma teoria da psicologia, mas está inserida no curso como disciplina obrigatória; e, mesmo não sendo uma técnica terapêutica, está nas práticas de estágio clínico do curso de psicologia. Todavia, a universidade é um importante veículo propagador da teoria psicanalítica e é inegável que a psicanálise vem integrando cada vez mais os conteúdos programáticos nas universidades e comparecendo em grande número nos cursos dos programas de pós-graduação *lato* e *stricto sensu,* tanto da iniciativa privada quanto da pública.

Obviamente, essa inserção deve suscitar todo cuidado e reflexão – o que não acontece sem controvérsias e críticas. A primeira, e mais evidente, diz respeito ao desserviço que a titulação universitária, bem como as relações hierárquicas, poderia causar à formação do psicanalista, que, desde Freud, entende-se fora da seara universitária e irredutivelmente estabelecida a partir do *tripé* clássico da formação: estudo da teoria, análise pessoal e supervisão clínica. Freud, em seu artigo "Sobre o ensino da psicanálise nas universidades", nos instrui que:

> *o que ele [o psicanalista em formação] necessita, em matéria de teoria, pode ser obtido na literatura especializada e, avançando ainda mais, nos encontros científicos das sociedades psicanalíticas, bem como no contato pessoal com os membros mais experimentados dessas sociedades. No que diz respeito à experiência prática, além do que adquire com a sua própria análise pessoal, pode consegui-la ao levar a cabo os tratamentos, uma vez que consiga supervisão e orientação de psicanalistas conhecidos. (Freud, 1919/1992, p. 169)*

Freud indicou que a formação do analista deve se assentar no tripé retromencionado, justamente porque a aproximação com a literatura psicanalítica não pode prescindir do trabalho com as formações do inconsciente do próprio analista e a supervisão de sua prática. Portanto, estudar psicanálise em um curso de psicologia ou de pós-graduação, ou até mesmo atuar em um estágio em clínica cujo supervisor se orienta pela teoria psicanalítica, não garante a ninguém o título de psicanalista. Aqui se inscreve sua radicalidade, que se diferencia de todas as práticas de ensino que se pretendem formadoras de um fazer profissional.

No entanto, diante da condição inegável que é a permanência do estudo da teoria psicanalítica no universo acadêmico, cabe pensar exatamente no que a conexão entre a psicanálise e a universidade pode possibilitar de progresso para ambos os campos. De saída, afirmamos que a psicanálise não avançaria dentro da universidade se não houvesse profissionais atravessados pelos efeitos desta ciência ocupando seus espaços. Miller (1997) ensina que, contra o saber desabitado de desejo que encontramos no discurso da universidade, a psicanálise, quando inserida em uma instituição de ensino, deve realizar o movimento do discurso do analista e contribuir para a instigação do desejo de saber. Portanto, a conexão psicanálise-academia, se conduzida por psicanalistas, pode instruir acerca das manifestações subjetivas de nosso tempo e permitir pensar estratégias para garantir que o arcabouço psicanalítico tenha seu campo renovado por constantemente colocar em jogo o saber e sua relação com a verdade. Jorge (2009) utiliza a expressão "empuxo ao estudo e à pesquisa" para nomear o desejo de saber inerente ao efeito de uma análise. Se o desejo de saber é o laço genuíno entre os analistas, a academia é campo fértil para o aprimoramento da psicanálise porque acolhe psicanalistas de várias escolas, percursos e formações; todos reunidos a partir de seu laço de transferência com a psicanálise enquanto tal.

Aqui tocamos em um ponto importante: muito da experiência com a teoria psicanalítica se coaduna com a prática nos estágios específicos. Lugar no qual a experiência da prática clínica acontece na ação de estudantes de psicologia, associados a um grupo de estágio em psicologia clínica de orientação psicanalítica. Lembramos a importante indicação de Maurano:

> *ainda que a psicanálise venha integrando cada vez mais o quadro de disciplinas de muitos cursos e por mais que*

> *os Serviços de Psicologia Aplicada (SPAs) estejam afetados pela psicanálise,* a universidade não forma analistas, *nem está entre suas competências a pretensão de fazê-lo. (Maurano, 2006, p. 209, grifos meus)*

A universidade permite que, no âmbito dos estágios específicos, trabalhemos de maneira um pouco mais intensa os conceitos psicanalíticos, mas isso não é da alçada de uma formação, e não garante que o aluno se torne um psicanalista. A experiência do estágio está longe ser uma "formação", se não for articulada à experiência dos fenômenos psicanalíticos em uma análise pessoal. A prática clínica nos estágios supervisionados está localizada entre as atividades formativas para que o aluno obtenha um título de graduação, além de ser uma atividade curricular e, ressalta-se, obrigatória. *Há, ainda, o agravante de que não existe garantia de que os estagiários-pesquisadores estejam em análise,* apesar de alguns deles terem iniciado suas análises pessoais algum tempo depois de sua inserção no grupo e no trabalho do batalhão.

No entanto, o que observamos cotidianamente é que o estudante pode não ter qualquer compromisso com a formação em psicanálise, mas, mesmo assim, valer-se de sua contribuição. Ao permitirmos o seu contato com a psicanálise, possibilitamos que ele experimente o hiato entre saber e verdade, entre a produção científica procedente da academia e a produção subjetiva criada pelo inconsciente. Assim, conseguimos demarcar um espaço onde seja possível uma aposta de engajamento do estudante no que é mais caro à psicanálise: "a questão do que pode determinar o sujeito, o que pode causá-lo, produzi-lo, fazê-lo emergir" (Maurano, 2006, p. 215). Além de colocarmos em ação a "transmissão de um saber que não se sabe, ou seja, a transmissão de um enigma, um dizer pela metade, que é fisgado pela verdade, mas que não elide o abismo que há entre esta e o saber" (Maurano, 2006, p. 222).

Compartilhamos o ponto de vista de Jorge (2009), que afirma que a psicanálise pode encontrar na universidade um campo convidativo e propício para o estudo teórico e a pesquisa. Tanto a academia quanto a psicanálise se nutrem da indagação que visa à renovação de saberes. Assim, defendemos que, quando profissionais atravessados pelo discurso analítico conduzem uma pesquisa em psicanálise, esta encontra no campo universitário um espaço convidativo e fértil de diálogo, reflexão e análise. É preciso defender a possibilidade de riqueza do encontro da psicanálise com a universidade e a miríade de alternativas de trabalho que essa articulação possibilita.

Qualquer atividade acadêmica relacionada a psicanálise/psicologia, seja ela pesquisa, ensino ou extensão, se orientada pela ética psicanalítica, furtar-se-á à necessidade de uma inferência generalizadora, porque sua proposta metodológica seguirá sempre o rumo do particular, do caso a caso e, principalmente, do ineditismo que cada psicanalista promove ao se apropriar da teoria em uma pesquisa. Quando um professor, que também se ocupa do ofício da psicanálise, empreende uma pesquisa, coloca-se no discurso da histérica e ocupa o lugar de sujeito dividido, buscando a verdade sobre o que o causa. Apostamos que o que irá garantir o sentido da pesquisa e sua condução será essa torção lógica do discurso da universidade para o discurso da histérica. A partir de André Lopes (2011), entendemos que:

> *A pesquisa em psicanálise, sem dúvida alguma, não é a mesma coisa que a pesquisa quantitativa ou qualitativa que visa em seus resultados uma formalização. Ela põe em jogo o saber, descolando-o.*

> *Funda-se, portanto, naquilo que o discurso analítico faz que retorne sobre a própria psicanálise e, consequentemente, sobre o psicanalista, constituindo-se como um trabalho que se efetua na e sobre a prática, ou seja, um trabalho que permite uma articulação que retira do isolamento a teoria e a prática – não para lançá-las em uma relação dual e sem furos, mas antes, sempre as remetendo à sua dimensão real. (Lopes, 2011, p. 138)*

A pesquisa, assim como qualquer produção psicanalítica, não pode prescindir da condição de imprevisibilidade que é inerente ao trabalho com o inconsciente. Não é possível, portanto, uma sistematização de resultados completa e conclusiva. *A nosso ver, a pesquisa em psicanálise deve se estabelecer aos modos de uma análise e, portanto, priorizar a invenção a partir de um posicionamento ético discursivo.*

A esse respeito, Isac Nikos Iribarry (2003) afirma:

> *A pesquisa psicanalítica, justamente por trabalhar com a impossibilidade de previsão do inconsciente, não poderia jamais exigir uma sistematização completa e exclusiva. Sabemos que o trabalho de análise, em especial quando forma um analista, prioriza o estilo e a marca singular daquele que se coloca como analista para um outro. (Iribarry, 2003, p. 117)*

Em outras palavras, é a experiência, a ação, que compõe os alicerces para a pesquisa em psicanálise, fornecendo os eixos norteadores para o registro teórico. É preciso ter experimentado esses fenômenos significantes na própria experiência de aplicação da psicanálise nos espaços para captar sua máxima amplitude teórica. O contato com a teoria na pesquisa, portanto, não pode ser um mero exercício epistemológico, conforme afirma Iribarry: "Assim é com a pesquisa psicanalítica. Ela é sempre uma apropriação do autor, que, depois de pesquisar o método freudiano, descobre um método seu, filiado a essa vertente e o singulariza na realização de uma pesquisa" (2003, p. 117).

Dar lugar à confecção de uma construção teórica a partir do encontro com o contingencial de sua prática é, desde Freud, o movimento típico da psicanálise. Dessa forma se inscreve sua radicalidade, pelo que se diferencia de todas as práticas clínicas e de ensino. *Como já dito, a psicanálise não visa a restabelecer significações, mas seu dizer e, como consequência, mostrar o que está além das significações* e alcançar um efeito de subversão. É preciso que esses princípios operem na condução de uma pesquisa em psicanálise, para que se possa garantir que o que se faz é psicanálise e não uma perigosa sutura da teoria psicanalítica em uma significação normativa imaginária. Levar em conta a lógica do *não todo* no percurso de ação de uma pesquisa é produzir um antídoto a esse risco de sutura: é a produção do novo que, distanciado da repetição de significações e de um uso técnico e asséptico da teoria, causa a separação justamente onde se localiza a fronteira entre o sujeito e o objeto. Por isso, foi preciso visar à apropriação dos significantes presentes no texto psicanalítico a partir da experiência e não vice-versa. A apropriação teórica da psicanálise demanda um tempo só-depois de elaboração da articulação dos significantes presentes na doutrina com os efeitos do posicionamento ético na prática, como uma exigência dessa experiência.

A psicanálise ganha com o exercício de interrogação constante sobre o que ela é e como pode (ou não) se inserir nas atividades acadêmicas de ensino, pesquisa e extensão. Jorge ressalta que:

> *Ensinar no âmbito universitário . . . favorece o engajamento do sujeito na experiência da transmissão, uma vez que ele não está ali falando o jargão comum a todos os colegas que o ouvem, mas sim um discurso que exige que ele coloque algo de singular. (Jorge, 2009, pp. 119-120)*

A universidade, como espaço de ensino da teoria psicanalítica, contribui por interrogar o psicanalista sobre seu lugar, a partir de novas formas de transferência de trabalho, para a expansão da travessia da teoria do próprio analista, mais além de sua Escola. Para o estudante, introduzir a dimensão do inconsciente pode abrir as portas para uma nova compreensão e reflexão da clínica. A isso somamos que, tomando de partida o real, inerente ao discurso do psicanalista, este, ao servir de agenciador da teoria psicanalítica para o estudante, *previne que a doutrina psicanalítica se torne parte do discurso do mestre e funcione como um conjunto de axiomas impenetráveis*. Também impede a fascinação imaginária ao saber, típica do discurso universitário (Jorge, 2009).

Assim, de que forma se transmite a psicanálise nesse âmbito? O psicanalista em exercício dentro da universidade, a partir de suas próprias construções, efeito de seu percurso pessoal na travessia da teoria e da fantasia, *precisará inventar uma forma pessoal de fazer a transmissão do saber teórico*. Assim também o é com a pesquisa psicanalítica.

No que diz respeito à transmissão, Lacan nos ajuda a entender melhor, afirmando que: *ela não é educação*. O ensino é um elemento do discurso universitário (Lacan, 1997), cuja estrutura mostra que, na operação entre agente e verdade, encontramos o significante mestre sustentando o saber. *No ensino, o sujeito barrado*[1] *se localiza no lugar da produção*. A transmissão, por outro lado, articula o saber (*S2*)[2] com o não saber inerente à experiência psicanalítica, o *furo no campo do outro*.[3] O saber psicanalítico é, acima de tudo, advindo da lógica do inconsciente, o que lhe garante a característica de ser *um saber que é da ordem de um não saber* e que surge da experiência com o *nonsense* inconsciente: "É justamente frente a esse paradoxo que o discurso psicanalítico coloca o sujeito, ao baixar das cortinas do percurso freudiano" (Birman, 2016, p. 48). O saber vinculado à transmissão está ligado ao furo na cadeia do significante, ao impossível de ser dito, ao real da experiência analítica. É exatamente para esse impossível que a experiência de uma pesquisa em psicanálise, em seus momentos decisivos, lança o pesquisador.

A psicanálise possibilita reintroduzir, no cerne do discurso humano, a dimensão da verdade como não toda a partir da fala, e a dimensão do saber naquilo que se articula ao sujeito barrado, para sustentar a insistência na construção de um lugar de enunciação possível para os sujeitos que buscam uma análise. A partir disso, funda-se toda uma ação que visa estruturar a posição radical do sujeito em sua experiência com a castração. Considero importante reproduzir a argumentação de Sônia Alberti (2002) sobre o lugar do analista em relação ao do professor:

---

[1] Sujeito barrado ($) é um conceito próprio da psicanálise lacaniana que visa representar o sujeito do Inconsciente, barrado por seu submetimento à linguagem e à experiência parcial com os objetos pulsionais.

[2] S2 é a representação gráfica lacaniana para a cadeia significante e para o saber, entendido aqui enquanto produção de conhecimento sobre algo.

[3] Entendemos como furo no campo do outro a marcação teórica da impossibilidade da existência de uma instância que detenha toda a significação possível acerca do sujeito. Lacan ensina que as significações impossíveis que marcam o furo no outro são duas: a impossibilidade de um significante que possa representar o sujeito e a impossibilidade de representação psíquica do feminino.

> *(O lugar do analista) é um lugar bem diferente do ocupado por alguém que ensina. Um analista não o é as 24 horas do dia. Seria impossível fazer isso sem, justamente, tirar daí um gozo, o que impediria seu funcionamento. Além disso, é insuportável a solidão determinada por seu ato . . . Quando Lacan desenvolveu os quatro discursos que fazem laço social, sugeriu que aquele que ensina se encontra no lugar de agente do discurso da histérica, que, interrogando o mestre, produz o saber. (Alberti, 2002, p. 51)*

É desse lugar ético que uma pesquisa psicanalítica precisa acontecer: o pesquisador, tomado na condição de professor, deve se posicionar a partir do discurso da histérica, para colocar seu mestre, o interlocutor da pesquisa, para trabalhar. Também assim acreditamos ser possível sustentar um lugar nas salas de aula, ao falar em nome da psicanálise. Lacan, em uma comunicação apresentada à Sociedade Francesa de Filosofia, em 1957, intitulada "A psicanálise e seu ensino", formula uma questão que nos concerne: "O que a psicanálise nos ensina, como ensiná-la?" (Lacan, 1957/1998, p. 440). O que essa pergunta sugere é que há, sim, um saber que se localiza no próprio âmbito da experiência com o fazer psicanalítico. *Esse saber será acessado por cada sujeito em análise de uma forma singular, assim como a experiência do leitor com o texto psicanalítico*. Sobre essa maneira própria de se deparar com o real, tanto na análise pessoal quanto no contato com a teoria, Lacan comenta no mesmo escrito: "essa via é a única formação que podemos pretender transmitir aos que nos seguem. *Ela se chama: um estilo*" (Lacan, 1957/1998, p. 460, grifos meus).

Portanto, o que se compartilha, no momento de colocar em prática o ensino e a pesquisa em psicanálise, é *a experiência com o real que nos convida a criar um estilo próprio de lidar com o furo* – o mesmo que funda todo o discurso do ser falante –, porque a psicanálise nos convoca a um trabalho que interroga tanto a divisão do sujeito e aquilo que causa seu desejo quanto o limite do próprio saber. Já nos disse Lacan: "*É preciso que cada psicanalista reinvente*, a partir do que ele extraiu de sua própria análise, a maneira pela qual a psicanálise pode perdurar" (Lacan, 1978, p. 66, grifos meus). Ou seja, o sentido nos escapa e é nosso trabalho, enquanto sujeitos barrados, criar uma maneira, um estilo, para conduzir nossa formação, nossa aproximação com o texto psicanalítico e nossa prática.

Cabe a cada um de nós fazer perdurar a psicanálise pela transmissão de um *saber fazer com o real*. O estilo, portanto, é elemento estruturante do desejo e é a única formação que podemos pretender transmitir. Mas, o que há de transmissível no estilo? Exatamente pelo efeito que as *desidentificações* alcançadas no fim de uma análise produzem e pela possibilidade de criação alcançada a partir de um saber fazer com o real, podemos afirmar que, no que diz respeito ao transmissível do estilo, trata-se do "objeto *a*".[4]

Em sua prática, é o real o verdadeiro mestre do psicanalista: é o *pathos*, o espanto e a surpresa. Alain Didier-Weil (1988) nos ensina que,

> *Quanto a este Mestre que é o real, vamos concluir lembrando que ele é aquele mesmo pelo qual Lacan, Freud se deixavam ensinar: pois o próprio de um criador, e de um psicanalista, é o de não ser só ensinável por um ensino já articulado, mas ter a aptidão de se deixar ensinar e*

[4] *Objeto a*: conceito lacaniano criado para representar o objeto inatingível do desejo e, também, como objeto real da pulsão. No texto, indica a posição de objeto causa de desejo, efeito da divisão do Outro, que o analista consegue ocupar pela via do estilo.

> *siderar pelos significantes inarticulados que povoam esse maldito Real, sobre o qual Freud e Lacan nos ensinaram que não era impossível olhá-lo de frente sem ficar por ele fascinado. (Didier-Weil, 1988, p. 52)*

Saudemos o Mestre Real! Que ele nos ensine a sustentar a psicanálise e sua ética onde quer que estivermos trabalhando. Quando colocamos em marcha a virada ética causada pelo "insucesso" que o real da experiência de nossa inserção no campo do batalhão nos levou a elaborar, passamos a proceder na pesquisa como se decorre uma análise: sem qualquer intuito em vista, sem pressupostos, deixando-nos surpreender por suas reviravoltas e construindo, no só-depois, o bem-dizer de uma experiência.

Referências

Alberti, S. (2002). Psicanálise e universidade e a instauração de discursividades. In D. Rinaldi & M. A. C. Jorge (Orgs.), *Saber, verdade e gozo: leituras de O seminário 17 de Jacques Lacan*. Rios Ambiciosos.

Birman, J. (2016). *Mal-estar na atualidade: a psicanálise e as novas formas de subjetivação.* (11. Ed). Civilização Brasileira.

Didier-Weil, A. (1988). *Inconsciente freudiano e transmissão da psicanálise*. Zahar.

Freud, S. (1992) ¿Debe enseñarse el psicoanálisis en la universidad? In S. Freud, *De la historia de una neurosis infantil y otras obras* (1917-1919). Amorrortu.

Iribarry, I. N. (2003). O que é pesquisa psicanalítica? *Ágora: Estudos em Teoria Psicanalítica*, 6(1), 115-138.

Jorge, M. A. C. (2009). A tensão psicanalítica essencial. In H. Caldas & S. Altoé (Orgs.), *Psicanálise, universidade e sociedade.* Cia. de Freud.

Lacan, J. (1978). Congresso sobre a transmissão. *Revista Letra Freudiana*, *XIV*(0), 65-67.

Lacan, J. (1997). *O Seminário. Livro 17: O avesso da psicanálise (1969-1970)*. Zahar.

Lacan, J. (1998). A psicanálise e seu ensino. In J. Lacan, *Escritos.* Zahar. (Trabalho original publicado em 1957)

Lopes, A. (2011). Psicanálise e universidade: conexões possíveis. In H. Caldas & S. Altoé (Org.), *Psicanálise, universidade e sociedade.* Cia. de Freud.

Maurano, D. (2006) Um estranho no ninho ou a psicanálise na universidade. In M. A. C. Jorge. (Org.), *Lacan e a formação do psicanalista.* Contra Capa.

Miller, J. A. (1997) *Lacan elucidado.* Zahar.

6. Da psicologia à formação em psicanálise: o relato de uma experiência pessoal

Filipe Pereira Vieira

> *Anos atrás, dei a seguinte resposta à questão de como alguém pode tornar-se psicanalista: "Pela análise dos próprios sonhos". Tal preparação basta para muitas pessoas, certamente, mas não para todos que querem aprender a analisar. Além disso, nem todos conseguem interpretar os próprios sonhos sem ajuda externa. Incluo entre os muitos méritos da escola psicanalítica de Zurique ter reforçado essa condição e tê-la fixado na exigência de que todo indivíduo que queira efetuar análise em outros deve primeiramente submeter-se ele próprio a uma análise com um especialista.*
>
> Freud, 1912/2010.[1]

[1] Trechos do texto "Recomendações ao médico que pratica a psicanálise" (Freud, 1912/2010, p. 157).

O início de tudo

Todo estudante de psicologia *sonha*, em algum momento da sua trajetória, em ter sucesso profissional; seja na clínica, seja nas outras áreas do vasto campo de atuação do psicólogo. Comigo não foi diferente. Contudo, sabemos que apenas o curso de graduação, por si só, não garante que esse sonho se torne realidade. O mercado de trabalho é extremamente competitivo e a era neoliberal exige que tenhamos, cada vez mais, qualificações, no âmbito quantitativo; ou, como notamos mais recentemente, um forte engajamento nas redes sociais. Esses critérios constituem uma espécie de "manual de como ser bem-sucedido".

Quando iniciei os meus estudos na faculdade, eu e tantos outros colegas não sabíamos quase nada sobre os bastidores de uma "formação em psicanálise", haja vista que a maioria das graduações de psicologia, sobretudo as existentes hoje no Brasil, oferece-nos somente uma breve *pincelada* da teoria psicanalítica. Nos surpreendemos ao concluir que, mesmo com um diploma nas mãos, podemos, de fato, ser psicólogos, com direito à Conselho Regional, mas estamos longe de ser psicanalistas – a menos que tenhamos realizado uma análise pessoal durante a graduação, acompanhada de um intenso estudo teórico.

Na época em que eu cursava psicologia, recordo-me que foi apenas no último ano que começamos a estagiar, realizando atendimentos clínicos *individuais*. Os estágios, até então, haviam acontecido de maneira coletiva e/ou institucional – em um hospital psiquiátrico – por meio das disciplinas: *Psicodiagnóstico* e *Psicopatologia*, cursadas no ano anterior. Logo, foi nesse período que colocamos em prática todo o nosso *básico* conhecimento e, por meio dos encontros de supervisão, tínhamos a confirmação (ou não) de que estávamos fazendo "a coisa certa". Alguns viviam essa experiência de maneira mais tranquila, outros temiam cometer algum tipo de deslize – tudo isso somado à pressão das avaliações bimestrais.

Assim, no total, foram quatro semestres de atendimentos, supervisão de casos clínicos e relatórios (muitos deles, aliás). Tudo precisava ser documentado para a segurança do paciente, da universidade e dos alunos.

Aos trancos e barrancos, o jovem recém-formado em psicologia se surpreende ao constatar que aqueles cinco anos não oferecem recursos suficientes para o exercício da psicanálise como prática. É preciso ir além e vivenciar um novo itinerário, encarando aquela mistura de insuficiência de conhecimentos e desespero. Aliás, o próprio Freud já denunciava, em 1926, que um curso de medicina não capacitava alguém para ser psicanalista. Penso que o mesmo pode ser dito sobre a psicologia, em virtude das diversas matérias que se afastam consideravelmente dos pressupostos da psicanálise. No que diz respeito a esse tema, recorro a uma citação de Renato Mezan:

> *É evidente que uma das diferenças fundamentais entre a psicanálise e as terapias não-psicanalíticas consiste no fato de empregar-se ou não a metapsicologia freudiana, ou de origem freudiana, para compreender o processo terapêutico. Mas a psicanálise não é só a metapsicologia; ela possui um método clínico, que na História do movimento psicanalítico (1914) Freud caracterizou por quatro elementos: o inconsciente, a interpretação, a resistência e a transferência. Estes quatro elementos são essenciais para que um trabalho clínico possa ser chamado de psicanálise, e, se uma forma qualquer de trabalho clínico não os emprega, não deve ser chamada de psicanálise. (Mezan, 2021, p. 286)*

Tomando como base o texto de Mezan, apresento a seguir algumas "alternativas" para a realização de uma formação psicanalítica.

Ser analista: um sonho possível?

Nos primórdios da nossa ciência, na década de 1910, quando questionado sobre o que alguém deveria fazer para tornar-se psicanalista, Freud afirmava sem hesitar: "'Pela análise dos próprios sonhos'. Tal preparação basta para muitas pessoas, certamente, mas *não para todos* que querem aprender a analisar" (Freud, 1912/2010, p. 157, grifos meus).

Deve-se ressaltar, porém, que até a descoberta freudiana (e mesmo depois), a interpretação dos sonhos era considerada por diversos pesquisadores como uma atividade basicamente mística, sem sentido científico ou psíquico. No seu colossal "A interpretação dos sonhos", que inaugura o século, Freud (1900) nos adverte que, diferentemente do que muitos pensavam naquela época, os sonhos têm múltiplos significados, que estão relacionados às nossas experiências e vivências cotidianas. O mestre de Viena assinala que cada elemento do sonho possui um sentido importante:

> *o cenário, os diálogos, os personagens etc. — e segue as associações que ele lhe suscita: com isso, forma-se uma trama paralela de ideias, imagens e sentimentos, na qual* certos fios se cruzam e se recruzam. *A essa trama, ele denominou conteúdo latente do sonho, e postulou que, por meio de condensações e deslocamentos, ela daria origem ao sonho "sonhado", ou seja, ao* conteúdo manifesto. *(Mezan, 2019, p. 20, grifos meus)*

Ora, qualquer semelhança com a realidade da clínica psicanalítica não é mera coincidência. Devido ao seu caráter de difícil assimilação, o *conteúdo latente* do sonho se mantém inconsciente. É tarefa do analista trabalhar como se estivesse "costurando" esses fios que se cruzam e intercruzam, tecendo um caminho possível para compreender o que há por trás do *conteúdo manifesto*. Ou seja: perceber na fala manifesta o conteúdo latente, e, por fim, atá-los.

Enquanto psicanalistas, sabemos que uma simples frase ou palavra conserva uma grande profundidade. A verdade é que, antes de chegarmos a algum lugar, devemos sonhar. Vejamos o que Almeida & Naffah Neto têm a nos dizer sobre essa temática:

> *Por este âmbito, entendemos o que Freud quis dizer nas entrelinhas com a expressão "análise dos próprios sonhos", ou seja, o candidato a analista deve-se* atirar na imensidão do desconhecido, *ter a coragem de olhar-se no espelho e defrontar-se com o reflexo de suas próprias limitações, medos e frustrações, pois será somente após esta imersão longínqua e dolorosa que podemos nos colocar na condição de tentar oferecer nossa escuta psicanalítica a alguém na esperança de acolher o indizível e as cicatrizes da alma, produzindo ressignificações ao sofrimento do sujeito que nos procura. (Almeida & Naffah Neto, 2021, p. 93, grifos meus)*

Conforme destacado pelos autores, a indicação de Freud relativa à análise dos próprios sonhos, como o primeiro passo para uma formação psicanalítica, pode parecer um tremendo desafio; o resultado tende a ser desastroso na ausência de alguma ajuda. Com sorte, a exigência de ser analisado por um profissional se tornou um requisito indispensável para a formação psicanalítica.

Dessa forma, o que ficou conhecido como *tripé* da psicanálise se caracteriza por: 1) análise pessoal; 2) estudo da teoria; 3) supervisão clínica. Assim como o tripé se mantém erguido apenas se os três pés estiverem *firmes no chão*, o mesmo ocorre com prática clínica: a análise pessoal fortalece o nosso ego, aliviando as angústias; a supervisão clínica nos confirma (ou não) uma direção no tratamento; e, por fim, o estudo teórico é a base para todos os casos. É a teoria que *afina* a nossa escuta e fornece os dispositivos técnicos para a nossa atuação.

Esse estudo precisa ser contínuo, pois se a complexa mente humana está em constante transformação, não faria sentido algum manter-se desatualizado dos fenômenos sociais e históricos. Poder se debruçar sobre os autores clássicos e promover diálogos contemporâneos são habilidades sofisticadas que demandam a contínua manutenção do nosso potencial criativo. A meu ver, o nosso ofício é tão importante quanto o do médico cirurgião que, ao fazer um corte errado, pode gerar terríveis consequências ao paciente. De maneira análoga, qualquer interpretação precipitada ou fora do tempo do analisando pode ser catastrófica ao progresso do tratamento.

No que tange aos recursos utilizados pelo psicanalista em meio a uma análise, Freud nos alerta que,

> *ele deve voltar seu inconsciente,* como órgão receptor, *para o inconsciente emissor do doente, colocar-se ante o analisando como o receptor do telefone em relação ao microfone. Assim como o receptor transforma novamente em ondas sonoras as vibrações elétricas da linha provocadas por ondas sonoras, o inconsciente do médico está capacitado a, partindo dos derivados do inconsciente que lhe foram comunicados,* reconstruir o inconsciente *que determinou os* pensamentos espontâneos *do paciente. (Freud, 1912/2010, p. 156, grifos meus)*

As palavras do autor não deixam dúvidas: o inconsciente é a nossa maior ferramenta de trabalho. Podemos, inclusive, fazer uma breve reflexão sobre a relevância desse aspecto. Vejamos: assim como o médico deve tomar os respectivos cuidados quanto à limpeza e ao funcionamento dos seus instrumentos cirúrgicos antes de proceder com uma cirurgia, o psicanalista necessita ter o seu o mundo interno *analisado* e *suficientemente organizado*; podendo servir, assim, como *órgão receptor* de alguém que necessite de uma escuta especializada.

Por incrível que pareça, o meu percurso em psicanálise se iniciou no último ano da graduação em psicologia, quando cheguei à famosa conclusão de Sócrates: "*só sei que nada sei*". Diante disso, fui buscar estender o pouco do meu conhecimento em outras fontes e fui surpreendido com a existência de diversos *tipos* de formação em psicanálise. Logo, quais seriam as possibilidades oferecidas ao indivíduo que ainda não se sente preparado para se aventurar em algo tão grandioso como um curso de formação psicanalítica?

De imediato, também fui acometido por outros incômodos: como que eu, um aluno recém-formado, poderia arcar com os custos dessa trajetória? Sobretudo na cidade de São Paulo, onde os preços cobrados pela maioria das instituições *tradicionais* são significativamente elevados?

O verdadeiro mestre é um constante aprendiz

> *Desse modo, fui ver e ouvir Melanie Klein, e descobri uma analista que tinha muito a dizer sobre as ansiedades da infância inicial; me prontifiquei para trabalhar sob auxílio dela. Levei-lhe um caso descrito em grande detalhe e ela foi gentil o suficiente para lê-lo de cabo a*

> *rabo. Na base dessa análise pré-kleiniana que realizara com base em minha própria análise por Strachey,* vim a aprender algo da imensidão de coisas que descobri que ela já sabia. *Isso foi difícil para mim, porque* da noite para o dia deixei de ser um pioneiro para me tornar aprendiz de uma mestra pioneira. *(Winnicott, 1962/2022, p. 221, grifos meus)*

Se procurarmos em um site de busca o significado da palavra "humildade", encontraremos a seguinte resposta: "virtude caracterizada pela consciência das próprias limitações; modéstia, simplicidade". Eu ainda acrescentaria: a humildade abre portas que o orgulho costuma manter fechadas.

Para engrossar o caldo dessa discussão, proponho um mergulho na história da nossa ciência e lanço, aos leitores, as seguintes perguntas: alguém já imaginou o que seria da psicanálise, como a conhecemos, se D. W. Winnicott não tivesse estudado e feito supervisão com Melanie Klein? Para qual direção caminharia o seu pensamento?

Penso que essa é uma reflexão interessante a se fazer, pois sabemos que o *ambiente* é um aspecto essencial para a nossa formação – não apenas intelectual, mas como um todo. Winnicott foi um dos precursores a sinalizar o peso dos fatores externos. Não à toa ele é um autor que sabe reconhecer, com gratidão, as origens de sua tradição:

> *Se alguém granjeou minha gratidão foi Ernest Jones, e foi a ele que recorri quando achei que necessitava de ajuda em 1923. Ele me pôs em contato com James Strachey, por quem fui analisado por dez anos,* mas sempre soube que era por causa de Jones que existia um Strachey e uma Sociedade Britânica de Psicanálise a minha disposição. *(Winnicott, 1962/2022, p. 219, grifos meus)*

À guisa de contextualização, em meados dos anos de 1920, Winnicott estava iniciando a sua residência em pediatria. Sua experiência com crianças foi fundamental para que ele pudesse entender determinados quadros clínicos pelo viés da medicina e, posteriormente, pela psicanálise. "Naqueles tempos nenhum outro analista era também pediatra, e assim, durante mais duas ou três décadas, fui um *fenômeno isolado*" (Winnicott, 1962/2022, p. 219, grifos meus), confessa o autor.

Trabalhando durante anos no Paddington Green Children's Hospital, em Londres, Winnicott observou o comportamento dos seus pacientes e percebeu que nem sempre a maior parte dos conflitos psíquicos apareciam por volta dos 4 ou 5 anos de idade, a saber, após as turbulências afetivas ligadas ao complexo de Édipo, como havia afirmado Freud. Explico: movido por suas inquietações, Winnicott observou que,

> *Dificuldades anteriores que vinham à tona eram tratadas em análise como regressão a pontos de fixação pré-genitais, . . . que é imediatamente anterior à passagem do complexo de Édipo e ao início do período de latência. Então, inumeráveis histórias clínicas me mostravam que crianças que desenvolviam distúrbios, seja neuróticos, psicóticos, psicossomáticos ou antissociais,* revelavam dificuldades em seu desenvolvimento emocional na infância inicial, ou até quando bebês. *Crianças paranoides hipersensíveis* podiam até ter começado a ficar assim nas primeiras semanas ou mesmo dias de vida. *Havia algo de errado em algum lugar. (Winnicott, 1962/2022, p. 220, grifos meus)*

Diante disso, Winnicott formulou uma tese para defender essa ideia: uma boa parcela dos adoecimentos infantis surgia antes do período de latência. No entanto, para garantir a certeza de suas hipóteses, ele precisava estudar mais e buscar auxílio de alguém experiente nesse assunto.

"Foi um momento importante em minha vida quando meu analista interrompeu a minha análise e me falou de Melanie Klein" (Winnicott, 1962/2022, p. 220). Em seguida, o nosso autor descreve a fala assertiva de Strachey: "Se você está aplicando a teoria psicanalítica a crianças, *deveria conhecer* Melanie Klein" (Winnicott, 1962/2022, p. 221, grifos meus).

Klein foi uma das grandes pioneiras da psicanálise infantil e, por essa razão, Winnicott a procurou, colocando-se, pois, na posição de aluno. Cito-o:

> *Isso foi difícil para mim, porque da noite para o dia deixei de ser um pioneiro para me tornar* aprendiz *de uma mestra pioneira. Melanie Klein foi uma* mestra generosa *e julguei que tinha muita sorte. Lembro-me de uma vez que fui a ela para supervisão, e eu não lembrava nada do meu trabalho da semana inteira. Ela simplesmente reagiu relatando um de seus próprios casos.* Aprendi *então, psicanálise com Melanie Klein, e achei outros mestres mais rígidos em comparação com ela. (Winnicott, 1962/2022, p. 221, grifos meus)*

Descrevi esse breve momento da biografia de Winnicott para ilustrar que, enquanto psicanalistas, *nunca estamos devidamente prontos*. Na verdade, seria um desastre pensar dessa forma, pois se uma das figuras que constitui a base do desenvolvimento da psicanálise buscou ajuda para poder elaborar suas dúvidas e expandir o seu trabalho clínico, por que conosco – eternos estudantes – deveria ser diferente?

Aqui, provoco os leitores mais uma vez: como esses autores geniais chegaram a tantas construções? Por que dificilmente eles consideravam um assunto como concluído?

Talvez não tenhamos, de fato, uma conclusão do porquê estamos nos referindo a seres humanos e como sabemos: o ser humano vive em *constante* elaboração dos seus conflitos, *desconstruindo* e *construindo* novas concepções acerca de si mesmo. Em nossa prática de escuta do inconsciente, permanecemos ao lado daquilo que nos faz algum sentido – e para a psicanálise não existe certo e errado; tudo tem uma hipótese que pode ou não ser verificada. E, nesse ponto, evidencia-se a importância da investigação:

> *Pode-se dizer que existem dois caminhos para a verdade: o poético e o científico. . . . O vínculo entre a verdade poética e a verdade científica é encontrado, com certeza, nas pessoas – em mim e em você. O poeta que há em mim alcança a verdade num lampejo, e o cientista que há em mim busca uma faceta da verdade; à medida que o cientista alcança o objetivo imediato,* um novo objetivo se apresenta a ele. *(Winnicott, 1965/2021, pp. 204-205, grifos meus)*

Com efeito, é fundamental que possamos ter a sorte de sermos acompanhados por mestres que se coloquem em uma posição de humildade e não de autoritarismo. A arrogância é, como nos disse Wilfred Bion – também discípulo de Klein –, um impeditivo para a evolução do pensamento. Teoria e técnica, portanto, não devem ser utilizadas de *fora para dentro*, mas precisam adquirir significados próprios a uma determinada situação clínica.

Posso dizer, sem dúvida alguma, que durante o meu trajeto, tive (e tenho) o privilégio de encontrar professores que se dispuseram a me "ensinar a psicanálise" por uma via empática e sensível, permeada de implicação pessoal e autenticidade – fatores que eu levo para a minha prática e, também, para o meu *contínuo* processo de formação.

A importância dos grupos de estudos para a formação psicanalítica

> *A vida não é teoria nem tampouco se completa como consciência enquanto não atravessa cada uma de nossas células;* só quando um fenômeno nos visceraliza é que o conheceremos derradeiramente. *(Yalom, 2021, n.p., grifos meus)*

Conforme assinalei, existem inúmeras modalidades de formações psicanalíticas. Inclusive, assim que finalizei a faculdade, cheguei a cogitar fazer uma delas em algum instituto de psicanálise, em São Paulo. Por falta de tempo e de dinheiro não tive como prosseguir com o plano inicial.

Porém, eu já havia começado a estudar em grupos de estudos, dois anos antes da conclusão do curso de psicologia e, desde então, nunca mais parei. É claro que quando ainda estamos na graduação, cheios de demandas institucionais, aliadas ao nosso próprio trabalho e às outras obrigações cotidianas, é praticamente impossível conciliar as leituras. Essa realidade, comum a muitos estudantes brasileiros, não pode ser desconsiderada.

No entanto, devo avisar aos leitores que me enquadro no nicho específico de pessoas que concluíram as suas graduações em tempos de pandemia e quarentena – que se iniciou em março de 2020, em virtude da pandemia da covid-19. Talvez, por essa razão, eu tive uma "facilidade" para acessar diversas atividades on-line, que passaram a ser oferecidas por vários psicanalistas e pesquisadores de referência em nosso país. Até esse episódio fatídico, vale destacar, eram poucas as opções disponíveis, pois muitos profissionais "torciam o nariz" para tudo aquilo que não fosse presencial. Além disso, consegui realizar a minha inscrição como aluno ouvinte em algumas disciplinas de programas de pós-graduação *stricto sensu* e, gradualmente, comecei a me familiarizar com o ambiente da pesquisa acadêmica.

A meu ver, há algo peculiar no conhecimento psicanalítico: podemos ler o mesmo texto de um dos autores *clássicos* – como Freud, Ferenczi, Klein, Bion, Winnicott e Lacan – uma centena de vezes, mas a cada vez apreendemos algo que antes não havia ficado tão claro ou nos deparamos com uma novidade que, numa primeira leitura, não conseguimos encontrar. As descobertas são frequentes e, por isso, se faz necessária a ajuda de alguém mais experiente, que possa nos orientar na organização e na elaboração desse novo saber.

À medida que nos aprofundamos no imenso oceano psicanalítico, somos invadidos, não raramente, por uma ansiedade de compreender todos os conceitos. Esse sentimento pode nos paralisar e, por conseguinte, bloquear a nossa capacidade criativa. Isto é, por mais que eu quisesse absorver todo aquele conteúdo de uma só vez, fui percebendo que a assimilação dessa aprendizagem ocorreria apenas com paciência e persistência. O processo de análise pessoal foi um aspecto imprescindível para que eu pudesse conciliar essas angústias e amenizá-las.

No que tange à prática, cabe ressaltar que é o trabalho analítico que nos movimenta em direção à teoria a qual devemos buscar para afinar a nossa escuta, em relação a um determinado sofrimento psíquico. Desse modo, quando percebemos, lá estamos nós novamente imersos nas páginas de mais um livro e nos encontros de supervisão – que, para mim, são sempre mais enriquecedores especialmente quando realizados em grupo.

Há uma dica preciosa para os leitores que pretendem, assim como eu, construir os pilares de uma *formação autogerida* em psicanálise: começar por Freud, pois ele é a base da nossa disciplina e foi a partir do seu pensamento que os demais autores edificaram as suas teses. Outra coisa: procure informações sobre o profissional que está oferecendo os grupos de estudos ou seminários teóricos, por exemplo, quanto tempo esse sujeito tem de clínica e de experiência? De que forma ele se implica com a ética psicanalítica? E, quando se trata de um pesquisador que ostenta as suas titulações, verifique se elas são *reais*. Não estou dizendo aqui que os títulos são sinônimos de competência ou que asseguram alguma qualidade, mas, quando aparecem, precisam ser consistentes e legítimos.[2]

Para mim, a formação psicanalítica envolve toda essa gama de conhecimentos que estrutura a *forma* que vamos incorporando, sempre que sentimos em nós, os fenômenos descritos nos livros. A formação ocorre, também, ao longo da *transferência* clínica – por meio da nossa análise pessoal e da análise dos nossos pacientes. *Grosso modo*, ser supervisionado é como se desnudar das nossas próprias inseguranças (ou vaidades) e permitir ser *visionado* (examinado) junto com o caso apresentado – tudo isso faz parte dessa *forma* necessária ao nosso trabalho.

Em síntese: somente conseguimos analisar o outro quando nos despimos das nossas defesas, o que permite o acesso à dor alheia, favorecendo a nossa identificação com ela. É um ato de coragem,

---

[2] Nesse sentido, vale a pena procurar o currículo lattes do pesquisador, facilmente encontrado no site: https://lattes.cnpq.br

certamente. A escrita, tão cara à prática analítica, circunscreve-se nesse mesmo lugar:

> *A escrita desacomoda-nos de qualquer posição mais cômoda que pretendemos manter. Por ela, somos constantemente desafiados por um estado de não saber, de indefinição e de incerteza que nos coloca em uma posição difícil, acostumados que estamos a ter domínio das situações. A tolerância e a paciência na escrita são, acima de tudo, um exercício de renúncias que se efetua em vários níveis: não sabemos tudo, não abarcamos toda a teoria, não esgotamos o assunto, não lemos todos os autores, não examinamos todos os pontos, não escrevemos tão bem como gostaríamos, não sabemos o que escrever, nem por onde começar nem como organizar – esta sequência de nãos marca nossas falhas, a falta. É assim que a escrita tanto desafiará como ferirá nosso narcisismo. (Meira, 2023, p. 49)*

Enquanto psicanalistas, precisamos passar longas horas diante de livros e artigos científicos para obter alguma resposta (ou hipótese) para as nossas dúvidas, como nos disse Winnicott: "à medida que o cientista alcança o objetivo imediato, um novo objetivo se apresenta a ele" (Winnicott, 1965/2021, p. 205). Foi com a descoberta de um desses "novos objetivos" que, em 2021, com o intuito de expandir o meu conhecimento sobre a teoria psicanalítica, prestei o processo seletivo para o mestrado, no Programa de Estudos Pós-graduados em Psicologia Clínica da Pontifícia Universidade Católica de São Paulo e, para a minha surpresa, fui aceito.

No meu entender, a experiência de estar em um Programa de mestrado foi um tanto quanto *reveladora* – até porque eu não me sentia preparado. Na sala, havia pessoas de todas as idades e com as mais variadas bagagens clínicas e acadêmicas. Entre *quase* doutores e mestres, que já haviam passado pelo exame de qualificação de suas dissertações e teses, lá estava eu habitando um lugar de *não saber*. Com o tempo, fui me apropriando de um novo conhecimento. O mestrado – a depender do programa e da instituição – tem *exigências*, dentre as quais posso destacar algumas: produzir e apresentar trabalhos em congressos e colóquios, publicar artigos científicos ou algum capítulo de livro (de preferência, com conselho editorial). Foi por meio dessas vivências que passei a *integrar* a escrita nos meus momentos de estudo.

Nessa trajetória, a *arte* de escrever se tornou um exercício de dedicação para mim. A minha experiência me revelou que, em alguns momentos, somos movidos por alguma inspiração que, quando integrada a um potencial criativo, tende a produzir registros significativos.

Por outro lado, em outras ocasiões nas quais nos dispomos a escrever, sentimos como se *uma parede se erguesse na nossa frente, impedindo-nos de visualizar* alguma ideia que pudesse ser aproveitada e escrita. Nesses momentos de terror e ansiedade – intensificados pelos prazos e pelas exigências formais –, novamente lidamos com a necessidade de estarmos em dia com a nossa análise pessoal. Como afirmou Melanie Klein:

> *a projeção de um mundo interno predominantemente hostil,* regido por medos persecutórios, *leva à introjeção – a um retomar para si – de um mundo externo hostil, e vice-versa, a introjeção de um mundo externo hostil e distorcido* reforça a projeção de um mundo interno hostil. *(Klein, 1946/1996, p. 30, grifos meus)*

Temos de convir que esse não é um bom momento para estarmos completamente sozinhos. Nesse sentido, concordo com a psicanalista Ana Cláudia dos Santos Meira, ao afirmar que:

> *A severidade, a vergonha, a insegurança e o medo de escrever errado são fruto de uma crítica superegoica que nós trazemos para perto. Então, antes de os outros descobrirem quem somos e como escrevemos,* temos medo de nós mesmos nos enxergarmos. *A atitude crítica vem desde dentro, revestida de duas qualidades distintas: como um estado de reflexão, ou como um estado de auto-observação sobre nossos próprios processos psíquicos. Na reflexão, está em funcionamento uma atividade psíquica maior do que na auto-observação. Em ambos os casos, a atenção está em ação, mas, quando estamos refletindo, exercemos também a faculdade crítica – e isso faz uma boa diferença (Freud, 1900, 1926). (Meira, 2023, pp. 98-99, grifos meus)*

Por fim, a pergunta que nos resta é: o que enxergamos quando olhamos para dentro? Em alguma medida, é esse caldo de emoções que transferiremos para o papel, no formato de *linhas* escritas. Linhas essas que se entrelaçam ao nosso ser e fazer psicanalítico; desde o momento solitário em que estamos realizando as nossas leituras, passando pelo encontro com o inesperado que ocorre na clínica, até alcançar os impasses que bordejam as nossas discussões nos grupos de supervisão. Linhas essas que contornam as dores e os sabores da nossa própria análise pessoal e compõem, de maneira mais ou menos harmônica, a colcha de retalhos que representa o árduo processo da formação psicanalítica.

Algumas palavras finais

> *Assim um mundo analítico muito rico se abriu para mim, e o material de meus casos confirmava as teorias, de novo e de novo.* Por fim comecei a tomá-las como certas. *(Winnicott, 1962/2022, p. 223, grifos meus)*

A formação psicanalítica pode ser entendida por meio de suas diversas perspectivas e formatos. Alguns preferem estudar e se desenvolver de *maneira direcionada* – em um determinado instituto de psicanálise. Outros, entretanto, dão preferência a um estudo *autogerido*, como o que relatei aqui. O trajeto a se percorrer é *sempre pessoal*, e ele deve fazer *sentido* para ser considerado autêntico.

Freud nos disse, em certo momento de sua obra, que a psicanálise é uma das três profissões impossíveis (ao lado de governar e educar). Eu concordo com ele: praticar a psicanálise implica o enfrentamento das nossas cicatrizes mais profundas, sem censura. Não há para onde fugir quando o conflito habita o nosso interior. Analisar é um uso desmedido do nosso inconsciente como *receptor* de angústias, inibições e sintomas que são *transferidos* pelos nossos pacientes. Sobre isso, Sándor Ferenczi, analista húngaro e um dos mais geniais discípulos de Freud, afirma:

> *O psicanalista, por sua parte, não tem mais o direito de ser, à sua moda, afável e compassivo ou rude e grosseiro, na expectativa de que o psiquismo do paciente se adapte ao caráter do médico.*[3] *Cumpre-lhe saber*

[3] O termo "médico", aqui, é usado por Ferenczi para se referir aos próprios psicanalistas. Isso ocorre porque, naquela época, a maioria dos analistas eram formados em medicina.

> *dosar sua simpatia e mesmo anteriormente jamais deve abandonar-se a seus afetos, pois o fato de estar dominado por afetos, ou mesmo por paixões, constitui um terreno pouco favorável à recepção e assimilação dos dados analíticos. . . A condição prévia para isso é, naturalmente, que o médico tenha sido analisado. (Ferenczi, 1918/2011, pp. 416-417)*

Partindo de Ferenczi, notamos que a análise dos nossos pacientes só caminha até onde a nossa própria análise progrediu – e não me refiro ao tempo cronológico, mas ao nível de *maturidade emocional* alcançado. Trata-se de um processo contínuo de mudanças e aceitação – de ambas as partes, eu diria.

Para concluir, sem encerrar o escopo dessa discussão, confio aos leitores o meu mais sincero conselho: saibam escolher os seus mestres. Como demonstrei, a nossa jornada não é das mais fáceis, mas ela pode ficar mais leve quando encontramos pessoas capazes de sustentar as nossas inúmeras inseguranças. Isso vale, também, para a escolha dos nossos analistas.

Ser grato pelas oportunidades que nos foram oferecidas e pelo apoio que recebemos durante essa caminhada representa, simbolicamente, uma das maiores virtudes que conquistamos ao longo da nossa vida profissional. A psicanálise é uma prática fundamentalmente humana e, portanto, não pode se afastar de sua dimensão afetiva. Sem isso, estaremos fadados a reproduzir uma prática engessada, ignorando os aspectos que constituem o nosso maior dispositivo técnico: *a escuta*.

Referências

Almeida, A. P., & Naffah Neto, A. (2021). Sándor Ferenczi e Melanie Klein: a análise do analista como alicerce da formação. *Trivium – Estudos Interdisciplinares, 13*(2), 92-102. https://dx.doi.org/10.18379/2176-4891.2021v2p.92

Ferenczi, S. (2011). A técnica psicanalítica. In S. Ferenczi, *Obras completas* (Vol. 2). Martins Fontes. (Trabalho original publicado em 1918)

Freud, S. (2010). Recomendações ao médico que pratica a psicanálise. In S. Freud, *Obras completas* (Vol. 10). Companhia das Letras. (Trabalho original publicado em 1912)

Freud, S. (2015). O poeta e o fantasiar. In S. Freud, *Arte, literatura e os artistas*. Autêntica. (Trabalho original publicado em 1908)

Freud, S. (2019). A interpretação dos sonhos. In S. Freud, *Obras completas* (Vol. 4). Companhia das Letras. (Trabalho original publicado em 1900)

Klein, M. (1996). Notas sobre alguns mecanismos esquizoides. In M. Klein, *Inveja e gratidão*. Imago. (Trabalho original publicado em 1946)

Klein, M. (2019). *Autobiografia comentada*. Blucher. (Trabalho original publicado em 1959)

Meira, A. C. S. (2023). *A escrita científica no divã: entre as possibilidades e as dificuldades para com o escrever*. Blucher.

Mezan, R. (2019). *Interfaces da psicanálise*. Blucher.

Mezan, R. (2021). *Tempo de muda: ensaios de psicanálise*. Blucher.

Winnicott, D. W. (2021). O preço de desconsiderar a pesquisa psicanalítica. In D. W. Winnicott, *Tudo começa em casa*. Ubu. (Trabalho original publicado em 1965)

Winnicott, D. W. (2022). Enfoque pessoal da contribuição kleiniana. In D. W. Winnicott, *Processos de amadurecimento e ambiente facilitador*. Ubu. (Trabalho original publicado em 1962)

Yalom, Y. (2021). *Uma questão de vida e morte*. Planeta. (E-book)

7. Formação psicanalítica, elitismo e colonização

Julio Sergio Verztman

Participei recentemente de uma roda de conversa sobre "O elitismo da formação psicanalítica".[1] A seguir, apresento algumas reflexões advindas no bojo desta rica interlocução. Peço a compreensão do leitor para o fato de este capítulo ter sua origem associada ao formato de uma comunicação oral, o que terá repercussões na linguagem. Para começar, é preciso destacar que o lento, mas progressivo, movimento da comunidade psicanalítica brasileira no sentido de repensar seus vínculos com os processos históricos, culturais e subjetivos da colonização atinge agora um ponto nevrálgico.

Talvez não seja mera coincidência que este debate tenha se acelerado em função das propostas recentes – difusas e perigosas – de banalização da formação psicanalítica em nosso país. Cursos de graduação em psicanálise que rompem com o consenso mínimo construído há mais de um século, sobre como psicanalistas devem ser formados, têm recebido a oposição veemente das mais variadas

---

[1] Roda de conversa "O elitismo da formação psicanalítica", realizada no Círculo Psicanalítico do Rio de Janeiro e no Círculo Psicanalítico de Pernambuco, em abril de 2022.

organizações que envolvem psicanalistas e esta é uma luta da qual não podemos recuar.

Todavia, esse enfrentamento envolve encararmos as nossas próprias feridas e, entre estas, sobressai a falta de amplitude social e racial de nossas sociedades. Os psicanalistas e as sociedades psicanalíticas estão sendo convocados a examinar:

- como são constituídas socialmente as nossas instituições de formação;
- de que maneira estas refletem as desigualdades que caracterizam o nosso *socius*;
- em que medida somos submissos a injunções violentas contra as quais deveríamos nos insurgir;
- por meio de quais mecanismos os modelos atuais de formação reproduzem os privilégios que uma determinada parcela social usufrui em detrimento de outras;
- quais são as repercussões, para a atividade clínica, de uma formação psicanalítica restrita a sujeitos que experimentam formas muito específicas de sociabilidade.

A formação psicanalítica no Brasil é elitista? Não deixarei nenhum suspense no ar e afirmo logo que, a meu ver, sim. Mais importante, todavia, do que ser taxativo quanto a essa resposta é retroceder na pergunta e desdobrar os modos pelos quais esse elitismo se reproduz, se difunde e fomenta um exercício da psicanálise igualmente elitista. Nesse passo atrás da nossa indagação é preciso primeiro caracterizar qual é o eixo central em torno do qual "esta" formação se dá. O que concebemos como nossos principais desafios como psicanalistas? A quem a comunidade de analistas deve se endereçar? Quais sujeitos ela imagina escutar e como? Creio que a psicanálise brasileira contemporânea é um campo aberto de disputa. E essa disputa não se dá mais, *apenas*, em torno das correntes psicanalíticas que se originaram em outros países.

Ela não é só uma disputa entre lacanianos, freudianos, kleinianos, winnicottianos e outros "ianos" em torno dos quais costumávamos orbitar. Para mim, há uma nova contenda. É preciso apresentá-la a fim de circunscrevermos melhor o nosso problema. Construirei um quadro dicotômico superficial que, evidentemente, possui várias outras matizes e dimensões. A lente que proponho para este exame focaliza o campo da psicopatologia ou, se preferirem, das formas como concebemos o adoecimento psíquico.

Poderíamos examinar qualquer outro campo teórico-clínico da psicanálise – desde a técnica até a metapsicologia – que, na minha opinião, chegaríamos a respostas semelhantes. Escolhi o terreno da psicopatologia porque ele pode ajudar a responder às perguntas elencadas anteriormente. A psicopatologia constitui um conjunto descritivo/avaliativo/conceitual que seleciona modalidades valorativas (Canguilhem, 1982) de relação, de afecção e de sujeição. Isto não é diferente no que tange à psicopatologia psicanalítica. As perguntas "quem uma pessoa deve ser?" ou "como uma pessoa deve agir?" costumam estar embutidas em nossas concepções sobre o que chamamos de adoecimento, mesmo que prefiramos modos aparentemente neutros de avaliação. Construímos modelos ideais neste terreno que costumam se diluir e turvar nosso olhar para a percepção de seu caráter seletivo e hierarquizado. Fornecida a justificativa para o foco que escolhi, continuemos.

Iniciando essa trajetória, percebemos a existência de uma concepção de psicanálise voltada para um tipo *paradoxal* de universalismo. Esta constrói modalidades de cuidado e de tratamento voltadas para sujeitos incluídos em nosologias estabelecidas pela história do movimento psicanalítico. Supomos que essas categorias, fruto do laborioso trabalho clínico e conceitual dos psicanalistas desde Freud, expressam modos abrangentes de sofrimento e obedecem a lógicas que variam de acordo com as tradições heterogêneas de nossa disciplina. Cada grande escola ou autor irá acrescentar, em maior ou menor escala, novas categorias, linhas demarcatórias, descrições ou complementos ao nosso eixo psicopatológico central que é a nosologia freudiana. Falamos, por exemplo, em clínica da neurose e da não neurose, da clínica da psicose, do impacto recente dos estados-limite ou do sujeito *borderline*, dos impasses do paciente deprimido ou dos sofrimentos narcísicos.

Quando pensamos sobre os objetivos e as modalidades de tratamento analítico, nesta visada universalista com características abstratas, costumamos pensar nesses processos de subjetivação e categorias (ou em outras categorias correlatas, dependendo da grade teórica que nos inspira). Ou, ainda, em outros eixos demarcatórios mais amplos para caracterizar os modos de sofrer. Uso aqui, propositalmente, os termos "universalista" e "abstrata" porque a difusão desta psicopatologia se pretende universal e isto não é superado pela nossa aposta na singularidade do "caso a caso", como geralmente gostamos de acreditar. E o seu reconhecimento empírico pelos psicanalistas dependerá de critérios abstratos despojados de características contextuais e particulares. Bernardino-Costa, Maldonado-Torres e Grosfoguel nos apresentam algumas características do universalismo abstrato que trazemos para discussão, correlacionando-o diretamente com o processo de colonização:

> *A longa tradição do cientificismo e do eurocentrismo deu origem a uma ideia de universalismo abstrato, que marca decisivamente não somente a produção do conhecimento, mas também outros âmbitos da vida: economia, política, estética, subjetividade, relação com a natureza, etc. Em todas essas esferas, nesses mais de 500 anos de história colonial/moderna, os modelos advindos da Europa e de seu filho dileto – o modelo norte-americano após a Segunda Guerra Mundial – são encarados*

> *como o ápice do desenvolvimento humano, enquanto as outras formas de organização da vida são tratadas como pré-modernas, atrasadas, equivocadas . . . O chamado universalismo abstrato é um tipo de particularismo que se estabelece como hegemônico e se apresenta como desincorporado, desinteressado e sem pertencimento a qualquer localização geopolítica. (2018, p. 13)*

Por esse motivo o caracterizei como uma forma de universalismo paradoxal. O paradoxo consiste exatamente em apostar na *singularidade* escondendo um projeto universalista incapaz de ser situado e corporificado. Não se trata de um bom paradoxo, portanto, como são os paradoxos de Winnicott.

Como mostra Victora (2011), nenhuma forma de sofrimento pode ser relacionada a categorias genéricas e universais:

> *O ponto fundamental desse debate é que o adoecimento não está necessariamente relacionado às patologias genéricas universais que acometem indivíduos, os quais podem vivê-las diferentemente em diferentes tempos e sociedades. Trata-se, isso sim,* de mostrar que diferentes tempos e sociedades produzem certos tipos de sofrimento, *que são experimentados no corpo, ou seja, corporificados, na medida em que o corpo é o lócus de produção e atualização constante dos sentidos. (p. 5, grifos meus)*

Creio que esses modos de apreender o sofrimento construídos dentro da lógica universalista abstrata são fundamentais para nosso trabalho e não podemos desprezá-los. Todavia, não podemos negar sua solidariedade com o projeto histórico de colonização do qual fomos alvo e com o qual a psicanálise brasileira apresentou modos conflitantes, tensos, ambíguos e, por vezes, subservientes de relação. A proposta do universalismo abstrato como estratégia de difusão, geralmente violenta, de um ideal colonizador masculino, patriarcal, branco, baseado – em seu projeto maduro – na hierarquia da "diferença sexual" e nos modelos civilizatórios eurocentrados, vem sendo examinada, discutida e criticada pela perspectiva *decolonial*, com a qual os psicanalistas vêm interagindo ainda de modo marginal (Ayouch, 2019; Canavez & Verztman, 2021; Guerra & Bispo, 2023). Como consequência, as descrições clínicas, bem como os embasamentos teóricos correlatos à produção dessas categorias de valor universal, são provenientes de contextos sociais e culturais de outros países considerados como centros teóricos geradores. É válido questionar: tais construtos só encontrariam analogia clinicamente útil com a experiência de sofrimento de sujeitos formados em extratos muito específicos e restritos da população brasileira ou de outros países considerados "periféricos"? Quando analistas de países considerados "periféricos" se tornam autores geradores de conceitos reconhecidos pela comunidade psicanalítica internacional, tais conceitos teriam, como solo empírico, a clínica exercida com sujeitos desses extratos sociais restritos, mencionados anteriormente? Essas são indagações incontornáveis, às quais tendo a responder afirmativamente.

Por outro lado, também podemos encontrar outras formas de apreensão do que seria uma psicopatologia psicanalítica. Trata-se de uma psicanálise voltada para aspectos locais, particulares e contextuais, afirmando a importância do que se denomina de *marcadores sociais* como raça, gênero, língua, cultura e classe social para a compreensão das formas de sofrimento e do seu enfrentamento. Sem deixar de levar em conta a psicopatologia descrita anteriormente, fundamental pelo seu conhecimento acumulado e por alguns de seus resultados empíricos, esta psicanálise se interessa especialmente pelas qualidades locais e particulares onde tais processos se desenvolvem.

Tal concepção de psicopatologia inclui como objeto de estudo os processos de *alterização*, de *minorização* e de *subalternização* (Ayouch, 2019), que estão entranhados na sociedade brasileira. Podemos definir o processo de *alterização* como aquele que torna o *outro* um sujeito particular a ser inserido no conjunto de *sujeitos outros*, numa comparação com o "sujeito tipo", alçado a posição de norma por esta mesma sociedade. Esse "sujeito tipo", curiosamente, não é passível de *alterização*. Definimos o processo de *minorização* como a ratificação dessa alteridade, como uma alteridade minoritária, não tomada em termos quantitativos, mas sim em termos *qualitativos*, relacionados à sua disparidade de poder em comparação com este "sujeito tipo".

Com efeito, os grupos minoritários são aqueles considerados em inferioridade ou em dependência em relação a grupos de sujeitos considerados superiores e autônomos. E, por fim, definimos a *subalterniza*ção como a construção de uma hierarquia de todas as ordens, social, econômica, epistêmica, psíquica e cultural, a qual produz barreiras difíceis de serem transpostas por aqueles que são considerados, de modo naturalizado, como subalternos. Defendo, em boa companhia, que esses temas continuem sendo pensados pela psicanálise e não apenas por outros saberes correlatos. É preciso enfatizar que tais processos têm sua origem em vínculos sociais historicamente construídos e o sofrimento psíquico daí derivado relaciona-se a uma violência subjetiva de proporções incomensuráveis, que não podemos mais ignorar.

Antes de avançar, é preciso deixar claro que, a meu ver, há certa possibilidade de *compatibilização* – mesmo que tensa e conflitual – entre essas duas perspectivas. É possível aumentar a densidade de nossas descrições e de nossas propostas clínicas intensificando a percepção das características contextuais e situadas, transformando decisivamente o que entendemos por sofrimento. Isto no que tange tanto à avaliação de nossos saberes quanto à avaliação de sujeitos que anseiam por nossa escuta. Parece-me que esse movimento de *hibridação* (Ayouch, 2019), que está na origem da psicanálise e nunca a abandonou, é bastante fiel à nossa herança freudiana. Desde seu início, a psicanálise se caracterizou e se enriqueceu pelas misturas e pela indeterminação de fronteiras:

> *A principal dificuldade de "devolver" a hibridez à psicanálise diz respeito à tautologia que pode resultar desse movimento de vaivém. Efetivamente as teorizações de D. Haraway sobre a fantasia cyborgue e de H. Bhabba sobre a hibridez enunciativa procedem de um reconhecimento implícito ou explícito de muitas teses analíticas. A tese principal, central na abordagem freudiana, consiste em enfatizar a constante infiltração de discursos, pensamentos, raciocínios ou posições conscientes por uma atividade inconsciente. Nesse sentido, a hibridez da psique – consciente, mas também inconsciente – parece evidente na psicanálise. (Ayouch, 2019, p. 72)*

Desse modo, a possibilidade de hibridação de visadas que possuem uma origem histórica heterogênea me parece bastante fiel ao nosso modo de operar.

Voltemos então à nossa indagação inicial: a formação psicanalítica no Brasil é elitista? Dentro de uma visada universalista abstrata supostamente pura, ela pode não ser assim considerada. Sujeitos com as características elencadas por esse modo de apreensão do sofrimento podem ser encontrados em consultórios privados dos psicanalistas nos grandes centros urbanos, dispostos a pagar o suficiente por seus atendimentos e por suas formações. Escolhi o terreno da psicopatologia como foco de análise exatamente para perguntar se há outras barreiras de acesso para se tornar psicanalista, para além daquelas "puramente" econômicas. Deixar de fora de nossa psicopatologia o que vem sendo denominado de sofrimento social pode ser uma enorme barreira à escuta analítica de candidatos potenciais à formação.

Se o desafio da psicanálise brasileira for reproduzir essa modalidade de trabalho, basta exigir o economicamente possível de candidatos a psicanalistas das camadas médias urbanas para não sermos considerados elitistas. Não será problema, nesta visada, se nos mantivermos como uma comunidade branca, hétero e cis centrada, oriunda dos extratos econômicos mais altos da população. Diremos: "O que chamamos de investimento, incluindo a grande quantidade de dinheiro que empregamos em nossa formação, é o correlato libidinal do alto valor que conferimos à psicanálise". E, por essa via, encontramos alguma forma de apaziguamento moral.

Se quisermos, entretanto, estar à altura dos desafios da nossa geração (chamo de *nossa geração* todos aqueles que se consideram psicanalistas hoje), precisamos repensar não apenas a formação que oferecemos, mas também tudo o que concebemos sobre o que é o nosso ofício, as suas relações ambíguas com a colonização e, em última instância, as nossas próprias histórias pessoais. Será preciso levar em conta os processos de *alterização*, de *minorização* e de subalternização descritos anteriormente e aplicá-los ao tema da formação. Defendo que a formação psicanalítica é elitista porque ela reproduz acriticamente um modelo de sociabilidade responsável por formas de sofrimento psíquico inaudíveis aos nossos ouvidos e invisíveis a nossas retinas. E são inaudíveis e invisíveis porque resistimos ativamente a escutar e a ver. Muitas vezes, nós nos retiramos da responsabilidade pela transformação de uma parte abrangente do mundo que deveria nos concernir – como a falta de diversidade social e racial dos sujeitos em formação psicanalítica.

Mesmo sabendo sobre a nossa responsabilidade coletiva pela efetivação de situações traumáticas ligadas ao racismo, à violência de gênero e ao preconceito de classe, nós nos defendemos, pública e formalmente, ao dizer que só nos importa o "caso a caso" ou o "um a um" daqueles que atendemos ou que formamos. E, com esses gestos, nos esquecemos que a singularidade não é sinônimo do "um" ou da sucessão descontínua dos "uns". Singularidade é um acontecimento *efêmero* que se dá numa relação e costuma explodir qualquer unidade fechada no "um". A singularidade, assim como o sujeito (ou o inconsciente), está permanentemente em trânsito. E costuma marcar presença nos mais variados tipos de relação, seja ela amorosa, dual, grupal, social, cultural, política, numa lista infinita. Desse modo, brandir o ideal de singularidade, que nos é caro, para nos retirarmos de uma parte importante de nosso ofício, me parece indefensável. Encontramos elementos teóricos como impasses no campo do desejo, o conflito pulsional que nos atiça, o laço edípico que organiza nossa herança cultural ou o mal-estar inexorável da civilização, para justificar a atual conformação de nossa clínica, de nossa clientela e dos analistas em nossas formações. Romper com a formação elitista que oferecemos *é estar à altura* da população brasileira.

Não acredito, seguindo a sugestão de Tammy Ayouch (2019), em uma psicanálise específica para os sofrimentos sociais. O tratamento dessas formas de sofrimento é psicanálise sem outros qualificativos. Portanto, democratizar a formação psicanalítica não visa ao cultivo de clínicos especializados no trabalho com minorias, de "psicanalistas seguros" (Santos & Polverel, 2016) para sujeitos subalternizados. Um psicanalista capaz de escutar sujeitos *minorizados* é alguém suficientemente aberto para não encerrar sua análise prematuramente. Nossa análise continua, mesmo que o encontro formal com o analista que um dia frequentamos não mais ocorrer. E, na continuidade de nossa análise interminável, vamos nos deparar com as defesas que construímos para nada querer saber sobre a nossa participação em engrenagens que fazem o mundo humano ser dividido, também em nosso país, entre vidas que importam e vidas que não importam.[2] Será decisivo, neste desafio, construir uma comunidade de psicanalistas verdadeiramente caracterizada pela diversidade, pela diferença e pela pluralidade, rompendo as barreiras de acesso habituais nas sociedades psicanalíticas. Assim, teremos mais possibilidade de lutar contra o silenciamento histórico de saberes que se organizam em bases distintas da epistemologia ocidental eurocêntrica. É exatamente no campo epistemológico que mais ganharemos, como analistas, com essa diversidade. Afinal, como sugere Collins:

> *Escolhas epistemológicas sobre quem é digno de crédito, no que acreditar e por que algo é verdadeiro* não são questões acadêmicas neutras. *Pelo contrário, essas questões dizem respeito à problemática fundamental de como são determinadas as versões de verdade que irão prevalecer. (2018, p. 154, grifos meus)*

Não basta, assim, criar uma política de cotas ou regras mais flexíveis para a admissão de membros em nossas sociedades. Sem desconsiderar a importância destas medidas (que são fundamentais), acredito que mudaremos muito pouco o caráter elitista de nossa formação se ficarmos apenas neste ponto. Levar em conta as dimensões psicopatológicas e epistemológicas sugeridas acima seria um passo decisivo. Talvez seja possível estarmos mais envolvidos e afetados pela nossa responsabilidade histórica de acreditar na capacidade de escutar o que não queremos ouvir.

Escutar que participamos de uma história que produziu morte e horror – pontos cegos e surdos de nossas análises – mesmo que esta tenha contribuído também para fins menos nefastos ou mais meritórios. Assim, criar instituições suficientemente abertas para

[2] Cf. Butler, 2018.

sujeitos com diferentes marcadores sociais parece-me um passo decisivo para expandir o exercício da psicanálise propriamente dita.

Outro aspecto que toca o ponto de vista epistemológico é a bibliografia indicada para os futuros analistas que formamos. Uma formação verdadeiramente comprometida com a pluralidade não deveria ser reduzida *apenas* ao estudo de uma literatura psicanalítica europeia e branca. Esta é uma queixa frequente de alunos e alunas, interessados em psicanálise, na universidade pública na qual trabalho. Há outras vozes que precisamos escutar e conhecer. Quando falo de uma literatura "branca" e "europeia", não me refiro apenas à origem étnica de seus autores, mas sim à voz que a permeia. A voz do sujeito universal e abstrato em relação ao qual os outros sujeitos devem ser medidos hierarquicamente. Na escrita de Freud, por exemplo, a sequência neurótico/povos primitivos/infantil não deveria ser tratada apenas como curiosidade datada e sem relevância. Há uma voz aí que é exatamente a voz oriunda do processo de *colonização*.

Talvez haja algo de estrutural na construção dessa voz, em sentido análogo ao usado por Silvio Almeida, quando ele propõe uma visão do racismo no Brasil como um "racismo estrutural" (Almeida, 2019). A voz do colonizador jamais poderia deixar de se imiscuir nas palavras de Freud, já que ela é parte decisiva de sua socialização. Continuamos freudianos, apesar disso, porque, como defende Pavón-Cuéllar (2020), a psicanálise surge como crise do projeto colonial e não como sua mera reprodução acrítica.

A nossa disciplina e a práxis dela derivada ainda é um potente instrumento de escuta de sujeitos subalternizados, de transformação da violência colonial e pode contribuir para sua superação possível. O arejamento da psicanálise proporcionado pela sua tendência à hibridez (Ayouch, 2019), à mistura e ao novo faz que ela se constitua como um patrimônio para as lutas emancipatórias.

É preciso, assim, distinguir o elitismo da formação psicanalítica do elitismo da psicanálise. O fato de a psicanálise, enquanto saber, ter tido o seu contexto de origem numa atmosfera colonial, burguesa, individualista e marcada pelo movimento romântico, não nos permite defini-la como instrumento de reprodução da subjetividade e do *modus vivendi* das elites. A potência de suas misturas, tanto com outros saberes, quanto com outras culturas e contextos sociais, faz da psicanálise um campo permanente de tensão com uma capacidade infinita de apropriação por atores que não estavam inicialmente convidados a partilhá-la. Lutar contra o elitismo da formação psicanalítica é uma batalha fundamentalmente psicanalítica.

Termino acreditando que podemos escutar outras vozes. Vozes que sempre estiveram ali para serem escutadas e não encontraram seu destinatário. Vozes como aquelas impressas nas páginas soterradas pela história, publicadas por Elizabeth Danto (2019) em suas *Clínicas públicas de Freud*. A construção de uma comunidade psicanalítica verdadeiramente plural – que inclua diferentes marcadores sociais entre seus membros – com todas as tensões e conflitos típicos deste tipo produtivo de sociabilidade, pode nos inspirar para uma nova metamorfose. Só um lugar de verdadeira hospitalidade, que tenha em seu horizonte o impossível da hospitalidade incondicional – como dizia Derrida (1997) – será capaz de fomentar uma psicanálise *viva*, reconhecida como relevante em nosso território e influente no movimento psicanalítico.

Referências

Almeida, S. (2019). *Racismo estrutural*. Jandaíra.

Ayouch, T. (2019). *Psicanálise e hibridez: gênero, colonialidade e subjetivações*. Calligraphie.

Bernardino-Costa, J., Maldonado-Torres, N., & Grosfoguel, R. (2018). Introdução: decolonialidade e pensamento afrodiaspórico. In N. Maldonado-Torres & R. Grosfoguel. *Decolonialidade e pensamento afrodiaspórico*. Autêntica.

Butler, J. (2019). *Corpos em aliança e a política das ruas: notas para uma teoria performativa de assembleia*. Civilização Brasileira.

Canavez, F., & Verztman, J. S. (2021). Somos capazes de escutar os sofrimentos sociais? *Ayvu: Revista de Psicologia*, *8*, 1-21.

Canguilhem, G. (1982). *O normal e o patológico*. Forense Universitária.

Danto, E. A. (2019). A*s clínicas públicas de Freud: psicanálise e justiça social*. Perspectiva.

Derrida, J. (1997). *De L'hospitalité*. Calmann-Lévy.

Guerra, A. M. C., & Bispo, F. S. (Orgs.). (2023). *Ocupar a psicanálise: por uma clínica antirracista e decolonial*. N. 1 Edições.

Pavón-Cuéllar, D. (2020). *A psicanálise em face da colonialidade: 18 possíveis usos anticoloniais da herança freudiana*. LavraPalavra.

Santos, B., & Polverel, E. (2016). Procura-se psicanalista segurx. Uma conversa sobre normatividade e escuta analítica. *Lacuna: uma revista de psicanálise*, (1), 3. https://revistalacuna.com/2016/05/22/normatividade-e-escuta-analitica/

Victora, C. (2011). Sofrimento social e a corporificação do mundo: contribuições a partir da Antropologia. *Revista Eletrônica de Comunicação, Informação & Inovação em Saúde*, *5*(4).

8. Em torno da formação do analista: como ir além da reserva de mercado[1]

Luís Claudio Figueiredo

Defesa do consumidor

Vivemos uma onda de ofertas de cursos de "formação em psicanálise", formações rápidas e baratas que nos deixam de cabelos em pé e prontos a defender o nosso ofício e as nossas crenças sobre como uma formação em psicanálise deveria ser encarada. Para evitarmos a incômoda sensação de estarmos preocupados com uma "reserva de mercado" na condenação, por exemplo, de um bacharelado em psicanálise (barato e remoto) ou de alguma outra *low cost training*, como as que estão sendo oferecidas em quantidade – prometendo bons preços e um ótimo retorno financeiro em pouco tempo – precisaríamos, inicialmente, desmascarar o caráter oportunista de tais cursos que tentam ludibriar os incautos. Trata-se, efetivamente, de *propaganda enganosa* e nos caberia a

[1] Texto originalmente apresentado como aula inaugural no Espaço Psicanalítico de João Pessoa (EPSI) em 2022. Uma versão ligeiramente modificada foi incluída na terceira edição ampliada do livro *A mente do analista*, publicado pela editora Escuta.

função de "defesa do consumidor", antes mesmo de fazermos uma defesa da psicanálise.

O que torna essa tarefa mais difícil, contudo, é que algumas das entidades que se reúnem no combate a tais armadilhas não estão completamente livres de alguns dos engodos que atraem as pessoas para o anzol da formação rápida, barata e lucrativa – seja lucrativa para os peixes que eventualmente morderiam a isca, seja, ainda mais lucrativa para quem os pesca. Com a diferença de que os que mordem a minhoca e espetam o anzol na goela esperam vantagens futuras, enquanto os que oferecem os moluscos auferem muito mais vantagens já no presente.

Uma formação em psicanálise não é rápida, não é fácil, não é barata (e isso não depende apenas dos custos financeiros exigidos) nem garante lucros rápidos e astronômicos.

Talvez nem caiba falarmos, neste caso, em "formação" e em torno dessa questão começarei minhas considerações.

Formação ou cultivo de uma capacidade de escuta e pensamento?

Em algumas ocasiões abordei a "função psicanalítica da personalidade", um termo introduzido de passagem por Wilfred Bion (Bion, 1962) e retomado por alguns autores contemporâneos como Thomas Ogden (Ogden, 2008). Do que se trata?

Trata-se de uma capacidade universal e amplamente disseminada de fazer contato consigo, sua própria vida psíquica e com a dos outros, de escuta empática do alheio e do próprio para o exercício do pensamento em sentido amplo, ou seja, para a elaboração das experiências emocionais por meio do sonho, dos jogos e das brincadeiras, da reflexão e da criatividade.

Frequentemente, tal função elaborativa está prejudicada em muitos sujeitos pela atividade de defesas mais ou menos invalidantes e seus efeitos – inibições e sintomas, transtornos e organizações patológicas da personalidade. Em casos mais graves, para além das defesas, há falhas ambientais e condições traumáticas precoces que destruíram parcialmente, mas de modo quase irreversível, os recursos psíquicos do sujeito, assim interrompendo os processos que decorrem do bom exercício da função psicanalítica da personalidade. Um processo psicanalítico serve justamente para restaurar, quando não instalar, as capacidades elaborativas; liberá-las, potencializá-las, expandi-las e fazê-las amadurecer.

O *vir a ser* do psicanalista exige fundamentalmente a atividade dessa "função psicanalítica da personalidade"; isso, como o batuque no samba de Noel, é um privilégio e, como já foi lembrado por um colega do Sul, não se aprende samba no colégio.

A função psicanalítica da personalidade precisa ser *cultivada*. É tal cultivo que pode ajudar a criar uma "mente de analista", como busquei apresentar em meu livro recente (Figueiredo, 2021). A mente do analista requer, assim, o exercício da função psicanalítica da personalidade e essa, por sua vez, requer um espaço, um lugar e um tempo para crescer e operar, vale dizer, requer um *enquadre interno*.

Embora um enquadre interno se torne mais obviamente necessário quando exercemos a psicanálise ampliada, fora do consultório, também dentro do mais bem cuidado enquadre físico, a psicanálise não acontece se não houver uma mente de analista trabalhando, isto é, uma função psicanalítica da personalidade operando no enquadre interno do analista, seu nicho e câmara de contenção e ressonância, com o tempo necessário para "deixar que surja e tomar em consideração", como dizia Fabio Herrmann (1979/1991).

Espaço e tempo também não se aprendem no colégio.

O cultivo em frente ampla

Na verdade, há múltiplas vias para o *cultivo*, em oposição a uma única via do que poderia ser entendido como formação. Aliás, esse termo – *formação* – está desde o começo comprometido com a ideia de dar forma – o que o aproxima da *formatação*. Já cultivo sugere a diversidade e a possibilidade de uma *singularização*: bons analistas são muito diferentes entre si justamente porque não atuam segundo uma fôrma; ao contrário, cada um exerce a função psicanalítica da personalidade sonhando seus próprios sonhos, criando seus próprios jogos em estreita interação com os que o procuram para serem escutados e para pensar, descobrir e inventar juntos.

Assim sendo, são inumeráveis os caminhos do cultivo e todos valerão a pena se contribuírem para a instalação de um lugar próprio para o exercício da escuta e do pensamento. Insisto: isso não se aprende no colégio, mesmo que algumas escolas possam participar de várias maneiras desse processo e com ele contribuir.

O cultivo interminável (e sem prazos) e seus patamares e degraus

A noção de cultivo também nos ajuda a eliminar a ideia, presente na ideia de formação, de ser algo que se complete. Vale ressaltar que muitas de nossas instituições de bom nível disseminam subliminarmente a falsa ideia da "formação completa", ainda que não forneçam certificado e diploma ao cabo de alguns anos do "curso".

Evidentemente, a ausência de uma formação completa não elimina o reconhecimento de patamares e degraus no *vir a ser* do analista. A solução das sociedades ligadas à IPA e de algumas outras parece sob esse aspecto interessante: distingue-se um "candidato", ou membro filiado, de um associado, de um titular e este com funções didáticas (ainda que não nos pareça muito boa a instituição da chamada "análise didática").[2] As passagens por esses patamares dependem da apresentação e da avaliação pelos pares de trabalhos clínicos e clínico-teóricos que permitam reconhecer coletivamente os avanços na expansão e no amadurecimento da capacidade analítica do indivíduo. Ainda que essas designações não correspondam perfeitamente ao grau de amadurecimento e expansão da função analítica da personalidade do sujeito, elas ajudam a reconhecer que o processo passa por fases e elas podem ser minimamente assinaladas.

Um bom analista em qualquer uma dessas fases, inclusive como membro titular com funções didáticas, ainda estará sempre em processo de cultivo de suas capacidades analíticas, seja para uso próprio ou para o exercício profissional. O importante é termos bem claro que o *cultivo* é uma necessidade continuada, não só, como pensavam Freud e Ferenczi, para restaurar a capacidade mental do sujeito (submetida a condições bem estressantes de trabalho), mas para potencializá-la e fazê-la crescer. Sabemos que as grandes e tradicionais Sociedades, mesmo não falando em cultivo, praticam a "formação continuada", o que pode soar como um oximoro. De todo modo, o importante é que ofereçam um leque amplo e diversificado de atividades e encontros que vão muito além da transmissão de teorias psicanalíticas.

---

[2] Aliás, entre muitos efeitos negativos já sobejamente assinalados, a ideia da análise didática incorre na confusão entre o que deveria ser o cultivo de uma capacidade (o que não se conforma à temporalidade dos calendários) e a "formação completa" alcançada ao cabo dos cinco anos estipulados para essa experiência de análise. Para uma discussão mais detalhada e profunda, sugiro a leitura do livro de Luiz Meyer *Navegações inquietas* (Blucher, 2021), no qual há uma seção dedicada ao tema.

As imperfeições inevitáveis e as limitações do processo

Como todos os processos, esse é também um processo que "deixa a desejar", mas aqui podemos tirar dessa expressão um sentido duplo: de um lado, deixa a desejar porque é insuficiente e incompleto. Com isso, precisamos nos conformar e promover a ideia do cultivo permanente. O processo também deixa a desejar porque, ao desenvolver a função psicanalítica da personalidade e instalar o enquadre interno do analista, abre o horizonte para o desejo do analista: uma disposição de mente peculiar que não está restrita a quem pratica o nosso ofício, mas que nele não pode faltar.

Na constituição desse horizonte viria, em primeiro lugar de importância, a análise pessoal do sujeito, o que tem sempre um custo elevado: é uma análise intensa, de alta frequência, e longa. Além do custo financeiro, que pode ser reduzido até certo ponto,[3] há um custo psíquico, e esse não admite negociações. Não se faz análise pelo facilitário e às pressas. O encontro do sujeito com seus próprios desejos inconscientes e angústias e com suas defesas e resistências mais encruadas nunca nos sai barato. Não há processo de análise sem resistências e sem enfrentamento destas, e isso impõe um custo psíquico difícil de avaliar. A formação e as transformações das relações transferenciais com o analista e

---

[3] A iniciativa da SBPRJ de oferecer bolsas a candidatos negros e indígenas com menos recursos financeiros vai nessa boa direção. A bolsa inclui:

1. Análise com analistas disponíveis a atender pacientes a um custo possível, três vezes por semana durante todo o período de formação.
2. O mesmo critério para as duas supervisões de casos oficiais.
3. Isenção de pagamento de cursos, mensalidade e eventos.
4. Isenção de inscrição em Congresso Brasileiro e entidade latino-americana de candidatos, pleiteada pela SBPRJ e concedida.

com a psicanálise exigem também muito tempo e trabalho, o que implica mais custos.

Além da análise pessoal, há necessariamente a prática clínica supervisionada, uma supervisão que, na medida do possível, não deveria ser diretiva, ortopédica, censuradora e superegoica. Justamente por isso a prática de uma boa supervisão coloca mais questões do que as responde. Se possível, coloca as "melhores questões", as que mais fazem pensar e criar no supervisionando uma capacidade de pensamento clínico próprio. Eis que os custos só fazem aumentar, mesmo que haja dispositivos para reduzi-los em termos financeiros, como vimos que ocorre na Sociedade Brasileira de Psicanálise do Rio de Janeiro (SBPRJ) com o sistema de bolsas.

Em terceiro lugar vêm os estudos teóricos em suas diversas modalidades, todas elas sujeitas a percalços e extravios. Sabemos, desde uma palestra de Ferenczi de 1928,[4] que os estudos teóricos deveriam ser precedidos da análise pessoal e da prática supervisionada. Isso nem sempre acontece. Nos cursos de psicologia e medicina e, eventualmente, em variadas atividades de divulgação para leigos, muitos acabam se aproximando da psicanálise por meio do contato com nossas teorias. Não podemos dispensar essa via, até porque é uma fonte importante de interessados em fazer análise e em se tornarem analistas. Mas a possibilidade de ela gerar grandes extravios é imensa. Chegar à psicanálise apenas lendo teoria e ouvindo palestras e cursos de divulgação é inevitável, mas também bastante perigoso. Arriscar-me-ia a dizer que um início por essa via poderá exigir muito trabalho da análise pessoal e supervisão para desmistificar teorias e autores e desobstruir a mente do iniciante.

[4] Ferenczi, 1992.

Na verdade, mesmo que as teorias venham depois, como preconizava Ferenczi em uma palestra em Madri, ainda assim a possibilidade de elas gerarem uma transferência que cega e ensurdece, ou seja, que mata a função psicanalítica da personalidade, é assustadora. Conheci gente que sabia tudo de Freud, de Lacan, de Winnicott, de Melanie Klein, de Bion etc., mas não sabia ouvir e pensar, gente que nem imaginava o que fosse o trabalho da psicanálise no encontro entre inconscientes. Teorias, mesmo pertinentes, não criam os fundamentos da mente do analista.

Diga-se de passagem que as propostas de um bacharelado em psicanálise ou outras propostas de "formação" do mesmo nível levam essa tendência perniciosa o mais longe possível. No entanto, muitas instituições de nível incomparavelmente melhor pecam também ao colocar a transmissão de teorias em primeiro lugar, dando ao aluno a ilusão de que após três ou quatro anos de estudos ele "virou psicanalista". Isso realmente não faz nenhum sentido em termos da capacidade de escutar e pensar.[5]

Contudo, não podemos subestimar a contribuição que os estudos podem oferecer ao cultivo da função psicanalítica da personalidade. Seja na forma de grupos de estudo e, mais ainda, de estudos em nível de pós-graduação (mestrado e doutorado), quando tais atividades de pesquisa e leitura são precedidas e acompanham as atividades clínicas de analistas já atuantes e com uma prática clínica relativamente amadurecida. Vale uma digressão: embora conheça alguns casos bem-sucedidos bem diferentes disso, o melhor de um processo de obtenção dos títulos de mestre e doutor em psicologia clínica ou teoria psicanalítica ocorre quando tais

[5] É diferente o caso de cursos que fazem uma boa transmissão de *teorias sem a pretensão de serem cursos de formação* de analistas, como a Especialização em Teoria Psicanalítica da PUC-SP.

titulações contribuem para o cultivo de uma capacidade analítica já em estado avançado de constituição por outras vias, como a análise pessoal e a prática bem supervisionada.

Uma modalidade que realmente ajuda, talvez tanto ou ainda mais que as práticas supervisionadas, são os seminários clínicos. Estes costumam ser programados e oferecidos nos melhores processos dos bons institutos. O mais notável nos seminários clínicos é que vamos resgatando e aprendendo teorias, eventualmente criando, modestamente, "novas", adequadas, sob medida, a partir de material clínico. E tudo isso em um grupo em que várias escutas, respostas contratransferenciais e hipóteses interpretativas se contrastam, suplementam e corrigem.

A possibilidade de vermos as teorias ajudarem e não estorvarem, de admitirmos tanto os bons serviços que nos prestam como os riscos de se transformarem em resistências compartilhadas, antolhos coletivos, é um dos grandes méritos dos seminários clínicos, embora também aí, como aliás em todas as outras vias, os extravios antianalíticos possam existir.

Finalmente, com uma importância que cada vez mais reconheço, vem a inserção do analista na cultura e na sociedade. Isso tanto se refere à convivência com os objetos culturais da nossa história e da nossa cultura antiga e contemporânea, como, também, com as culturas radicalmente distintas da nossa. Trata-se de *banhar*-se *no humano* com o mínimo de teorias psicanalíticas e o máximo de sensibilidade e capacidade de elaboração e comunicação empática. Curiosamente, será longe das teorias psicanalíticas que a função psicanalítica da personalidade pode ser assim cultivada. Ainda que muitas instituições ofereçam uma boa variedade de experiências culturais, cabe aqui ressaltar que o que mais importa é a iniciativa particular de cada um para fazer um trânsito contínuo e intenso nas águas da cultura, da produção literária, artística, filosófica etc.

Ainda nesse departamento, o cultivo das funções psicanalíticas da personalidade pode se dar (e convém que se dê também) nas práticas da psicanálise ampliada, ou em extensão. Os trabalhos nos quais se exerce a escuta e o pensamento analítico fora dos padrões da clínica ajudam exatamente na compreensão de que a prática da psicanálise não segue um protocolo mecânico e restritivo. Além disso, nesse gênero de prática fica mais claro do que nas condições padrão a importância do enquadre interno do analista. Afinal, como construir e ocupar uma posição analítica sem os apoios do divã, da poltrona e das paredes, janelas e portas antirruído? Como estabelecer uma disposição de mente capaz de "deixar que surja e tomar em consideração",[6] acessar as dimensões inconscientes da fala, conduta e produção, e criar as condições facilitadoras para a elaboração das experiências emocionais?

Vale acrescentar que é frequentemente nesses atendimentos da psicanálise ampliada – o que ultrapassa os limites da própria clínica no sentido estrito – que vamos encontrar situações humanas e sofrimentos elevados a um grau quase inimaginável em nosso trabalho de consultório, mesmo na chamada "clínica social" praticada a baixo custo.

Contudo, ao contrário do que dizem os cursos que por aí proliferam, essa forma de "uso" da mente do analista não costuma ser bem recompensada; aliás, frequentemente é realizada de maneira voluntária e gratuita.

Também o exercício em condições menos rigorosas está longe de propiciar muitos lucros a curto prazo. Se alguém quiser ganhar muito dinheiro vá para o mercado financeiro ou para o comércio (ou de lá não saia), nunca para a psicanálise!

---

[6] Fábio Herrmann, comunicação pessoal.

Conclusão

Considero que, levando em conta todos esses elementos, não há como não criticar as ideias sobre formação que não só simplificam como deturpam o nosso ofício. Contudo, francamente, não me parece promissor travar debates com esses espertalhões. Vamos deixar nosso latim reservado para quem pode e quer pensar.

Quem sabe, as instituições e grupos bem-intencionados possam se beneficiar dessas reflexões reavaliando os processos de iniciação que oferecem que, às vezes, acabam se parecendo mais com uma formação do que com o cultivo.

E isso é uma pena.

Referências

Bion, W. R. (1962). *Learning from experience*. Aronson.

Ferenczi, S. (1992). O processo de formação psicanalítica. In S. Ferenczi, *Obras completas* (Vol. 4). Martins Fontes. (Trabalho original publicado em 1928)

Figueiredo, L. C. (2021). *A mente do analista*. Escuta.

Herrmann, F. (1991). *O método psicanalítico*. Brasiliense. (Trabalho original publicado em 1979)

Meyer, L. (2021). *Navegações inquietas*. Blucher.

Ogden, T. H. (2008). Os quatro princípios fundamentais do funcionamento mental a partir de Bion. In T. Candi et al. (Org.), *Diálogos psicanalíticos contemporâneos do afeto ao pensamento: Bion & Laplanche*. Escuta.

9. Contribuições do ateliê clínico à formação do psicanalista[1]

Marion Minerbo

O ateliê: para quê?

Identifiquei, nas minhas atividades de transmissão da psicanálise, uma dificuldade que denomino "dissociação teórico-clínica". Os colegas estudam muito, conhecem a teoria, mas de algum modo ela permanece dissociada da clínica, isto é, não chega a funcionar como "instrumento de trabalho". Por um lado, parece ser difícil usar a teoria para escutar algo para além do conteúdo manifesto do que está sendo dito em sessão. Se o paciente fala da briga conjugal, o analista tende a ficar preso na briga conjugal. Não consegue escutar, por exemplo, os desencontros entre o *infans* e seu objeto primário. E vice-versa: tudo o que se estudou sobre os desencontros entre o *infans* e seu objeto primário fica preso nas páginas do livro, como se a teoria não fosse algo vivo, que nasceu

[1] Uma versão deste texto foi apresentada no XXVIII Congresso Brasileiro de Psicanálise da Federação Brasileira de Psicanálise (FEBRAPSI), realizado online, em 2022.

da clínica, para dar inteligibilidade ao sofrimento psíquico das pessoas que atendemos todos os dias.

O problema da dissociação teórico-clínica é que ela leva a abandonar os dois conceitos fundantes da psicanálise: inconsciente e transferência. Pois se uma briga conjugal é só uma briga conjugal, perde-se a possibilidade de escutar, na descrição dos detalhes da briga ("ele fez isso", "ela disse aquilo", "não está nem aí comigo") a transferência de uma situação inconsciente do passado para uma situação atual da vida do paciente. Escutar o relato das brigas cotidianas apenas como uma realidade, e não como um sonho (ou melhor, como um pesadelo), torna os conceitos de inconsciente e transferência – além de tantos outros – rigorosamente desnecessários. Sem falar que se perde, ainda, a possibilidade de pensar de que maneira aquele tipo de fala convoca o analista em sua contratransferência, idealmente iluminando o que se transfere para a própria situação analítica.

Se uma briga conjugal é só uma briga conjugal, se não há escuta analítica, também não há pensamento clínico. Pois muitas vezes, (*mas nem sempre!*) é justamente a confusão gerada pela transferência que leva ao pesadelo que o paciente descreve sessão após sessão. Se não temos em mente essa possibilidade, corremos o risco de "interpretar" a própria relação conjugal, levando o(a) paciente a concluir que a solução (o que o analista espera) é que ele(a) se livre do(a) parceiro(a) abusivo(a). É claro que isto pode ser realmente necessário, mas não vai acontecer "de fora para dentro". Mesmo quando as brigas são com a mãe, que é nosso arroz com feijão, é preciso lembrar que há transferência da mãe arcaica sobre a mãe atual: o sujeito continua enroscado ao seu objeto primário, não houve separação sujeito-objeto. Conhecemos o risco de induzir o paciente a "se separar da mãe" de fora para dentro, isto é, sem passar pelo necessário trabalho psíquico. De modo que a dissociação teórico-clínica pode não apenas tornar a análise inoperante como ter *consequências nefastas para a vida* do paciente.

Para minimizar esses riscos, o psicanalista precisa trabalhar com conceitos que, no entanto, devem estar suficientemente metabolizados e integrados. Eles precisam fazer parte do seu ser, do seu sangue e da sua carne.[2] Cada um de nós tem que *criar-achar a teoria* para que ela possa ser usada na clínica de maneira natural, orgânica e criativa, e não enxertada/aplicada artificialmente. Nesse sentido, a formação de uma escuta analítica depende da experiência *intelectual e emocional* de redescobrir a teoria viva na clínica. Foi, portanto, o diagnóstico de "dissociação teórico-clínica" que me levou a propor a atividade que chamei de "ateliê clínico".

O ateliê é mais do que um seminário clínico e menos do que um grupo de estudos. Talvez seja um híbrido dos dois. Começou há mais de quinze anos como seminário no Instituto da minha Sociedade (São Paulo), mas durante a pandemia ganhou o mundo, por assim dizer. Passei a realizar essa atividade online em diversos grupos pelo Brasil – entre 2020 e junho de 2023 foram mais de oitenta ateliês.

Quando digo "vários grupos", refiro-me não só a outras instituições (da IPA ou não), mas também a grupos que se formam com colegas de instituições diferentes. Nesse sentido, o ateliê pode ser visto como uma microinstituição com vocação transinstitucional. Já nos aconteceu de ter no mesmo grupo colegas de Fortaleza e de Porto Alegre, numa alegre composição de sotaques regionais.

O ateliê clínico é, pois, uma instituição *pop up*, cuja impermanência faz jus ao espírito do nosso tempo: ela vem ao mundo por um curto espaço de tempo, cumpre seu objetivo e se encerra. Ao longo dos seus quatro encontros de uma hora e meia cada, sempre em torno do mesmo caso, dez colegas e eu (re)descobrimos que teoria e clínica se iluminam reciprocamente, são solidárias, uma

[2] Meu recorte pessoal do campo psicanalítico está todo aí. Não saberia citar todos os autores que usei e que "fazem parte do meu ser, do meu sangue e da minha carne".

depende da outra, uma não faz sentido sem a outra. Fazemos uma imersão no trabalho de escuta analítica e de construção de um pensamento clínico: pensar a clínica e pensar a partir da clínica. Como já disse, é uma experiência simultaneamente intelectual e emocional, e nesse sentido ela é (trans)formadora. Não deixa de ser um espaço de formação cuja leveza e agilidade contrasta, mas também pode compor, com as grandes instituições e suas diretrizes.

Mencionei anteriormente a importância do processo de criar--achar a teoria na clínica/a partir da clínica para podemos nos apropriar dela. Por meio dele transformamos "barulho" em sentido, o que me parece uma boa maneira de descrever o trabalho do ateliê. O material clínico em estado bruto nos convoca a pensar a clínica para construir algum sentido, aproximando-nos de sua determinação inconsciente. Em outros termos, construímos teoria sob medida para dar sentido ao barulho da clínica, mas a teoria já estava lá (nos livros) para ser encontrada.

Cada ateliê nos confronta com uma realidade clínica diferente e que nos exige caminhos distintos para organizar um pensamento clínico. Reitero que o foco não é o caso em si, muito menos o trabalho do colega, e sim o próprio processo de escutar / pensar analiticamente. Idealmente, ao fim dos quatro encontros integramos teoria e clínica, mas integramos sobretudo uma disposição de espírito – uma maneira muito particular de escutar, de pensar e de transformar o material clínico em estado bruto.

Para ilustrar a dimensão (trans)formadora do ateliê, nada melhor do que relatar aqui o passo a passo de um deles, com todas as hesitações, avanços e recuos que vivemos ao longo dos quatro encontros. Agradeço imensamente à colega que autorizou a publicação deste material.

***

Um ateliê, passo a passo

Oscar tem uns 60 anos, é casado e procura análise depois de uma "traição" que ele cometeu. Quando saía da casa de massagem erótica, que frequentava faz tempo, uma das moças o abordou pedindo carona. Ele achou estranho, porque não era cliente dela. Sabia que não tinha que dar carona, mas deu.

Foram tomar cerveja num barzinho. Esses encontros duraram oito meses. Nunca transaram. Ela queria que Oscar se separasse para ficar com ela. Ele estava considerando essa possibilidade, quando a moça disse que não podia prometer nada porque era casada. Foi pego de surpresa, pois não tinha percebido que era um golpe. Encerrou o caso com um buquê de flores, mas ficou arrasado.

É difícil entender por que ele chama tudo isso de "traição". Por um lado, Oscar sempre traiu a mulher e não se incomodava com isso. Por outro, com essa massagista não aconteceu nada além das conversas no bar. Aos poucos, vai ficando claro que ele não ficou arrasado porque foi rejeitado. Ficou arrasado porque *morreu de vergonha* de toda a situação – vergonha de ter sido tão *otário*. O sofrimento é tanto que pensa em se matar ou então em mudar de cidade. Não entende o que está acontecendo, nunca ficou desse jeito. É nesse ponto que procura análise.

A analista pergunta ao seu paciente o que foi o pior dessa "traição". Oscar achou que a massagista estava apaixonada por ele, mas descobriu que só estava interessada no seu dinheiro. "Fui pego de surpresa, não vi o que estava acontecendo."

A primeira pergunta que eu proponho ao grupo do ateliê é: por que Oscar reage de maneira que parece tão desproporcional? Afinal, querer se matar por ter sido enrolado por uma massagista parece um exagero. Mas, para nós, é sinal de que algo da ordem do inconsciente está emergindo aí. Algo está *sendo transferido para aquela situação.*

Um dos objetivos do ateliê é mostrar como teoria e clínica se iluminam reciprocamente. Isso significa que não existe escuta ingênua. Mas os conceitos não gritam "sou um conceito, estou aqui!". Não precisamos "caçar" a teoria. Ela está presente como pano de fundo, faz parte do nosso ser, de nossa carne, do nosso sangue. Nossa postura e nossa atitude já contêm os conceitos metabolizados. Ou seja, *a teoria está entranhada na própria escuta.* Que conceitos estão entranhados na escuta do que nos diz Oscar? Procuro colocar em evidência alguns deles:

- a intensidade da reação de Oscar (ele quer, literalmente, morrer de vergonha) indica que estamos diante de um *afeto em estado bruto*;
- afetos em estado bruto indicam a *atualização do traumático*; a ferida mal cicatrizada se abriu novamente;
- a massagista disse ou fez algo que arrebentou o escudo protetor do psiquismo. Oscar agora está *vivendo dentro de um pesadelo.* Ele não consegue sonhar este pesadelo;
- a massagista, ou melhor, a situação da qual a massagista faz parte, se tornou mal-assombrada porque algo do passado está sendo *transferido* para ela;
- uma situação se torna mal-assombrada quando ela está revestida de uma qualidade *alucinatória.* Isso acontece quando uma percepção do passado infiltra a percepção do presente;
- esse pesadelo, esse alucinatório que está vivo no aqui e agora, precisará *ser sonhado* em sessão para poder ser elaborado e integrado. Aqui está implícito o trabalho psíquico da dupla no campo transferencial.

A segunda questão que eu proponho no ateliê é a seguinte: o que foi que Oscar viveu com a massagista? O que foi que ela fez ou disse que produziu tamanho impacto? Ele não sabe. Ele não acessa o que viveu, justamente porque aquilo está fora da consciência. A única coisa que ele consegue dizer é que se sente um otário. É daí que temos que partir.

Se está fora da consciência, é porque ele precisou usar defesas psíquicas. Oscar não acessa o que foi que ele viveu, ou porque aquilo está recalcado, ou porque está clivado. O clima de pesadelo no qual ele está atolado sugere mais o clivado do que o recalcado. Quando não temos acesso à experiência subjetiva do paciente, nada nos impede de perguntar: "O que tal situação quer dizer para você? Como você entendeu tal situação?". Digo isso porque é comum o analista achar que não pode fazer perguntas ao paciente, mas muitas vezes a resposta nos ajuda a ter alguma ideia sobre aquele funcionamento psíquico.

O que a situação da massagista quer dizer para Oscar? Ele diz duas coisas importantes:

- não viu o que estava acontecendo → o traumático é justamente o que pega a pessoa de surpresa e arrebenta o escudo protetor;
- foi um otário → a palavra indica uma ferida narcísica gigantesca.

Se ele respondesse "coloquei meu casamento em risco por uma bobagem", seria outro paciente. Estaríamos diante de uma culpa depressiva por ter estragado algo que ele considera bom e valioso.

Se ele respondesse "minha esposa descobriu, e vai ficar jogando isso na minha cara", seria outro paciente. Ele estaria angustiado porque a relação de poder se inverteu, agora é a esposa que tem poder sobre ele.

Enfim, precisamos entender onde estamos pisando para conseguir falar com a pessoa que está na nossa frente, e não com alguém que não está lá.

A analista continua seu relato. Oscar diz que a esposa descobriu a traição e fala disso todos os dias. Ele não aguenta mais essa tortura. Nova pergunta: qual é a tortura, do ponto de vista dele? A analista já lhe perguntou isso. A tortura não é ter de conviver com uma esposa magoada ou ressentida. Muito menos ele se sentir culpado. A tortura é a *esposa ser testemunha de como ele foi otário* por achar que a massagista estava de fato interessada nele. A cada vez que a mulher fala da traição, ele é obrigado a sentir aquela vergonha de novo.

Aproveito para abordar rapidamente a diferença entre uma vergonha neurótica e uma não neurótica: a primeira é desagradável, mas dá para conviver com ela. Com a segunda não dá para conviver, tanto que ele pensa ou em se matar ou em mudar de cidade.

A questão que agora se coloca no ateliê é: por que a massagista se tornou mal-assombrada? Afinal, o que será que ele está alucinando? Levamos três dos quatro encontros para conseguir responder a essa pergunta. Foi o tempo que levamos para que pudéssemos *sonhar o pesadelo* no qual Oscar está aprisionado.

Aqui retomo um dos pressupostos teóricos da nossa escuta. A massagista fez ou disse alguma coisa que *acordou a criança-nele*. Ele já viveu algo análogo – algo com o mesmo jeitão – no passado. Esse algo volta "do além" para assombrá-lo. Ele revive alucinatoriamente algo do passado; ele se retraumatiza. É isso que cria o clima de pesadelo.

Se, em vez de recordar, ele está revivendo uma experiência, é porque *o passado não passou*, isto é, não foi elaborado e integrado. Agora, esse algo está sendo transferido para a situação com a massagista. A massagista é o *suporte transferencial* de alguma experiência emocional não simbolizada. Mas qual? Precisamos de associações.

Logo na primeira sessão, depois de falar longamente sobre a "traição", ele associa com uma cena de mais de cinquenta anos atrás. Essa primeira associação é preciosa porque é a abertura para a elaboração do traumático no campo transferencial. Era criança, devia ter uns 8 anos. Estava na chácara da família brincando com um primo mais velho, de quem gostava muito. O garoto, que devia ter uns 14 anos, o atrai sub-repticiamente para a parte de trás da casa. E acaba por ter uma relação anal com ele. A cena, que estava esquecida, agora grudou nele e não o larga mais.

À primeira vista, o primo não tem nada a ver com a massagista, mas com o inconsciente não se discute. Se ele fez essa associação, é porque tem. Agora, a massagista e o primo fazem parte de uma *mesma série psíquica*. A noção de série psíquica é de Freud. É um conjunto de imagens, cenas, associações, que tem uma mesma organização, uma mesma *Gestalt*, um mesmo "jeitão".

A colega vai trazendo material clínico e em certo momento surge mais uma cena: uma situação na Turquia. Eu disse "surge mais uma cena". Não é bem assim. A analista está relatando o caso, traz um matagal de informações. A escuta analítica é flutuante, mas é uma *escuta criativa* na medida em que efetua certos recortes. Vamos seguindo o que está sendo dito até que identificamos algo que parece importante. Agora proponho uma nova questão: como o analista identifica que aquilo é importante? O que faz sua atenção parar de flutuar e se deter nesta cena, nesta palavra, em vez de seguir em frente, como com tantas outras coisas que estão sendo ditas?

Neste caso, o pulo do gato é que identifico na cena da Turquia mais um elemento de uma série psíquica. Aqui entra em cena o conceito de repetição: certos elementos se repetem, mesmo quando aparecem em cenários muito diferentes. O inconsciente insiste em se fazer ouvir porque há uma urgência a simbolizar. Daí que certos temas se repitam. A repetição é a pista que devemos seguir porque remete ao traumático, que é exatamente o que precisa ser simbolizado.

A cena é a seguinte: Oscar foi para a Turquia a trabalho. Lá ele não conhecia ninguém. Estava almoçando e foi abordado por um homem que se ofereceu para lhe mostrar a cidade. Ele não queria, mas o homem foi tão solícito, insistiu tanto, que Oscar aceitou. O homem o levou a um bar afastado do centro. Oscar viu umas garotas de programa e vários homens de dois metros por dois, que pareciam da máfia russa. Ele pediu uma cerveja, mas logo quis ir embora. Apresentaram uma conta de US$ 2.000 pela bebida. Pagou para não acontecer coisa pior. Sentiu-se um otário, porque sabia que não deveria ter ido, mas foi.

Aqui também Oscar foi pego de surpresa; não percebeu o que estava acontecendo; sabia que não tinha que ir, mas foi. Foi enganado, feito de otário, caiu num golpe. É muito parecido com a cena com o primo, que o levou para trás da casa e abusou dele sexualmente. É isso que faz a escuta se deter nessa cena, em vez de seguir em frente. E tem também a palavra *otário*, que apareceu no contexto com a massagista.

É claro que há um golpe financeiro. Ele foi forçado a dar US$ 2.000 para a "máfia russa". Porém, além disso, ele "deu" sem reclamar porque viu que não tinha como enfrentar vários homens de dois metros por dois. O golpe no seu narcisismo tem a ver com a posição passiva: "deu" sem reclamar.

***

A escuta analítica flagrou uma repetição e se detém na cena da Turquia. Sabe que aquilo é importante. E agora, o que fazer com isso? Como eu disse, a escuta é ativa, criativa. Ele está falando da viagem à Turquia, mas dentro de mim vai se formando um sentido que aponta para o sofrimento da criança-no-adulto. Afinal, um dos nossos pressupostos teóricos é que o traumático diz respeito ao arcaico e/ou ao infantil, isto é, a criança-no-adulto antes ou depois da aquisição da linguagem.

A cena de um turista ingênuo desavisado na Turquia evoca em mim uma criança no mundo dos adultos que sabe, mas não sabe, o que é a sexualidade. Em função de sua imaturidade sexual, ela não tem como saber. Igual à cena com o primo. Percebem que já estou interpretando para mim mesma o que estou escutando? É a mente do analista trabalhando, os conceitos estão todos aí, sendo usados para pensar analiticamente. Na minha escuta, a cena na Turquia evoca um estupro.

Em português, existem muitas expressões que se referem à humilhação do otário que é penetrado à força por outro homem. Nenhuma é muito bonita. Há termos como "se ferrou", "foi enrabado", "se fodeu", "foi estuprado", "tomou no cu" etc. Precisei usar vários deles para tentar traduzir para os participantes do ateliê o que imagino ser a experiência subjetiva desse paciente.

Feito esse esclarecimento, vou criando a imagem de um turista, isto é, a criança-no-adulto, que foi enrabado por homens de dois metros por dois. Combina com a cena do primo, que o enrabou quando era criança. Agora que ele entende o que aconteceu, ela tem efeito traumático retroativo: fere o seu narcisismo *a posteriori*. Ele diz que a cena com o primo grudou nele e não o larga.

A escuta também se sensibiliza porque nas duas cenas há uma assimetria, uma diferença de posições. De um lado, homens mais velhos, mais fortes, mais espertos. De outro, uma criança sexualmente imatura, curiosa, que está sendo abusada por um adulto que se aproveita da curiosidade sexual infantil.

Continuamos em dúvida sobre de que jeito a massagista faz parte desta série. Afinal, é uma mulher, não transaram, e nem chegou a aplicar o golpe financeiro que estava armando. Só que foi suficiente para ele sofrer um golpe no seu narcisismo. Sabemos disso por causa da vergonha, que é um afeto da linhagem narcísica, mas falta o componente do "enrabamento", presente na cena do primo e da Turquia.

***

Sempre que possível, proponho aos participantes do ateliê *exercícios de intervenção.* Pergunto ao grupo: o que poderíamos dizer a Oscar, agora que entendemos alguma coisa sobre seu pesadelo? O ideal é que as intervenções sejam simples, bem próximas do material, um pequeno toque para que o paciente continue associando. Só para dar uns exemplos, usando a cena da Turquia:

- você não viu o que estava acontecendo, como quando deu carona para a massagista;
- você sentiu que estava em perigo com esses homens de dois metros por dois metros;
- pagou caro pela sua curiosidade. Imagino que se sentiu um otário;
- nossa, esse golpe de US$ 2.000 foi um verdadeiro estupro;
- ele te levou para um bar longe do centro. Como o seu primo, que te levou para trás da casa.

Fazemos uma rodada de intervenções. Em seguida, pergunto à analista de Oscar: "O que você acha que ele faria com essas interpretações? Você acha que ele poderia usá-las para associar?

Ou, ao contrário, ele levaria um susto e reforçaria suas defesas?". Sua resposta é fundamental para sabermos "com quem" estamos falando, "onde" ele está, em que terreno psíquico estamos pisando – e, portanto, por onde ir. E para calibrar nossas intervenções.

***

Uma pergunta surge em todos os ateliês: "e a transferência?".

Tudo o que vimos até agora diz respeito à transferência de material inconsciente para as representações: são as "historinhas" que o paciente conta. Graças a elas, vamos nos aproximando do entendimento do que seria o nó traumático que mantém a criança-no-adulto enroscada em seu objeto primário. Só quando se entende algo sobre esse nó é que é possível – pelo menos para mim – começar a pensar no trabalho com a transferência no sentido mais tradicional.

Assim, quando sentimos que o vínculo já suporta, podemos fazer intervenções que *esquentem a temperatura do campo transferencial.* Precisamos dizer coisas que aumentem a temperatura no campo transferencial porque só dá para malhar o ferro enquanto ele está quente. No entanto, cuidando para que a temperatura não esquente demais: se isso ocorrer, o paciente irá se retraumatizar, ficará perseguido e poderá fugir da análise.

Queremos que algo que está pouco visível se atualize, que fique bem presente no aqui e agora, para poder ser trabalhado. Por exemplo, usar a palavra estupro e esperar para ver o que o paciente faz com isso. "Nossa, esse golpe de US$ 2.000 foi um verdadeiro estupro!" Se ele levar um susto, ou se ofender com essa palavra, confirmamos que estamos em terreno traumático. Estamos na pista certa. Em doses fracionadas, podemos ir dizendo algo como: "usei uma palavra que te deixou irritado"; "imagino que seja constrangedor para você que eu seja testemunha do que te aconteceu com a massagista"; "talvez tenha medo de que eu te despreze por isso"; "não seria legal eu fingir que o que te aconteceu com a massagista é normal, não tem nada de mais". E o mais importante: o pensamento clínico que estamos elaborando nos ajuda a evitar duas posições igualmente traumáticas: num extremo, fingir que não aconteceu nada, e no outro, cutucar a ferida narcísica (como a esposa que o tortura diariamente).

Sintetizando, durante um bom tempo eu não interpretaria diretamente *a* transferência: "você fica com vergonha que eu seja testemunha da sua humilhação". Nem "você tem medo de que eu queira cutucar sua ferida". Em vez disso, interpretaria *na* transferência, o que significa falar com a criança-nele a partir de um lugar que não é nem o do objeto que cutuca a ferida, nem do objeto que finge que não aconteceu nada. Nós não queremos acertar. Não queremos que ele concorde. Queremos que ele produza mais, e que, tanto quanto possível, as coisas venham dele.

***

A analista continua apresentando o caso. Ela se lembra de um fragmento que achou enigmático. Tanto o pai quanto o avô morreram atropelados por um carro. As orelhas psicanalíticas ficam de pé. O pai tinha ganhado um bom dinheiro e tinha acabado de comprar um apartamento novo no Rio. Estava andando distraído pelo calçadão, feliz da vida. Foi atropelado na calçada e morreu. O avô, pai do pai, morava no interior. Quando vinha a São Paulo, andava pelo centro parecendo um "jeca", olhando para cima, para os prédios. Foi atropelado atravessando fora da faixa de pedestres.

Aqui é difícil ver qualquer conexão com cair num golpe, como no material da massagista e da Turquia. Mas tem tudo a ver com *ser pego de surpresa*. O elemento traumático é evidente. Não me lembro se isso foi antes, ou depois, do material sobre a Turquia. O fato é que quando ouvi a descrição das cenas em que o pai e o avô morreram atropelados, veio-me novamente a imagem de um *estupro anal*:

- o avô-jeca foi visitar a cidade grande e foi atropelado. Um avô-jeca é como uma criança inocente, ingênua, maravilhada com o que está vendo, e que não sabe dos perigos que corre. Como o turista desavisado na Turquia;
- o pai está tão feliz com seu sucesso e seu apartamento novo que não presta atenção. Talvez estivesse com o seu ego tão inflado quanto Oscar, ao pensar que a massagista estava realmente apaixonada por ele. Nenhum dos dois viu o perigo se aproximar.

Aqui também temos uma assimetria: de um lado um pedestre, de outro alguém que dirige um carro potente e o atropela. Para mim, "ser atropelado" evoca novamente uma posição passiva diante da sexualidade do adulto. É assim que ele representa a linhagem paterna: pouco viril, atropelada. Perdoem-me o termo forte, mas os dois homens da família "se foderam". Como sabemos, o termo popular tem um duplo sentido: literal e metafórico. O mesmo termo poderia ser usado para descrever a situação na Turquia e com o primo.

***

Perguntamos à analista sobre o que mais Oscar fala nas sessões. Ele fala de sua vida profissional. Ela vai nos apresentando material clínico ligado ao trabalho. É tanta informação que não consigo enxergar um tema, ou uma questão, ou uma forma que se sobressaia no matagal de informações.

Pergunto o que ela pensa que Oscar está tentando dizer com tudo isso. Responde que quer mostrar a ela como ele é esperto e bom nos negócios, como é inteligente e competente. Um machão nos negócios. Entendemos, então, que aqui as posições identificatórias estão invertidas. Ele, o gerente esperto, não será feito de otário. Ao contrário, é ele que faz os clientes de otários. É ele que enraba os clientes.

E isso contrasta com a contratransferência. Ela o vê como um *frangote*, um pequeno galo de briga que tenta exibir sua potência, mas desafina, como se o timbre da voz ainda adolescente oscilasse entre o grave e o agudo. Um frangote tentando parecer mais macho do que é. Vejam a imagem de uma identidade masculina ainda frágil, pouco consistente, mal estabelecida.

Nessa mesma linha, ele conta que passou dois anos trabalhando em outro país, mas a esposa não quis ir com ele. Lembra que seu chefe o questionou sobre isso. Para Oscar, o sentido era: "afinal, quem manda na sua casa, você ou sua mulher?" Para Oscar, o chefe estava colocando em questão sua masculinidade, sugerindo que a esposa é a parte ativa, e ele a parte passiva da relação.

Vemos que o tema da masculinidade ultrajada, ou de quem enraba quem, aparece nesse contexto também. Não é nenhuma surpresa. O paciente vai falar da mesma coisa até que consiga elaborar o traumático que estava latente, muito antes de a massagista aparecer.

***

No segundo encontro, uma das colegas coloca uma excelente questão: será que não poderíamos ler todo esse material na chave edipiana, em que ele se oferece, com sua sexualidade infantil, para ser penetrado pela figura paterna? Algo na linha da histeria, ou do masoquismo? Ou pelo menos na linha de uma *posição desejante passiva*? Nesse sentido, "ser atropelado" pode representar algo de ativo no sentido de *se expor ativamente ao risco*, de se expor ao perigo de ser penetrado *"sem querer, querendo"*.

1. Como vimos, há vários elementos que falam a favor de terreno não neurótico. Ele está vivendo dentro de um pesadelo. Há a intensidade da reação: quer morrer de vergonha. É um afeto em estado bruto que desorganiza o psiquismo. Também as situações descritas sugerem um abuso de poder de uma figura mais forte em relação a uma mais fraca. Há os homens da máfia russa que medem dois por dois. E o primo mais velho. E, por fim, há dois atropelamentos masculinos que resultam em morte.
2. Mas a ingenuidade com que vai sendo atraído para as situações em que vai ser abusado, e o conteúdo homossexual em todas as situações, pode indicar terreno neurótico. Poderíamos escutar aí o Édipo invertido, isto é, a posição passiva do menino que deseja ser desejado, amado e penetrado pelo pai.

Na verdade, seria uma posição desejante conflituosa: ele quer e não quer ser penetrado. Ele quer e não quer dar carona, quer e não quer ir brincar com o primo, quer e não quer ir com o bandido da Turquia. Ele resolve o conflito de maneira histérica: não sou eu que desejei, foi ele que me possuiu à força.

A verdade é que as duas hipóteses fazem muito sentido. Os dois encontros seguintes giraram em torno disso.

***

Propus, então, à analista que ela testasse a hipótese de se tratar da atuação de um núcleo neurótico, de um Édipo invertido. A ideia era investigar se há um sujeito desejante, caso em que o desejo está recalcado, mas acessível a uma interpretação. A analista poderia dizer algo como: "talvez a massagista fosse uma mulher interessante, difícil de resistir". "Talvez houvesse algum envolvimento emocional com ela"; ou: "Imagino que brincar com um primo mais velho seja tudo de bom para uma criança".

Na semana seguinte a analista volta para o ateliê dizendo que fez exatamente isso. Faz certo suspense no ateliê. O grupo está curioso para saber o que aconteceu.

Ela diz que Oscar ficou furioso. Recusou fortemente a ideia de fascínio e de envolvimento emocional com a massagista. Reiterou que foi um otário e que morre de vergonha. Quase se separou da própria esposa, a quem diz amar, por causa desta mulher, por quem agora sente ódio.

A reação furiosa sugere uma ofensa narcísica. Ou essa intervenção levantou resistências além da conta; ou ele sentiu que a analista não está percebendo a gravidade da sua situação; ou pior: sentiu que ela estava desmentindo a dimensão traumática disso tudo.

***

Um dos movimentos ricos do ateliê é que, como não temos um protocolo para a apresentação do caso, o analista fica livre para associar. Os elementos que surgem por associação são, muitas vezes, decisivos. Ainda estávamos tentando entender quem é a massagista para ele, e por que a situação despertou aquela reação.

A analista traz uma associação. Oscar usou um termo que chamou sua atenção: ele falou em "magia negra".

Oscar diz que só mesmo magia negra para explicar o inexplicável: como ficou tão à mercê daquela mulher? Se ele não percebeu nada, foi porque ela o *enfeitiçou*. Como escutar esse material?

- no nível neurótico, ele não desejou nada. Foi enfeitiçado;
- no nível não neurótico, magia negra é uma representação das forças ocultas da sexualidade, que o adulto domina, mas a criança ignora. Esse saber é usado de maneira maligna e perversa para abusar da criança.

Talvez não seja necessário escolher entre as duas hipóteses: "ele desejou/se ofereceu" ou "foi atropelado/abusado". Talvez seja as duas coisas ao mesmo tempo:

- ele se oferece, está curioso, fica tentado, excitado; quer brincar com o primo mais velho; quer conhecer a cidade na Turquia, onde foi a trabalho. Movido pela sexualidade infantil, ele vai – mesmo sabendo que não é para ir;
- mas, em vez de encontrar um adulto que respeita a interdição que pesa sobre a assimetria da relação, encontra um que atua sua própria sexualidade.

***

Eu tinha dito que Oscar estava preso dentro de um pesadelo. A massagista está mal-assombrada. Ou seja, ele está em pleno funcionamento alucinatório cabendo ao analista tentar sonhar este pesadelo. E aqui entra outro conceito fundamental: a "*rêverie*" do analista. Afetada pelo que está presente no campo intersubjetivo, a mente do analista forma imagens que nos dão acesso ao que ainda não tem representação simbólica.

Para mim, este foi o ponto alto desse ateliê. E creio que para os participantes também. Foi uma experiência emocional intensa, algo vívido, que faz a teoria se tornar viva, penetrar no nosso sangue, tornar-se parte da nossa formação, e da qual nós não esquecemos mais. Estou me incluindo nisso.

Conforme eu ouvia, uma imagem surgiu na minha mente e não me largava. Só que eu achava essa imagem tão absurda que não falei nada. Acho que foi só no terceiro encontro que eu a compartilhei com o grupo. Minha *rêverie* foi a seguinte: toda vez que a analista contava como Oscar ficava ultrajado e indignado quando falava da massagista, eu imaginava uma cena; um homem que sai com travesti achando que é mulher e que *só descobre que é um homem quando já estão na cama.*

Vejo Oscar morrendo de vergonha e levando o maior susto por ter sido pego de surpresa e não ter percebido a tempo que era um homem. Ou seria justamente o contrário? Morrendo de vergonha por ter percebido que se sentiu atraído por um homem e que usou a aparência feminina do(a) travesti como álibi, como justificativa aceitável para sair com ele(a). Assim que ouviu essa minha *rêverie*, uma das participantes do ateliê trouxe uma associação que foi essencial para entendermos como, e por que, a massagista fazia parte da série do estupro anal, literal e metafórico. A participante se referiu a um trecho do livro *Indignação*, de Philip Roth, fazendo um relato mais ou menos assim:

> *Nos anos de 1950, quando as mulheres honestas tinham que recusar aproximações sexuais, um rapaz virgem sai com uma moça da faculdade. Leva-a para passear de carro, estaciona e tenta beijá-la. Ela permite. Ele tenta passar a mão nos peitos. Ela permite. Ele fica desconcertado. Mas o realmente intolerável acontece*

> *quando ela toma a iniciativa de abrir o zíper da calça dele e fazer um boquete. Ele é pego de surpresa, goza, mas depois foge dela, horrorizado. Que tipo de mulher é essa? Na época, era inconcebível uma mulher com a liberdade sexual de um homem. Essa situação marcou sua vida para sempre.*

Essa intervenção da colega complementa minha *rêverie* sobre o(a) travesti. Oscar descobre que se sentiu atraído por uma mulher que, *para ele, de acordo com seus valores*, funciona como um homem: ela assumiu um papel ativo, masculino, enquanto ele ficou no papel passivo. Ou que se sentiu atraído por um homem, disfarçado de mulher. Essa descoberta reabre a ferida narcísica e ele morre de vergonha.

Ficou horrorizado porque estava curioso, excitado e enfeitiçado *justamente* porque a mulher tinha atitudes de homem. Foi isso que o atraiu com a força da *magia negra*. Mas Oscar não tem palavras para representar esse horror. Está a anos-luz de elaborar o que viveu, porque tudo isso está infiltrado de componentes traumáticos.

***

Nessa altura do ateliê já temos elementos suficientes para refinar a hipótese que fomos construindo passo a passo, com avanços, recuos, dúvidas, questões em aberto:

- a posição desejante de Oscar se constituiu numa configuração edipiana que desandou porque foi atravessada por um traumático que é, ao mesmo tempo, sexual e narcísico;

- o Édipo invertido – o desejo do menino pelo pai – se transformou, para ele, num ponto de grande vulnerabilidade narcísica. De tal forma que, mesmo numa relação heterossexual, ele não tolera e se "retraumatiza" caso se veja numa posição passiva;
- ele se organizou com defesas contra a posição homossexual passiva. Sempre foi um "galinha". Até que surge a massagista. Ele pensava que estava sendo o *fodão*, mas descobriu que ele estava sendo o *fodido*.

***

No quarto e último encontro, pudemos ressignificar vários elementos que já indicavam que a massagista foi vivida como um homem disfarçado de mulher:

- foi a massagista que o abordou pedindo carona. Ele estranhou a atitude, mas aceitou – provavelmente porque *gostou da posição ativa dela*;
- durante 8 meses, ele e a massagista nunca transaram. Eles iam para um bar tomar cerveja e jogar conversa fora, como se ela fosse um amigo de bar. Só faltava falarem de futebol;
- o caso terminou quando ela disse "Não posso te prometer nada porque sou casada". Era ela que dava as cartas. Ele se viu numa posição passiva, tipicamente feminina aos olhos dele;
- agora o significante *traição* faz todo o sentido. Não tem nada a ver com ter traído a esposa e sim com ter sido traído pela massagista, que era um homem em pele de mulher.

De que maneira fui (trans)formada por esse ateliê?

Partimos de reação desproporcional de Oscar, que estava literalmente "morrendo de vergonha", o que indicava a presença de um terreno traumático ligado à identidade sexual masculina. Em algum momento, uma das participantes sugeriu que o mesmo material poderia ser lido no nível neurótico, como uma atuação da sexualidade infantil. De algum modo, ele se oferece para ser enrabado a partir de um desejo que, no entanto, não pode ser simbolizado nem integrado. E, de fato, as duas escutas nos acompanharam ao logo dos dois últimos encontros.

O que acabamos por entender é que o terreno, talvez predominantemente neurótico, é atravessado por uma fenda, uma *fissura*, um ponto de fragilidade narcísica de natureza não neurótica. Oscar organizou defesas que lhe permitiram tocar a vida. Contudo, elas ruíram no encontro com a massagista. Ele caiu nesta fenda geológica, neste poço, que não estava visível até então.

Uma boa parte do trabalho foi de tentar entender o que essa massagista representava de tão ameaçador para o seu narcisismo. O que foi ficando mais claro é que há mesmo elementos neuróticos e não neuróticos amalgamados. A posição passiva, normal, amorosa, do menino em relação ao pai, se complica tremendamente com o traumático de ser "atropelado" pela sexualidade do adulto. Desse modo, a posição passiva, mesmo que seja na relação com uma mulher, acorda o traumático. Afetos não integrados, como a vergonha e a humilhação narcísica, voltam a assombrá-lo.

Outra coisa que aprendemos neste ateliê foi o papel fundamental da *rêverie* para sair de certos impasses da escuta analítica. Tivemos a experiência intelectual e emocional de "sonhar o pesadelo" do paciente, ou como diz Ogden em *Esta arte da psicanálise* (2009), seus "gritos interrompidos". Encontro em seu livro *Reverie e interpretação* uma citação que sintetiza uma parte importante do nosso processo ao longo dos quatro encontros.

> *Considero a reverie um evento simultaneamente pessoal/privado, e intersubjetivo . . . Paradoxalmente, apesar de o analista sentir suas reveries como privadas e pessoais, é enganoso vê-las apenas como suas criações próprias. Elas são, ao mesmo tempo, construções intersubjetivas inconscientes criadas pelo terceiro analítico. (Ogden, 2013, pp. 146-7)*

Referências

Ogden, T. (2009). *Esta arte da psicanálise*. Artmed.

Ogden, T. (2013). *Reverie e interpretação*. Escuta.

10. Estilos do psicanalista: tradição e inovação

Nelson Ernesto Coelho Junior

Introdução

O estilo do psicanalista tem sua origem com Freud e seu modo de pôr em prática um método e uma técnica que consagraram um modelo clínico característico da psicanálise. A partir das regras fundamentais da associação livre e da atenção igualmente flutuante, estabeleceu-se um *setting* psicanalítico relativamente estável e, acima de tudo, um estereótipo da prática psicanalítica que inundou o imaginário do século XX. Paradoxalmente, no entanto, Freud concebia a possibilidade de flexibilização do *setting* em função da personalidade de cada analista. Os riscos da flexibilização, mesmo consideradas as exigências da neutralidade e da abstinência do analista, sempre preocuparam Freud e seus seguidores. Assim, penso que parte da história da psicanálise pode ser considerada a partir dos impasses entre a fidelidade estrita a um estilo criado por Freud (a *tradição*) e as inevitáveis *inovações* exigidas tanto pelas peculiares personalidades de cada psicanalista como pelas transformações nos quadros psicopatológicos dos pacientes atendidos pelas diferentes gerações de psicanalistas.

Essas considerações exigem que se faça, inicialmente, uma diferenciação entre a noção de estilo e a noção de técnica psicanalítica. Acompanho Thomas Ogden (2009), na discussão que propõe a partir da ideia de que "importantes aspectos de meu modo de praticar psicanálise são mais bem descritos como estilo analítico do que como técnica analítica" (p. 70). Embora admita que técnica e estilo são praticamente inseparáveis, Ogden refere-se à técnica analítica como uma forma de praticar a psicanálise, desenvolvida por grupos de analistas que nos precederam e o estilo como a criação de cada analista. Desse modo, para ele, o estilo de um analista não pode ser definido como um conjunto de princípios que determinam uma prática, mas "como um processo vivo que tem sua origem na personalidade e na experiência do analista" (Ogden, 2009, p. 70).

Para traçarmos o horizonte da prática psicanalítica, ou melhor, do fazer cotidiano de cada analista, pode ser útil, portanto, considerar duas dimensões distintas na constituição do que poderíamos chamar de *estilo* do psicanalista:

- a *tradição* – nessa dimensão cada psicanalista é marcado e até certo ponto determinado pelas forças da cultura. São as "condições prévias" que constituem as possibilidades de interpretar e agir no mundo;
- a *inovação* – nessa dimensão cada psicanalista, em sua diferença, procura explorar de maneira pessoal as heranças compartilhadas.

Boa parte dos modos, usos e costumes dos psicanalistas são inconscientes e têm sua origem em identificações que permitem que os analistas funcionem de maneira prática e mais ou menos coerente. Mas, considerando as identificações e introjeções pelas quais tem que passar o psicanalista em sua formação, talvez coubesse perguntar quando chega o momento de dar vazão a criações inovadoras que rompam com a tradição introjetada. Contudo, talvez, essa seja uma questão destituída de sentido, já que toda criação parte de uma tradição e, nessa perspectiva, não se opõe a ela. Por sua vez, a tradição só é revivida e transmitida quando existe a possibilidade da criação de um *estilo*, que é simultaneamente original e resultado da presença da tradição em cada novo agir.

A tradição, em nosso caso, deve abranger fundamentalmente o solo do qual a psicanálise (e cada psicanalista) recebe os nutrientes que a fazem ser o que é. E isso, para além das regras de fundação e de funcionamento que a própria psicanálise procura estabelecer para si. A partir da linhagem de Heidegger e Gadamer, podemos pensar no *solo cultural*, no *caldo de cultura* que nos antecede e nos alimenta, como uma pré-estrutura existencial, como o horizonte de cada prática, de cada teoria e de cada analista. Porém, sempre podemos caminhar em direção ao horizonte e ele se desloca conosco. E, desse ponto de vista, tanto a psicanálise como a tradição na qual está inserida contêm seu próprio horizonte. Ao trabalharmos, o nosso horizonte está em constante processo de formação, colocando à prova os nossos preconceitos no encontro com o passado e exigindo a compreensão de partes de nossa tradição, sem a qual não existimos. É claro, por outro lado, que o excesso de "apego" (consciente ou inconsciente) à tradição faz que um analista fique paralisado na espessa trama da familiaridade, que é a impregnação do hábito, doença possível quando o horizonte, além de próximo demais, se torna fixo no tempo e no espaço.

A inovação, por sua vez, busca se revelar em cada tentativa original de expressão. Mas sua base ou o seu "solo não pode ser confundido com algo como "a identidade do analista". É a partir de um extrato pré-subjetivo (a tradição, no sentido apresentado previamente) que a própria subjetividade do analista virá a se assentar em seu esforço por construir inovações. Além da tradição, como campo pré-subjetivo, podemos pensar no "corpo próprio", como sugere Merleau-Ponty, que é o que há de mais originário no sujeito, revelando-se como um suporte espaçotemporal do Eu. Não custa lembrar, porém, que a subjetividade só se efetiva na *intersubjetividade* que, por sua vez, será sempre primeiro e constantemente uma *intercorporeidade*. É deste nível primeiro e constitutivo, que envolve em última instância uma mútua constituição intercorpórea, que emerge, a meu ver, a possibilidade criativa. A força criativa que sustenta uma inovação não encontra seu motor original nem em um determinismo psicológico nem em uma causalidade física. A inovação, nesse sentido, emerge de formas singulares de relações intercorpóreas que ocorrem em um campo banhado pela tradição. Munido de algumas ideias organizadoras acerca da tradição e inovação, passo ao tema central: o *estilo do psicanalista*, inicialmente por meio de um desvio pela noção de sublimação.

Estilo e sublimação

O analista em seu trabalho clínico cotidiano realiza e, talvez até mesmo, impõe sobre si uma certa forma de contenção, uma certa tentativa de canalização contida, que acompanha a regra de abstinência exigida do analisando. Da mesma forma que o analisando deverá se abster de formas "concretas" de expressão e realização dos desejos (tanto em suas versões sexuais quanto agressivas), também o analista deverá ser capaz de evitar *actings in*, assim como, a princípio, evitar a própria expressão verbal desses desejos, o que não é vedado ao paciente. O analista, em suas interpretações e construções, no entanto, faz mais do que apenas um trabalho de contenção. Há, em processo, diferentes níveis de criação ou de construção de realidades que, acompanhando as ideias de Loewald (1988), precisariam ser articulados à noção de sublimação. Para Loewald, a sublimação não precisa ser compreendida exclusivamente como defesa e como um processo por meio do qual é possível reunir elementos psíquicos que foram separados pelo recalque. Uma vez não sendo entendida apenas como uma defesa, a sublimação passa a referir-se também a processos básicos do psiquismo e não apenas os mais tardios, como seriam certos processos defensivos e como seria a reunião de elementos separados pelo recalque. A ideia central é que, por meio da sublimação, *unicidades originais* (níveis precoces de integração) são resgatadas – unicidade entre ego e realidade, entre experiência e palavra, entre a dimensão sexual e a não sexual.

As defesas, na direção contrária, são processos caracterizados pelo jogo conflitivo de forças opostas, no qual se separa aquilo que originariamente esteve unido ainda em estado de indiferenciação. A sublimação corresponde, portanto, a processos caracterizados pela harmonização de forças e, como tal, ela é canalização e organização da vida pulsional, construção do psiquismo e da realidade. Nos processos sublimatórios, como as realizações culturais e a relação analítica, há uma apropriação de si mesmo e da realidade externa pelo sujeito, de modo a instaurar ou reinstalar uma relação significativa *self*-mundo. A realidade, nesse contexto, não é criada e tampouco simplesmente investida pelas pulsões. Há uma participação efetiva dos elementos da assim chamada realidade externa que oferecem meios pelos quais a experiência psíquica inconsciente pode ganhar forma.

Nesta linha de raciocínio, caberia colocar a questão se os pensamentos, as elaborações e as intervenções do analista, durante uma sessão, também devem ser consideradas necessariamente processos sublimatórios. Seguindo esse caminho, precisaríamos considerar o *estilo* de um analista resultado de sua capacidade sublimatória?

Maurice Dayan (1980) em *L'arbre des styles (La Psychanalyse prise au mot)*, afirma que o estilo psicanalítico é definido pela correspondência entre uma prática de escuta e interpretação e a formação de um texto escrito concebido para refletir esta prática e para justificá-la, situando-a no corpo teórico que produz uma visão de conjunto dos processos psíquicos de interesse da análise. Até aqui podemos aproximar a construção do estilo de um analista dos diferentes atos sublimatórios envolvidos no amplo trabalho a que ele se dedica, da clínica à escrita desta. Se olharmos mais para a clínica do que para a teoria, pode-se dizer que a partir das regras fundamentais da associação livre e da atenção igualmente flutuante, criou-se o *setting* psicanalítico que conhecemos. Entre uma certa estabilidade do *setting* e o movimento de inovação sustentado na tradição, como propus, surgiria o *estilo do analista.*

Para avançar nessa questão, gostaria de partir da concepção de estilo sugerida por André Malraux (1949, p. 152), ou seja, pensar o estilo como uma *deformação coerente* e, a partir de Merleau-Ponty (1960, p. 168), que critica e procura complementar a noção proposta por Malraux, pensar o estilo como intersubjetivo. Merleau-Ponty articula o estilo à percepção e faz de cada ato perceptivo uma estilização do mundo, apreendida pela percepção de outrem.

Para Merleau-Ponty, é possível recusar, sem nenhuma perda, tanto vitalismos reducionistas, quanto determinismos de tipo idealistas em uma tentativa de delinear a fonte das características do estilo. Ou seja, nada será acrescentado de interessante ao tema se partirmos seja da ideia de que o que sustenta e funda o estilo é uma força vital intrínseca à natureza humana, seja se considerarmos que o que funda e sustenta um estilo é uma ideia transcendente ou uma "alma", que em cada indivíduo determinaria um estilo, ou mesmo a possibilidade de ter um estilo reconhecível como tal. A noção de "dom" curiosamente oscila, em diferentes definições, entre esses dois polos, aqui recusados. Merleau-Ponty estudou a formação do estilo em dois pintores, colocando à prova as noções acima apontadas. O primeiro exemplo é o de El Greco: os corpos e rostos alongados em suas pinturas não devem sua marca estilística a uma "explicação fisiológica" (como se sabe, El Greco sofria de astigmatismo):

> *Quando particularidades corporais irremediáveis são integradas ao conjunto de nossa experiência, cessam de ter em nós a dignidade de causa. A anomalia visual pode receber, pela mediação do artista, uma significação universal e tornar-se para ele ocasião de perceber um dos "perfis" da existência humana . . . No limite, a perturbação visual suposta de El Greco foi conquistada por ele e tão profundamente integrada à sua maneira de pensar e de ser que aparece enfim como a expressão necessária de seu ser, muito mais do que como uma particularidade imposta de fora. Não é mais paradoxo dizer que "El Greco era astigmata porque produzia corpos alongados". (Merleau-Ponty, 1942/1975b, p. 218)*

Aqui o estilo começa a surgir como uma "liberdade em situação". Não se trata de colocar o estilo como elemento humano descolado de suas raízes biológicas e culturais. Não há estilo senão na intersecção entre o que somos biologicamente, o que fazemos com a tradição da qual emergimos e nossa forma de recriar o mundo por gestos de inovação. Ou seja, incorporamos as marcas (até mesmo físicas) que recebemos e as transformamos, por inovação, em uma forma singular de enxergar e viver nosso enraizamento no corpo, no mundo e na relação com os outros.

O segundo exemplo é o de Cézanne: mais uma vez Merleau-Ponty busca escapar das explicações deterministas em sua clássica análise da obra e da vida de Cézanne. Impulsionado por uma suposta esquizoidia,

Cézanne teria construído uma obra que em tudo seria a expressão de sua doença. Contra essa posição, recorrente em alguns críticos de arte contemporâneos de Cézanne, Merleau-Ponty retomará as marcas da vida desse artista para recolocá-las em outro contexto.

> *Assim, as "hereditariedades", as "influências" – os acidentes de Cézanne – são o texto que, de sua parte, a natureza e a história lhe doaram para decifrar. Proporcionaram apenas o sentido literal da obra. As criações do artista, como, aliás, as decisões livres do homem, impõem a este dado um sentido figurado que antes delas não existia. Se nos parece que a vida de Cézanne trazia em germe sua obra, é porque conhecemos sua obra antes e vemos através dela as circunstâncias da vida, carregando-as de um sentido que tomamos à obra. (Merleau-Ponty, 1948/1975a, p. 311)*

Merleau-Ponty leva esta ideia às últimas consequências, praticamente invertendo a proposição habitual, psicologizante, que busca fazer a vida explicar a obra:

> *é certo que a vida não explica a obra, porém certo é também que se comunicam. A verdade é que esta obra a se fazer exigia esta vida. Desde o início, a vida de Cézanne só encontrava equilíbrio apoiando-se na obra ainda futura, era seu projeto e a obra nele se anunciava por signos premonitórios que erraríamos se os considerássemos causas, mas que fazem da vida e da obra uma única aventura. (Merleau-Ponty, 1948/1975a, p. 311)*

Não há uma causa para um estilo. O estilo aparece aqui como a construção possível e necessária de uma série quase infinita de elementos. É a transformação de heranças segundo as circunstâncias e as exigências colocadas por uma vida.

> *O artista, segundo Balzac ou Cézanne, não se contenta em ser um animal cultivado, assume a cultura desde o começo e a funda de novo, fala como o primeiro homem falou e pinta como se nunca houvesse pintado. A expressão não pode ser então a tradução de um pensamento já claro, pois os pensamentos claros são os que já foram ditos em nós pelos outros. (Merleau-Ponty, 1948/1975a, p. 310)*

Para que não se confunda a inovação e, por decorrência, o estilo com a expressão de elaboradas e supostamente geniais interpretações que já nascem acabadas e definitivas em nossas mentes (como parecem acreditar alguns analistas), recorro a esta citação de Merleau-Ponty, que não poderia ser mais precisa.

Um pouco antes, no mesmo texto, citando Frenhofer, Merleau-Ponty (1948/1975a) sugere que "o artista é aquele que fixa e torna acessível aos mais 'humanos' dos homens o espetáculo de que participam sem perceber" (p. 310). *Quantos analistas não sonharam em ser artistas?*

Gostaria de apresentar, a seguir, uma discussão em torno do que ficou conhecido como o *affair* Masud Khan, em que uma possível interpretação ingênua e extremada da noção de estilo do psicanalista talvez possa ser posta à prova.

O caso Masud Khan: o estilo e seus limites na psicanálise

O que vale para a arte, vale para a psicanálise? Até que ponto o estilo, por si só, como marca de uma inovação que torna viva a tradição, pode ser "praticado" sem risco?

Embora a arte almeje o público e, portanto, uma ética da expressão artística, pode e deve ser pensada (aqui é o ponto de encontro da estética com a ética); o estilo na prática psicanalítica tem por seu necessário limite o paciente e seu sofrimento psíquico. É frequentemente dito, com precisão, que a prova de amor de um analista por seu paciente está no respeito e manutenção das fronteiras e do enquadre. Mas, não raro, temos sido confrontados com relatos de análises em que analistas se expõem e trazem elementos de sua vida para dentro das análises pelas mais diversas razões, rompendo limites, alargando fronteiras e muitas vezes desfazendo necessários enquadres, gerando seduções e, finalmente, rupturas a uma necessária regra de abstinência. Lutando contra "superegos" impostos pelas técnicas clássicas de análise, alguns analistas dizem buscar a liberdade de seus próprios estilos, apostando em uma suposta autenticidade e espontaneidade como melhor forma de conduzir análises. De Ferenczi a Khan, a história da psicanálise está repleta de geniais inovadores, mas também de analistas com muita dificuldade para elaborar amor e ódio na contratransferência. Será que o estilo em psicanálise, por outro lado, pode ser reduzido à psicopatologia do analista, ou à ausência de uma análise pessoal bem realizada?

A experiência de self disclosure no limite do estilo

Masud Khan talvez tenha sido o exemplo mais extremo de um analista que em nome de um estilo (e de uma técnica supostamente desenvolvida a partir de seu aprendizado com Winnicott) teria invadido e prejudicado a vida psíquica de muitos de seus pacientes. Para além do fato já fartamente revelado dos casos amorosos que teve com várias de suas pacientes, a publicação em 2001 do artigo "Saving Masud Khan", por Wynne Godley (seu ex-paciente), no

London Review of Books, trouxe à tona seu modo pouco ortodoxo de conduzir análises e de se relacionar socialmente com pacientes. Pretendo, a seguir, retomar alguns aspectos do trabalho e da vida de Masud Khan para desenvolver, a partir de um exemplo extremo, a noção de estilo e seus limites no contexto da psicanálise.

Khan, curiosamente, parecia saber o que buscar como modelo de um estilo analítico, já que reconhecia em outros analistas qualidades que valorizava. Escrevendo sobre Anna Freud (com quem tinha feito psicoterapia depois da morte de Winnicott), afirma que ela "tinha a capacidade de ir ao encontro do outro, sem cumplicidade".[1]

Difícil saber se Khan não conseguia ser um analista como os outros, se precisava sempre colocar algo de seu, algo pessoal, de sua vida pessoal com cada paciente e esse era seu método, ou se ele só "escolhia" pacientes que precisavam de suas intervenções ativas. O fato é que quanto mais aparecem relatos que dão conta da forma como Khan trabalhava,[2] mais há indicações de seu "estilo", principalmente na fase final de sua vida, que parecem sugerir pouco respeito pelo direito e pelas necessidades dos pacientes em ter sua privacidade respeitada.

É fundamentalmente a partir de 1985 que Khan passa a escrever seus textos (em geral publicados pela primeira vez na *Nouvelle Revue de Psychanalyse*, sob os auspícios de J. B. Pontalis) em um estilo solto, sem jargões e com inserções *autorrevelatórias*, como aponta Willoughby.[3] A presença cada vez maior de passagens autorrevelatórias nos textos culmina com a publicação

---

[1] "has the capacity to meet the other, without complicity". Khan, M. *apud* Willoughby (2005, p. 212).

[2] Recomendo aos interessados a excelente biografia escrita por Linda Hopkins (2006). *False self: the life of Masud Khan*. Other Press.

[3] Willoughby, 2005, p. 225.

do livro *Quando a primavera chegar: despertares em psicanálise clínica* (1988), que acabou por motivar sua expulsão da Sociedade Britânica de Psicanálise.

Para além do grande impacto causado por uma posição antissemita, o livro trazia as marcas de um analista cansado de combater e confrontar valores que dizia não serem os seus. Aparentemente, tratava-se de um cansaço com relação aos modelos cada vez mais rígidos propostos pelos comitês diretores da IPA quanto a como ser analista, como se comportar como analista etc. Há a suspeita de que Khan chega a construir situações clínicas mentirosas para aumentar o impacto dos relatos publicados nesse seu último livro. No entanto, talvez algo mais tenha se tornado insuportável para Khan; no caso, a diferença intransponível de *culturas*. De um lado sua tradição paquistanesa e islâmica (que a estas alturas ele hiperinflava, exigindo que fosse tratado como "Prince Raja Mohammad Masud Raza Khan of Minhas", príncipe herdeiro de uma grande linhagem que teria suas origens entre os persas, no século XIV) e de outro as marcas de uma burguesia europeia e, em grande medida, judaica. As relações aqui entre tradição e inovação chegam ao seu ápice e não são irrelevantes. É claro que os seus biógrafos reconhecem como períodos em que fortes defesas maníacas predominaram, ao lado do pesado hábito alcoólico de Khan e de seu talento (de caráter duvidoso) para construir elaboradas mentiras, dificultam uma análise mais isenta de sua história como teórico e analista de grande sucesso e as dificuldades e os fracassos que se seguiram. Mas, sem dúvida, Khan foi um exemplo extremo do conflito entre diferentes tradições culturais e a necessidade (pessoal e de uma época; anos de 1960 em Londres) de grandes inovações.

Voltemos, assim, a alguns dados biográficos de Khan que podem nos ajudar no avanço dessa análise.

No início de sua carreira como analista em Londres, parte de seu sucesso teria sido atribuído ao fato de ter uma aparência e um estilo que muito contrastava com a aparência habitual dos analistas da Sociedade Britânica. Khan era alto (praticamente dois metros), magro, muito moreno e se vestia sempre com algum elemento dos trajes paquistaneses típicos, insistindo em sua origem aristocrática, ao passo que os outros analistas seriam, segundo ele, pequenos burgueses brancos, baixos e, na sua maioria, de origem judaica. Além disso, Khan fazia questão de exibir sua sólida cultura e conhecimento da melhor literatura ocidental e sua boa inserção social na elite artística e financeira inglesa e europeia (casou-se, em seu segundo casamento, com a primeira bailarina do Royal Ballet de Londres, Svetlana Beriosova, e por meio de suas relações tornou-se íntimo de personalidades como Sir Michael Redgrave – vizinho de apartamento; Julie Andrews, Henri Cartier Bresson, Julie Christie, Mike Nichols, Rudolf Nureyev e François Truffaut. Nesta época – de 1959 a 1970 – passava o mês de julho, em férias, todos os anos no Hotel Paris, em Monte Carlo, sempre presente nas maiores festas e eventos do verão da Côte D'Azur).

Khan defendia sua técnica analítica (de maior contato e com ênfase nas experiências pré-verbais) em oposição à técnica padrão prezada pela IPA, que desencorajava formas de autorrevelação por parte do analista em nome de uma posição neutra e de abstinência. Khan foi sempre criticado por seus inegáveis excessos (inclusive de bebida alcoólica), mas parece também inegável que havia por parte do *establishment* psicanalítico muita dificuldade em suportar a diversidade cultural e a radical alteridade representada por Khan. Após sua morte, diversos analistas[4] escreveram sobre o *affair* Khan, em geral o tomando como ótimo exemplo de um analista que transgrediu e fracassou em seu ofício por ter adoecido e por

---

[4] Por exemplo, André Green ("Addendum to lecture – Conjectures about Winnicott's unconscious counter-transference in the case of Masud Khan, in the light of the Wynne Godley case". In *Play and reflection in Donald Winnicott's writings*. Karnac, pp. 29-38).

ter sido mal analisado. Willoughby[5] vê nestes textos o velho hábito do *establishment* psicanalítico de *psicopatologizar* seus dissidentes.

E aqui encontro mais um ponto que gostaria de tratar neste breve texto: a relação entre estilo e psicopatologia no estudo da obra e da biografia dos grandes psicanalistas. Espero que já esteja claro que acompanho Merleau-Ponty no que diz respeito à ideia geral de que o estilo não encontra sua "causa" em um determinismo, seja ele de ordem, aqui no caso, psicopatológica, seja de ordem cultural, biológica, étnica ou econômica. Mas temos que admitir que sempre foi e continua a ser tentador reduzir o estilo à psicopatologia, em particular em casos extremos como o de Masud Khan. Porém, o que ganhamos com isso?

Será que esse tipo de posição não tende a criar modelos de formação de psicanalistas que acabam por confundir estilo com quadro psicopatológico, de modo que não precisemos questionar em profundidade um tema tão importante? A recusa da variação de estilo, em seu extremo, não acompanha a recusa pelo reconhecimento da alteridade, gerando fortes linhagens preconceituosas e sectárias em nosso meio? E, também, essa recusa, não acabaria por dar importância, exclusivamente, a uma tradição "congelada", gerando a impossibilidade de inovações e, em última instância, de estilos? Em psicanálise, acredito que o estilo, mais do que em outras áreas, tem seu limite na ética, ou melhor, não acredito que se possa pensar o estilo de um analista desconectado da ética. Entretanto, aqui, uma vez mais,[6] parece-me importante diferenciar claramente ética (entendida como abertura, respeito, resposta e propiciação ao outro, no sentido dado por Lévinas) e moral (um código de prescrições e proibições).

---

[5] Willoughby, 2005, p. 241.

[6] Cf. Figueiredo e Coelho Junior, 2008.

É claro que não há como desresponsabilizar Masud Khan e muito menos desculpá-lo pelas ações destrutivas e desastrosas que teria cometido. Tampouco parece possível explicá-las por meio das dificuldades das instituições psicanalíticas ou pelas necessidades do *establishment* psicanalítico de psicopatologizar seus membros menos adaptados às regras, modos e costumes estabelecidos pela tradição. Trata-se, a meu ver, de colocar em discussão a ideia do estilo dos psicanalistas e de qual é o limite desta ideia.

Devemos ou não aceitar que cada analista possui um estilo e que esse fato pode ser benéfico para a psicanálise como prática clínica e forma de conhecimento? No caso de Khan, devem-se imputar a seu estilo as barbaridades ocorridas? E, por outro lado, em função de possíveis extremos devem as instituições de formação em psicanálise inibir e coibir toda e qualquer tentativa de inovação da tradição, da formação de estilos próprios de cada analista, nos termos discutidos anteriormente? Voltando às ideias de Ogden (2009) que mencionei no início deste artigo, vale insistir que "nem todo estilo que um analista pode adotar é analítico e nem toda forma de praticar psicanálise carrega a marca única (o 'estilo') do analista" (p. 70).

Ogden sugere que a ideia de um estilo analítico coloca uma ênfase maior, do que o conceito de técnica analítica, no papel de quatro elementos:

- o uso e capacidade do analista de falar a partir das qualidades singulares de sua personalidade;
- o uso que o analista é capaz de fazer de suas experiências como analista, como criança, pai, mãe, professor, estudante, amigo etc.;
- a capacidade de cada analista de trabalhar apoiado, mas de modo independente, nos modelos que lhe foram transmitidos por seu(s) analista(s), supervisores, professores etc.;

- a responsabilidade do analista em inventar a psicanálise (redescobrir a psicanálise) com cada paciente.

Como Ogden, entendo que o estilo do analista é um modo particularmente vital, e sempre em mudança, de se estar consigo mesmo e com cada paciente.

Concluo, retomando as ideias de Merleau-Ponty. A autenticidade do estilo, para Merleau-Ponty, é diretamente proporcional à sua espontaneidade e, na mesma medida, é inversamente proporcional à sua ostentação. Ou seja, aquele que imita a si mesmo, que mimetiza seu próprio estilo, acaba por se tornar uma *caricatura* de si mesmo. O estilo nunca é uma conquista definitiva, desse ponto de vista. Quando pensamos que temos um estilo e procuramos reconhecê-lo em cada ato, em cada fala, em cada expressão, acabamos de perder o estilo. É neste sentido que Merleau-Ponty afirma que o estilo é uma realidade intersubjetiva, que só se efetiva pela percepção de um outro.

Referências

Dayan, M. (1980). *L' Arbre des Styles*. Aubier Montaingne.

Figueiredo, L. C., & Coelho Junior, N. (2008). *Ética e técnica em psicanálise* (2a ed.). Escuta.

Godley, W. (2001). Saving Masud Khan. *London Review of Books*, *23*(4), 5-7.

Green, A. (2019). Addendum to lecture – Conjectures about Winnicott's unconscious countertransference in the case of Masud Khan, in the light of the Wynne Godley case. In A. Green, *Play and reflection in Donald Winnicott's writings*. Karnac.

Loewald, H. (1988). *Sublimation: inquiries into theoretical psychoanalysis.* Yale University Press, 1988.

Hopkins, L. (2006). *False self: the life of Masud Khan*. Other Press.

Malraux, A. (1949). *La création artitisque* (p. 152). Albert Skira.

Merleau-Ponty, M. (1960). *Signes* (p. 168). Gallimard.

Merleau-Ponty, M. (1975a). A dúvida de Cézanne. In M. Merleau-Ponty, *Merleau-Ponty, Série "Os Pensadores"*. Abril. (Trabalho original publicado em 1948)

Merleau-Ponty, M. (1975b). *A estrutura do comportamento.* Interlivros. (Trabalho original publicado em 1942)

Ogden, T. (2009). Elements of analytic style: Bion's clinical seminars. In T. Ogden, *Rediscovering Psychoanalysis.* Routledge.

Willoughby, R. (2005). *Masud Khan: the myth and the reality.* Free Association Books.

11. O desejo de saber e o desejo de analisar

Paula Regina Peron

Para início de conversa

Recentemente fomos informados sobre a abertura de um bacharelado em psicanálise, o que gerou estranheza, repúdio e movimentação do campo psicanalítico brasileiro, que luta há anos para sustentar a não regulamentação.[1] Em um comunicado de 20 de fevereiro de 2022, o *Movimento Articulação*, que reúne mais de 45 entidades brasileiras de psicanálise, enfatiza o rigor ético e lógico do nosso campo, que implica uma formação constante e singular não definida por diretrizes acadêmicas e curriculares. Discutirei algumas contribuições sobre tal rigor e seus impasses, pretendendo assim participar dessa importante e reatualizada discussão sobre a formação dos psicanalistas. Escolhi problematizar a transmissão teórica da psicanálise por minha implicação, mas também porque há muitos aspectos do problema da formação a

[1] Cf. matéria disponível em: https://appoa.org.br/movimento/manifesto/1939 (Acesso em abril de 2022).

considerar e algum recorte é necessário. Antes disso, algumas considerações breves sobre a difusão da psicanálise.

Há alguns anos no campo brasileiro, a psicanálise é cooptada por associações religiosas, políticas e com foco financeiro, que procuram vendê-la à sua maneira, ocasionando uma profunda distorção de seus princípios. Isso revela efeitos da difusão da psicanálise e estabelece que nosso trabalho para sustentá-la de maneira ética dá-se internamente ao campo, mas também externamente. A opção por uma não regulamentação oficial deixa-nos a tarefa de constantemente examinar as regras implícitas e os acordos habituais em nossas comunidades psicanalíticas e a forma como colaboramos para difundir a psicanálise.

Notas sobre a difusão e institucionalização da psicanálise

Na história da psicanálise, não são novas as ponderações quanto aos desdobramentos da disseminação das teorias e das práticas psicanalíticas. Freud apresentava ideias negativas quanto à difusão e transmitia a noção de que qualquer aceitação geral da psicanálise seria uma "falsa aceitação", e a "aceitação parcial" seria um ataque ou uma profunda *distorção* a nossa disciplina (Figueira, 1994).

Parece-nos que na primeira geração de psicanalistas não foi encontrada solução para esses impasses, como coloca ainda Sérvulo Figueira:

> *Freud e os psicanalistas que o seguiram não desenvolveram uma teoria psicanalítica que lidasse com (e se responsabilizasse pela) a difusão da psicanálise e os problemas nela envolvidos; os problemas e questões*

> *associados ao processo de difusão psicanalítica não são propriamente reconhecidos como problemas e questões psicanalíticos. (1994, p. 17)*

Atualmente não desconhecemos mais as questões psicanalíticas derivadas dos processos de difusão, e este livro serve de evidência do nosso atual engajamento a esse respeito, que embora não possamos chamar de novo, ganhou enorme fôlego em vista dessa discussão. O cenário atual chamou os psicanalistas a reconhecerem a inevitabilidade da faceta política de suas posições, o que incluiu retomar o problema da formação e provocou uma participação ativa dos psicanalistas, localizando-nos em nossa cultura e sociedade de maneira explícita. No entanto, ainda há muito chão pela frente, e a temática da formação vai ganhando novos impasses e direções, que exigem nossa responsabilidade.

Sabemos que a criação da Sociedade Psicanalítica de Viena em 1908 estabeleceu um estatuto formal para o grupo freudiano e lançou as bases para a internacionalização do movimento. A partir daí, Freud fez esforços para amadurecer a ideia de uma instância internacional centralizadora e reguladora, o que culminou na proposição da Associação Psicanalítica Internacional, a IPA, por Ferenczi, no Segundo Congresso de Psicanálise em Nuremberg, em 1910. Com a criação da IPA, "a psicanálise deixava de ser um *movimento* de vanguarda para tornar-se uma *instituição*" (Kupermann, 1996, p. 54). A associação psicanalítica inicial já apresentava impasses: "Percebe-se que, desde o início, a metáfora da guerra está presente no campo psicanalítico, e que o tom bélico assumido por Freud em 1914 já se encontrava na origem da fundação da IPA" (Kupermann, 1996, p. 50). Na fundação, Ferenczi diz que até ali os psicanalistas operaram em uma "guerra de guerrilha" (Ferenczi, 1911, p. 147), sem direção e unidade tática, com vantagens para o desenvolvimento de novas ideias, mas com inconvenientes da proliferação de tendências individuais e de posições científicas isoladas às custas do interesse comum e das teses centrais (Ferenczi, 1911).

No livro *Transferências cruzadas: uma história da psicanálise e suas instituições*, Daniel Kupermann acentua os dois pontos centrais tratados por Ferenczi na proposição inaugural: "questionamento dos *meios de luta* empregados na difusão e proteção da 'causa' psicanalítica, e exame crítico da *patologia das associações*" (Kupermann, 1996, p. 50). Associados, os psicanalistas expunham seus sintomas e evidenciavam as contradições da formação:

> *O saber psicanalítico só pode ser transmitido a partir da experiência de uma análise pessoal, o que vincula saber e prática: como consequência, está embutida nessa proposta a ideia de que a transmissão da psicanálise é regulada pela transferência, e que a transferência (a Freud) seria o melhor instrumento para evitar "adulterações teóricas" com base em complexos pessoais. O malogro que se tornaria crônico num futuro próximo, quando da padronização da formação psicanalítica em institutos, seria a utilização da transferência necessária a toda análise como instrumento alienante para doutrinação teórica e política. (Kupermann, 1996, p. 64)*

O tema ferencziano dos limites da análise pessoal na formação vem sendo debatido e é de fundamental importância. Sabemos da importância da formação que inclui o estudo teórico, a supervisão e a análise pessoal e que "são, todos os três, processos com características próprias, às vezes quase paradoxais" (Jordão, 2022, p. 2). Um dos aspectos a discutir poderia ser, como menciona Jordão (2022, p. 7), a "qualidade, amplitude e profundidade do conhecimento teórico do analista em formação". Focalizarei em alguns paradoxos acerca do estudo teórico, dentre tantos aspectos espinhosos na questão da formação de analistas. O estudo teórico, no campo da transmissão e formação psicanalíticas, também exige nossa ética.

O risco do brilho teórico e alienação dos analistas: contribuições a partir de Piera Aulagnier

> *Não há um modelo perfeito e imutável de uma sociedade psicanalítica, sonho ao qual devemos renunciar. (Aulagnier, 1990, p. 99)*

Ainda em 1911, Ferenczi chama nossa atenção para os efeitos da organização, presa das patologias edípicas e familiares, da obediência cega, fórmulas ocas, amor e ódio pelo pai, afeição e inveja entre irmãos. Ele nos apresenta uma utopia mais descentralizada, com maior liberdade individual, com controle da inveja entre os pares e divisão do trabalho (Ferenczi, 1911).

Ferenczi evidencia que o analista pode doutrinar, a partir de um suposto lugar fálico e onipotente. Essa transferência coloca-se também nas relações de um(a) analista em formação com os(as) analistas mais experientes que transmitem a teoria. A transmissão do saber analítico dá-se via análise, mas também via estudos, aulas etc. Nesse campo, os riscos de obediência cega estão presentes igualmente, e certamente empobrecem nosso trabalho, nossas produções e avanços.

Ao discutir problemas da formação nos períodos mais iniciais da psicanálise, o analista húngaro Michael Balint (1893-1970) usou os termos *severa inibição, pensamento inibido e pensamento estereotipado* para descrever os sintomas do campo psicanalítico, em cuja formação pode-se produzir normalidades – conformismo, submissão, respeito excessivo e obediência ao mestre (Haynal, 1995). Nota-se que um dos problemas mais longevos é a apassivação masoquista do analista em formação com o analista, perdendo a liberdade de dizer e de pensar nos campos simbólicos de sua filiação, em uma submissão transferencial. Joel Birman diferencia essas duas modalidades de transferência: submissão transferencial, que gera uma repetição dos discursos do mestre, e fidelidade transferencial, na qual há inscrição da castração no espaço psicanalítico e no lugar do analista, com assunção de liberdade de pensar e falar, renovando seu campo simbólico de filiação (Birman, 2016). Nossas formações estão repletas e reguladas por referências aos pares, anteriores ou contemporâneos, o que a princípio não é um problema, mas pode derivar em exclusiva repetição e engessamento. Fédida (1995) também ressalta que certas atitudes técnicas ideológicas não são atinentes ao ofício de psicanalista e que especialmente os jovens analistas acabam privados – em função de seus institutos de formação – de sua curiosidade diante do incompreensível e imprevisível da transferência.[2]

A analista franco-italiana Piera Aulagnier[3] rompeu com Lacan e com a Escola Freudiana de Paris, formando o Quatrième Groupe em 1969, sem adesão à IPA. A partir disso, produziu bastante reflexão acerca da formação analítica, que tomarei para problematizar

[2] Escrevi em conjunto com Karina Bueno, ilustrando aspectos específicos do percurso de jovens analistas. Disponível em https://revistalacuna.com/2020/12/17/n-10-6/

[3] Piera Aulagnier foi psicanalista, de formação médica psiquiátrica. Nascida no ano de 1923, em Milão, viveu no Egito, Roma e Paris; foi analisada por Lacan e Serge Viderman; fez sua formação na Sociedade Francesa de Psicanálise; ajudou a fundar a Escola Freudiana de Paris, junto com Lacan, Leclaire, Rosolato, Clavreul, Perrier e Valabrega; e, finalmente, junto aos dois últimos, afastou-se de Lacan para fundar o Quatrième Groupe. Aulagnier faleceu em 1991. Disponível em: https://revistas.pucsp.br/index.php/psicorevista/article/view/6796/4919

os riscos envolvidos no ensino da psicanálise. Piera Aulagnier trouxe-nos relevantes contribuições a serem reconsideradas, quando o cuidado com a prática assumiu grande importância em seu pensamento.

Piera questiona os efeitos da ampliação e disseminação do ensino da psicanálise, que responderia a uma demanda maior de saber psicanalítico. Tal ampliação do ensino aberto da psicanálise,[4] análoga ao que acontece atualmente no Brasil, nos levaria a pensar sobre o que ela chama de "a ilusão de um futuro" para a psicanálise, como teoria e práxis. Em resumo, Piera aponta os riscos de que um novo adepto encontre somente o já-sabido, sem renunciar a nenhuma parte de seu prévio saber e configure, assim, a pretendida "totalização que permanece o mito no horizonte de toda razão" (Aulagnier, 1990, p. 40). Há ilusões envolvidas na dupla sujeito suposto saber e sujeito que deseja adquirir o saber, e o futuro desta dupla pode ser apenas a repetição do já visto.

Para se posicionar diante disso, Aulagnier sugere que deve haver um "projeto do analista", ou seja, "aquilo que o analista visa quando exerce sua função e quando fala dela" (Aulagnier, 1990, p. 48). A autora entende que o projeto do analista não pode ser reduzido ao desejo do analista, mas deve necessariamente ser complementado por um saber acerca do funcionamento psíquico e, ao mesmo tempo, pela necessidade de reencontrar este saber a cada vez *in vivo*. Isso impede o analista de sustentar teoremas sobre o sujeito particular que está diante de si. Além do desejo singular, e do saber sobre o psíquico, o analista carrega e atua um saber analisar, ou seja, trabalha para fazer outro sujeito chegar a uma decifragem de seu texto inconsciente. Ela sumariza a questão ética

[4] Aulagnier afirma: "Por 'aberto' entendo todo ensino oficializado ou não, que não se dirige de modo exclusivo a analistas, quer estejam em formação ou agalonados" (Aulagnier, 1990, p. 41).

desta maneira: "Quer o ponto de partida seja o 'normal', a neurose, a psicose ou a perversão, o projeto do analista deveria sempre ser o mesmo: conduzir o sujeito tão longe quanto possa num percurso desalienante" (Aulagnier, 1990, p. 53).

Isso não pode ser transportado *ipsis litteris* para a situação do ensino, já que para os docentes não há pretensão de interpretante diante do inconsciente dos analistas em formação. No entanto, há uma direção rumo à desalienação, que deve recair sobre o discurso que se mantém sobre o saber analítico, em uma constante denúncia da função de engodo que o saber pode desempenhar. Se há um saber *a priori*, ele deve ser metabolizado de modo singular pelo analista que se forma, a partir da posição daquele que transmite. Assim, a antinomia entre a verdade do enunciado (o saber) e a verdade do enunciante (o desejo enquanto promotor do enunciado) deve pretender ser ultrapassada, ou seja,

> *Tender para a verdade do enunciado implica que a verdade do enunciante seja conhecida e interrogada a cada passo. A fala do analista não encontra sua garantia de verdade a não ser no saber do enunciante sobre si mesmo e, portanto, sobre o desejo que move sua fala. (Aulagnier, 1990, p. 55)*

Qualquer outra garantia é falaciosa. Só assim a transmissão da psicanálise fora da experiência analítica pode ter parâmetros para não ser tão enganosa quanto os discursos que critica, e manter-se em constante questionamento, fora ou dentro de percursos propostos como formativos. Sem isso, "a didática se transforma em endoutrinamento, a doutrina em dogmas, o analista em Messias" (Aulagnier, 1990, p. 79).

Outro ponto fundamental a considerar é que a questão da formação no Brasil também faz pensar sobre modos específicos de desalienação, inerentes às nossas realidades sociais e culturais. Verztman, ao discutir sobre o elitismo da psicanálise brasileira, aponta os efeitos da adoção de teorias universais em nosso campo descritivo da psicopatologia:

> *As descrições clínicas e os embasamentos teóricos que são correlatos à produção destas categorias de valor universal são provenientes de contextos sociais e culturais de outros países considerados como centros teóricos geradores. Isto faz com que tais categorias só encontrem analogia clinicamente útil com a experiência de sofrimento de sujeitos formados em extratos muito específicos e restritos da população brasileira. (Verztman, 2022, p. 2)*

O autor nos convida, de maneira lúcida, a reconhecer outra visada psicopatológica, "voltada para aspectos locais, particulares e contextuais, afirmando a importância do que se denomina de marcadores sociais tais como raça, gênero, língua, cultura e classe social para a compreensão de formas de sofrimento e o seu enfrentamento" (Verztman, 2022, p. 2), e defende uma reunião das duas formas, ainda que tensa, bem como a necessidade de que tais temáticas mais particulares sejam foco da psicanálise e não só de outros saberes. Para esse projeto, precisaremos necessariamente pensar a formação dos analistas brasileiros e pretender minar nosso modelo de sociabilidade excludente e dividida em colonizado/colonizador, que reproduzimos.

Em um livro que aborda diretamente a temática do racismo, Paim Filho questiona a implicação da psicanálise no Brasil, e afirma:

> *Grande parte das instituições psicanalíticas do país, em particular, as que trabalham com a transmissão do*

> *conhecimento e da formação de analistas, não têm se ocupado desse flagelo que assola as terras brasileiras desde o descobrimento: omissão, conivência, indiferença, ou ainda, a institucionalização do racismo. (Paim Filho, 2021, p. 12)*

Não basta criarmos cotas, o que também é necessário, mas devemos assumir "estar ao lado de colegas analistas comprometidos com suas comunidades de origem, diferentes das nossas. Analistas/pessoas que sofreram com o silenciamento histórico de saberes construídos dentro da lógica da sabedoria e da resistência criativa" (Verztman, 2022). Para isso precisamos de ações afirmativas, a partir de "subversivos interrogantes: *Quem sabe? Quem pode saber? Saber o quê? E o saber de quem?*" (Paim Filho, 2021, p. 74). Daremos assim mais um passo em relação à desalienação de nossa comunidade analítica brasileira, que precisa fomentar pontos específicos nas formações e não apenas reproduzir modelos europeus.

Retomando o problema inicial, apenas em contextos acordados coletivamente, pensados e cuidados a partir dessas intenções e tensões mencionadas, poderemos manter nossas exigências éticas. Um curso de graduação em psicanálise, que departa da comunidade na qual nos validamos, que funciona exclusivamente sob a lógica de mercado, revestido de um discurso de compromisso social, certamente não está à altura de nosso projeto.

Referências

Aulagnier, P. (1990). *Um intérprete em busca de sentido* (Vol. 1). Escuta.

Birman, J. (2016). *Mal-estar na atualidade: a psicanálise e as novas formas de subjetivação.* Civilização Brasileira.

Fédida, P. (1996). *O sítio do estrangeiro: a situação psicanalítica.* Escuta.

Ferenczi, S. (1911). Sobre a história do movimento psicanalítico. In S. Ferenczi, *Obras completas* (Vol. 1). Martins Fontes.

Figueira, S. A. (1994). *Freud e a difusão da psicanálise: estudos sobre a estrutura e o funcionamento do campo psicanalítico.* Artes Médicas.

Haynal, A. (1995). *A técnica em questão: controvérsias em psicanálise: de Freud e Ferenczi a Michael Balint.* Casa do Psicólogo.

Jordão, A. A. (2022). *Bacharelado e outras imposturas: a formação psicanalítica hoje.* YouTube. *https://www.youtube.com/watch?-v=BGba0nsiOdk*

Kupermann, D. (1996). *Transferências cruzadas: uma história da psicanálise e suas instituições.* Revan.

Paim Filho, I. A. (2021). *Racismo: por uma psicanálise implicada.* Artes & Ecos.

Peron, P. R. (2011). Contribuições de Piera Aulagnier à psicanálise. *Psicologia Revista, 20*(1), 125-128.

Verztman, J. S. (2022). Em que medida a formação psicanalítica é elitista? In J. S. Verztman, Formação psicanalítica, elitismo e colonização. [comunicação] *Círculo Psicanalítico do Rio de Janeiro.*

12. Do ensino à transmissão da psicanálise: é possível graduar-se psicanalista?

Samantha Dubugras Sá

> *É verdade que este* ensino *[da psicanálise] só poderia ser ministrado de forma dogmática, em* aulas teóricas, *pois quase não haveria oportunidade para experimentos ou demonstrações práticas. Para a pesquisa que o professor de psicanálise deverá realizar, bastaria ele ter acesso a um ambulatório com pacientes "neuróticos". (Freud, 1919/2010, p. 381, grifos e colchetes meus)*

Não é por acaso que, já em 1919, Freud pergunta: "Deve-se ensinar psicanálise nas universidades?". Logo no início desse texto, ao abordar o valor da psicanálise no âmbito acadêmico, ele nos adverte que o ensino da nossa disciplina na universidade deveria abarcar duas perspectivas: a da própria psicanálise e a da instituição universitária. Creio que a maior preocupação, nesse sentido, se refere à submissão do saber psicanalítico ao *modus operandi* da universidade, que se encontra pautado nos seus *métodos de ensino* e, dessa forma, não condiz com a potencialidade da *transmissão* da psicanálise.

Por outro lado, Freud enfatizou a importância da psicanálise para a formação universitária em geral, mas especialmente para médicos e psiquiatras, tendo em vista os interesses das universidades, lembrando que se beneficiariam, e muito, com a introdução da psicanálise em seus currículos. No entanto, como analisa Mezan (1993, p. 88), com base na obra de Jean Jacques Laplanche na Universidade de Paris VII: "falar de psicanálise na Universidade não é propor um atalho nem um *ersatz* à formação do analista, mas isso não significa que se trata de algo menor, menos digno ou mesmo indigno da atenção de um psicanalista". A alegação dos psicanalistas que tomam uma posição contrária ao ensino da psicanálise no campo universitário diz respeito à questão de que a sua difusão está relacionada à *experiência pessoal* da análise como consequência dessa, assim como antes postulou Freud.

Nesse texto de 1919/2010, Freud nos alerta, ainda, que seria um equívoco a pretensão de formar analistas na universidade, pois, embora a inclusão da psicanálise "no currículo acadêmico seria motivo de satisfação para um psicanalista . . ., ao mesmo tempo, é evidente que ele pode prescindir da universidade, sem prejuízo para sua formação" (p. 378). Aqui, a questão novamente se volta para o *ensino*, uma vez que o estudo teórico é, apenas, um dos alicerces da formação psicanalítica.

Feitas essas observações iniciais, guardemos, por ora, essas ideias, que retomarei mais adiante, porque antes de prosseguir com o tema proposto, gostaria de tecer algumas considerações a fim de situar o leitor sobre a minha relação com a universidade.

Sou psicóloga, formada há 24 anos (no final dos anos de 1990), em uma época em que a graduação em psicologia, ao menos na Pontifícia Universidade Católica do Rio Grande do Sul (PUC-RS), onde me formei, contava em seu currículo quase que, exclusivamente, com disciplinas de abordagem psicanalítica. Estudamos, em profundidade, as obras completas de Freud; ou seja, concluímos o curso, no antigo Instituto de Psicologia da PUC-RS,[1] com uma base teórica freudiana bastante sólida. Ainda assim, acredito que essa tenha sido de fato somente "uma base", pois carecíamos de estudar outros autores pós-freudianos – tínhamos uma breve noção sobre a teoria desenvolvida por alguns psicanalistas como Klein e Bion –, além de, por óbvio, muito mais horas de prática clínica, supervisão e, principalmente, análise pessoal.[2]

Como muitos adolescentes, na angústia por ter que escolher um curso universitário – no meu caso, não havia a opção, tampouco espaço, para não prestar exame vestibular, pois era o "protocolo" a ser seguido na minha "cultura familiar" –, sofri grande pressão para ingressar no bacharelado em direito, uma vez que essa era a profissão dos meus pais, que acreditavam que uma "vida estável" residia em muito estudo para realizar um concurso público na área jurídica, preferencialmente para a magistratura.[3] Hoje, agradeço por estar em análise desde o início do ensino médio,[4] pois assim pude *bancar* meu desejo, não que isso tenha sido fácil, fazendo a minha escolha pela psicologia.

Ao me graduar, dei continuidade à minha formação em psicanálise, com o estudo continuado da teoria – que realizo até hoje –, análise pessoal e a prática clínica supervisionada. Junto a isso,

---

[1] Hoje, Curso de Psicologia da Escola de Ciências da Saúde e da Vida – PUC-RS.

[2] Embora naqueles tempos, década de 1990, dificilmente um aluno de psicologia seria aprovado em uma seleção de estágio em psicologia clínica se não estivesse em terapia.

[3] O Dicionário Aurélio da Língua Portuguesa assim descreve o significado do termo: "Magistratura [Do lat. *Magistratus, magistrado* + *-ura.*] S.f. 1. Dignidade ou funções de magistrado. 2. A classe dos magistrados. 3. Duração do cargo do magistrado. – Magistratura em pé. O Ministério Público". (Ferreira, 1998, p. 1.907). Já Décio Cretton conceitua a Magistratura como sendo "o conjunto de juízes de todos os graus que compõem o Poder Judiciário de cada país" (Cretton, 1980, p. 46).

[4] Em 1993, ainda 2º grau.

fiz especialização, mestrado e doutorado em psicologia; iniciei minha carreira como docente na graduação e pós-graduação em psicologia na PUC-RS, e em outras universidades gaúchas, onde permaneci lecionando disciplinas na área da psicologia clínica psicanalítica, supervisão de estágio em psicologia clínica e orientação de trabalhos de conclusão de curso, por mais de vinte anos. Atualmente, ministro seminários teóricos em instituições psicanalíticas, grupos de estudos de formação permanente em psicanálise e, em 2022, ingressei em um estágio pós-doutoral no Programa de Estudos Pós-graduados em Psicologia Clínica da PUC-SP, sob a orientação do prof. dr. Alfredo Naffah Neto.

Por que essa breve apresentação da minha trajetória profissional? Explico: a minha intenção é situar o leitor acerca do "meu lugar de fala",[5] pois entre graduação, pós-graduações e docência, lá se vão quase 30 anos; ou seja, passei a maior parte da minha vida, para além do consultório, também, em território acadêmico, na universidade.

Tanto Freud como Lacan, no decorrer das suas produções teórico-clínicas, já questionavam sobre o ensino e a transmissão da psicanálise, mas foi a partir da minha experiência como docente há vários anos que esse tema passou a me inquietar; tenho refletido sobre se realmente é possível *ensinar* psicanálise na graduação. Ademais, se a resposta for positiva, trata-se de *ensino* ou de *transmissão* da psicanálise?

---

[5] "O 'lugar de fala'... tem alcance não apenas em depoimentos e relatos, propriamente ditos, mas em toda criação discursiva, inclusive acadêmica e artística. Por esse viés é que se iniciam os debates que buscam a vinculação do conceito à produção cultural, em especial a literária. Uma vez conscientes do quanto o 'falar pelo outro' pode ser em si um gesto opressor, muitos representantes dos movimentos sociais passam a requerer o 'lugar de fala' como pré-requisito da produção cultural e acadêmica, quando esta diga respeito àquela." (Mattos, 2021, p. 12). O conceito "lugar de fala" foi, há pouco, descrito pela brilhante filósofa contemporânea brasileira Djamila Ribeiro, em seu livro *O que é lugar de fala* (Ribeiro, 2017).

Ao longo do tempo, desde a minha época como estudante, vivi "na pele" muitas mudanças nos currículos da graduação em psicologia, que hoje têm por base a chamada: "formação generalista".

Do que isso se trata? Vejamos: com base na Resolução nº 5, de março de 2011, do Ministério da Educação/Conselho Nacional de Educação/Câmara de Educação Superior, o Conselho Federal de Psicologia, em 2018, lançou a cartilha "Ano da Formação em Psicologia: revisão das diretrizes curriculares nacionais para os cursos de graduação em psicologia" (CFP, 2018), na qual proclama que um profissional generalista a partir do conceito de Delari Júnior (2004):

> *não é aquele que sabe "de tudo um pouco". Um generalista seria, mais propriamente, aquele que domina os fundamentos de sua área e de* tão bem dominá-los *torna-se apto a transitar por campos de aplicação distintos e funções distintas. (Delari Júnior apud CFP, 2018, p. 28, grifos meus)*

Não pretendo proceder a um exame detalhado da questão, tampouco entrar no mérito de uma extensa reflexão sobre a "graduação generalista" em psicologia, mas o assunto merece algumas linhas.

Penso que essa proposta faz que, no que diz respeito à trajetória em psicanálise, e me refiro aqui ao ensino dos aspectos teóricos, o egresso dos cursos de psicologia que pretende seguir a sua prática como psicanalista necessite *ainda mais* do que outrora investir – e *muito* – no estudo sistemático da teoria psicanalítica. Estudo esse que pode ser iniciado de modo simultâneo à graduação.

Destarte, chama-me atenção que, apesar do verdadeiro *boom* da psicanálise nos últimos anos, principalmente nos dias de hoje, após o isolamento social – necessário durante a pandemia de covid-19 –, em que muitos experientes e renomados psicanalistas tornaram mais acessível a transmissão da psicanálise pelos meios online, com *lives*, canais no YouTube etc., me parece que, cada vez menos, os cursos de graduação em psicologia têm privilegiado esse conhecimento – o da psicanálise. Acredito que tais cursos apresentam apenas uma *breve introdução* dos principais conceitos psicanalíticos em meio a tantos outros saberes relacionados à área. Pressuponho que isso tem ocorrido, em parte, justamente pela "formação generalista" proposta pelas Diretrizes Curriculares Nacionais (DCN) de 2004/2011, que preconiza o acesso a conhecimentos e práticas que "preparem" o estudante de psicologia para um "amplo espectro" de possibilidades de atuação.

Será que, de fato, é essa a realidade?

> *passados mais de dez anos da versão aprovada, é importante considerar que é preciso problematizar as DCN, elaboradas no contexto da agenda neoliberal, enxergar seus avanços e retrocessos, e entender que a formação generalista com qualidade exige, além de pensar quais conteúdos abordar, uma resistência coletiva às políticas mercadológicas. (Fernandes, Seixas & Yamamoto, 2018, p. 9)*

Do que se fala quando nos referimos ao ensino e à transmissão da psicanálise?

Esse é um tema bastante polêmico, uma vez que *ensino* e *transmissão* são termos utilizados, ora com sentidos aproximados, ora com sentidos opostos. Nesse sentido, Romera e Alvarenga (2010) afirmam que:

> *Em princípio, poder-se-ia dizer que* ensino *refere-se à* comunicação da estrutura conceitual da psicanálise, no âmbito informativo. *Reservar-se-ia o termo* transmissão *ao saber que* advém da experiência analítica, *em que o* papel *do* inconsciente é particularmente frisado. *(Romera & Alvarenga, 2010, p. 188, grifos meus)*

Pois bem, acredito firmemente que a psicanálise não se ensina, se transmite! Então, será possível a "transmissão" em uma universidade onde o "ensino" é um dos principais pilares? O saber preconizado na universidade está balizado pelo *discurso científico* que se vale da asserção feita pela "ciência" de que o conhecimento é capaz de recobrir o real da experiência, antevendo determinado modo de operar com "a verdade". A psicanálise, por sua vez, acentua outra dimensão no lidar com "a verdade", apontando sempre para a incompletude do saber (Desconci, 2022). Para o reconhecimento de que a verdade tenha o valor de mito, uma vez que não pode ser de toda dita, porque é constituída pela palavra, "arruinando assim todas as esperanças fundadas em um conhecimento de nosso inconsciente que se sustentaria exclusivamente na compreensão racional de sua objetivação teórica" (Dor, 1996, p. 9).

Por certo, Freud sempre almejou aproximar a psicanálise do ensino acadêmico universitário, apesar de não ter conseguido uma disciplina na Universidade de Viena, em parte pelo movimento antissemita já sucedido na Alemanha e na Áustria desde a segunda metade do século XIX. Ainda assim, em 1885, inicia uma carreira como *Privatdozent* (docente livre, voluntário, sem remuneração nem responsabilidades). No ano de 1902, o imperador da Áustria, Francisco José, nomeia-o como "professor extraordinário" (Douville, 2009).[6] Porém, foi somente em 1920 que Freud viria a se tornar professor titular em uma disciplina de neurologia, mas em um momento no qual não mais praticava cursos.

O primeiro reconhecimento oficial a que Freud (1925/2011) se reporta na "Autobiografia" se refere ao convite feito por Stanley Hall, para que ministrasse uma conferência na Clark University nos Estados Unidos no ano de 1909. Ele escreve:

> *Na Europa eu me sentia como que desprezado, mas ali os melhores indivíduos me receberam como um igual. Quando subi à cátedra em Worcester, para dar as Cinco lições de psicanálise, foi como a realização de um inverossímil devaneio. A psicanálise não era mais um produto do delírio, tornara-se uma parcela valiosa da realidade. (Freud, 1925/2011, p. 138)*

Assim, a psicanálise, ao despertar grande interesse por aquela plateia universitária norte-americana, fez que Freud, finalmente, tivesse o reconhecimento que tanto almejava.

Para iniciar este capítulo, citei um trecho do texto freudiano de 1919 intitulado "Deve-se ensinar psicanálise nas universidades?", como anteriormente referido. Acredita-se que Freud o tenha redigido em 1918, à época do V Congresso Psicanalítico Internacional de Budapeste, causando um verdadeiro alvoroço nos alunos de medicina húngaros na época, pela possibilidade da inclusão da psicanálise no seu currículo acadêmico.

[6] Conceito que designava o primeiro grau na docência universitária da época.

Isso porque as conferências proferidas por Sándor Ferenczi[7] e os textos de Freud traduzidos para o húngaro naquele momento incitaram os estudantes de medicina a reivindicar reformulações em seus currículos médicos e, dentre elas, a inclusão do ensino da psicanálise. Esses estudantes compunham um grupo vanguardista, do qual Ferenczi fazia parte, intitulado Galilée (Fonteles & Coutinho, 2016).

Embora Freud tenha afirmado que os analistas não precisam de universidades, sabe-se que ele não desprezou a *formação institucional*. Vemos isso em seu escrito "A questão da análise leiga. Conversas com uma pessoa imparcial" de 1926, no qual afirma, categoricamente, que "ninguém que não tenha sido habilitado para tanto através de uma formação específica deva exercer a análise" (Freud, 1926/2020, p. 269).

A questão é que o criador da psicanálise não se referia a uma habilitação acadêmica, pois assevera: "Se essa pessoa é um médico ou não, parece-me secundário" (Freud, 1926/2020, p. 269). Logo, é leigo em psicanálise aquele que não atendeu aos objetivos que definem a formação de psicanalista e não quem *não é médico*. Nesse mesmo texto, Freud apresenta suas considerações sobre a transmissão de sua disciplina, sua prática clínica, sua técnica, bem como os desdobramentos do tratamento analítico. Ressalta ainda a importância da formação do psicanalista, que se diferencia, *de maneira radical*, da formação acadêmica médica, salientando que a condição fundamental para o exercício da psicanálise é a *análise pessoal*. Inclusive, em seu texto "Análise terminável e interminável", Freud (1937/2018) conclui esse escrito dizendo que ninguém

---

[7] Então professor universitário, pois havia sido nomeado, em 1919, para o cargo de professor de psicanálise na Universidade de Budapeste. Sua nomeação foi um dos primeiros marcos do processo de institucionalização da psicanálise nas universidades.

avança no tratamento de um paciente além do que avançou em sua *própria* análise.

Sabe-se que, na época em que Freud estava estruturando a teoria psicanalítica, ocorreram muitos confrontos com os seus colegas médicos, nos quais ele se viu excluído do meio acadêmico. Observa-se que, ao longo do seu processo criativo, a sua emancipação teórico-clínica perpassou diversos campos, inclusive o universitário. Como elucida:

> *cabe considerar a objeção de que dessa forma o estudante de medicina jamais aprenderá realmente a psicanálise. Isso é verdadeiro se pensarmos no efetivo exercício da psicanálise, mas para os propósitos em vista é suficiente que ele aprenda algo sobre e com a psicanálise. (Freud, 1919/2010, p. 381, grifos do autor)*

Freud, assim, deixa claro que *ensinar* a psicanálise na universidade não é o mesmo que *formar* um psicanalista, mas sim propiciar ao acadêmico o aprendizado de *algo* da psicanálise; isto é: "apenas uma noção" desta. É possível considerar que aprender na universidade "algo da psicanálise" ou "a partir dela", como disse Freud, pode propiciar uma experiência dessa transferência de trabalho com o professor que venha a resultar, quem sabe, em um interesse do aluno pelo seu próprio inconsciente – seus sonhos, lapsos e sintomas (Fontenelle, Barreto & Vieira Filho, 2011). Talvez esse poderia ser o primeiro passo no sentido da *transmissão* da psicanálise, que tem início, via de regra, com a constatação da existência do inconsciente – a começar pelo seu próprio.

A partir disso podemos apreender que na universidade o que se "ensina" sobre psicanálise diz respeito aos fundamentos puramente teóricos, metodológicos e técnicos. Por certo, acredito que os estágios e as práticas clínicas supervisionadas, quando constam na grade curricular, podem, também, ser mais uma forma de propiciar ao aluno uma "apresentação" do sujeito da psicanálise, qual seja: *o do inconsciente.*

Ainda quanto à "transmissão" da psicanálise, podemos entendê-la a partir da proposta freudiana do tripé composto pela teoria, pela prática clínica e pela análise pessoal. Coutinho Jorge (2008) nos diz que:

> *a rigor, a transmissão da psicanálise se dá de* um *a* um, *o que impede sua generalização, sua universalização: não há nenhum tratado de psicanálise capaz de reunir a infinita gama de formações do inconsciente para auxiliar o psicanalista em sua prática interpretativa. (Jorge, 2008, p. 10, grifos meus)*

Ficaria assim a questão de como se aprende sobre e a partir *da* psicanálise, tendo em vista a proposição de Lacan. Quando questionado a respeito de como se tornar um analista, tomando como base o ensino na universidade, ele responde que "a psicanálise não se transmite como qualquer outro saber" (Lacan, 1992, p. 188). Para ele, transmitir distingue-se de ensinar, visto que ocorre para além disso.

Nesse sentido, Sigal (2009) bem refere que "a psicanálise não é o discurso científico que dela fala: ela é a experiência do sujeito com seu inconsciente" (p. 366). Então, me parece que o âmago da confusão se refere ao que é o *estudo* da psicanálise com a *formação* de psicanalista.

Para finalizar a questão sobre ensino e transmissão da psicanálise me arrisco a dizer que, diferentemente de outras práticas, como a da psicologia ou da pedagogia, por exemplo, não há como se ter um controle do que se transmite, pois se transmite mais do que se gostaria. Explico-me: para que ocorra uma verdadeira transmissão, sempre haverá "um algo a mais" do qual não se tem controle, pois não é da ordem do consciente. Acredito, e falo, por experiência própria, que não estamos livres dos nossos desejos, das nossas fantasias... Em psicanálise não há como prevenir angústias ou a formação de sintomas... pois o que o psicanalista transmite não é mera informação ou simples conhecimento teórico. E, uma coisa eu garanto, não há um manual para a transmissão da psicanálise!

A proposta de uma graduação em psicanálise

No início de 2022 assistimos, perplexos, à divulgação de um curso de graduação de bacharelado em psicanálise,[8] na modalidade de Ensino à Distância (EAD), reconhecido pelo Ministério da Educação (MEC), com direito a diploma e autorização para clinicar.

Não precisa explicar. Eu só queria entender![9]

Aqui, valho-me da noção dos chamados, na psicopatologia descritiva, "obscurecimentos" da consciência... Ao ler sobre o "tal"

[8] Isto inspirou o psicanalista e doutor Alexandre Patricio de Almeida, organizador deste livro, para a presente produção.

[9] Bordão utilizado pelo macaco Sócrates, no programa humorístico Planeta dos Homens. Ele tentava entender a condição humana em quadros curtos, que terminavam com esse bordão. Vivia constantemente intrigado com as contradições dos seres humanos. Por exemplo, ao assistir a um anúncio na TV sobre um carro capaz de chegar a 200 km por hora, ele perguntava: "Mas as leis brasileiras não proíbem que se dirija a mais de 80 km por hora?" Antes que alguém pudesse responder, Sócrates, encarava a câmera e dizia: "Não precisa explicar. Eu só queria entender". Entre uma e outra piada, as tiradas de Sócrates mostravam-se muito mais inteligentes do que as dos seres humanos, que arrematavam dizendo: "O macaco tá certo!".

bacharelado em psicanálise, vi-me obnubilada,[10] confusa, chegando quase a um estado de sopor![11]

Passado esse meu momento dissociativo e, retornando a um estado mais integrado, como diria Winnicott, com toda a lucidez, sei que o Brasil é um país com grande tradição de inclusão da psicanálise na universidade desde o início do século XX.

Aqui traço um breve histórico disso.

A nossa ciência teve sua divulgação inicial no território brasileiro, por meio de psiquiatras, professores das faculdades de medicina. O primeiro trabalho acadêmico em psicanálise na língua portuguesa foi a tese defendida pelo médico Genserico de Souza Pinto, intitulada "Da psicoanálise: a sexualidade dos nervos", em 1914, na Faculdade Nacional de Medicina do Rio de Janeiro; reuniu no ambiente universitário os discursos psiquiátrico e psicanalítico (Boddin, 1998). A partir de então, a psicanálise passa a ser incorporada nos currículos das faculdades de medicina do Rio de Janeiro e São Paulo. Em 1927, os médicos Durval Marcondes e Franco da Rocha fundam, no Rio de Janeiro, a Sociedade Brasileira de Psicanálise, a primeira do gênero na América Latina. No Rio Grande do Sul, a teoria freudiana chega à Universidade Federal (UFRGS) no ano de 1930, por meio de um curso ministrado por Celestino Prunes, chamado Elementos de Psicanálise (Gageiro & Torossian, 2014).

A psicologia tem início como disciplina obrigatória nos cursos de nível superior no Brasil em 1934, mas é somente na década de 1950 que os cursos de graduação em psicologia começaram a ser implementados, sendo posteriormente regulamentados em 1962.

---

[10] Refere-se a um rebaixamento da consciência em grau leve ou moderado. Há uma diminuição no grau de clareza do sensório, com lentidão na compreensão (Dalgalarrondo, 2008).

[11] Estado de acentuada turvação da consciência no qual a pessoa é incapaz de qualquer ação espontânea. (Dalgalarrondo, 2008)

Foi criado, em 1956, na Faculdade de Filosofia, Ciências e Letras da Universidade de São Paulo, um curso de especialização em *psicologia clínica*. Posteriormente, deu-se a proposta de outra formação na Faculdade de Filosofia Sedes Sapientiae. Ainda assim, a Pontifícia Universidade Católica do Rio de Janeiro (PUC-RJ) foi a primeira a formar psicólogos a partir do referencial psicanalítico, na década de 1960 (Oliveira, 2005).

Na década de 1980, houve a inserção da psicanálise nos cursos de pós-graduação, primeiro no Rio de Janeiro e, na sequência, em São Paulo (Mezan, 1998). Entretanto, foi na década anterior, de 1970, que se deu a entrada oficial da psicanálise na pós-graduação da PUC-RJ, visando à formação de psicólogos psicanalistas, que eram, até então, vedados de realizar a formação nas escolas de psicanálise, por não serem médicos. O primeiro mestrado em psicanálise teve início em 1988 na Universidade Federal do Rio de Janeiro (UFRJ), com a aprovação do doutorado em 1994.

Ainda assim, tudo isso está muito distante da pretensa "graduação em psicanálise". Como bem refere Bernardes (2019): "As habilitações profissionais conseguidas a partir de cursos universitários são apenas vestimentas, máscaras, que se formam a partir da fantasia de cada um" (p. 112). Podemos pensar que nada mais são do que objetos de fetiche,[12] com pretensões normatizantes e capi-

[12] O termo *fetiche*, em sua origem, refere-se a "Objeto a que se atribui poder sobrenatural ou mágico e se presta culto, ou então objeto inanimado ou parte do corpo considerada como possuidora de qualidades mágicas ou eróticas. Em sua origem mais remota, de 1605, sortilégio, amuleto, do português *feitiço*, do latim *factitius*" (Houaiss & Villar, 2001). Para Freud (1927/2014): "Apresso-me então a acrescentar que não é o substituto de um pênis qualquer, mas de um especial, bem determinado, que nos primeiros anos infantis tem grande importância, porém é perdido depois . . . Colocando isso de maneira mais clara, o fetiche é o substituto para o falo da mulher (da mãe), no qual o menino acreditou e ao qual – sabemos por quê – não deseja renunciar. Sucedeu, então, que o menino se recusou a tomar conhecimento de um dado de sua percepção, o de que a mulher não possui pênis" (pp. 303-304).

talistas do que se imagina que seriam as demandas do "mercado de trabalho".

O que pensaria Freud sobre isso? Ele que sempre esteve ocupado com o futuro da psicanálise após sua morte; certamente pressentindo que o futuro do que havia descoberto era incerto.

Essa reflexão me fez lembrar do texto de Ferenczi (1928) "O processo da formação psicanalítica", que trata sobre o percurso da nossa formação. Ao destacar dois momentos importantes desse processo, o psicanalista húngaro aborda a análise pessoal como a primeira base do tripé fundamental preconizado por Freud para que a formação em psicanálise ocorra; coloca assim a análise pessoal como, além de imprescindível, anterior ao estudo da teoria. Empenhado na técnica psicanalítica e interessado no efeito clínico nos pacientes, Ferenczi abre esse texto com as indagações:

> *Como se pode estudar a psicanálise? Quem pode aspirar ao título de psicanalista, capaz de compreender os problemas e os conflitos do psiquismo, até em suas camadas mais profundas, e encontrar uma solução prática para as dificuldades da vida psíquica patológica ou normal? (Ferenczi, 1928/2021, p. 237)*

O autor nos assegura que a psicanálise difere de outras ciências e de outros saberes mais lógicos e objetivos. Estes podem ser aprendidos nas universidades e – a partir de exames rigorosos (provas) – os estudantes podem, então, ter o direito de praticar e exercer determinada profissão.

Pois bem, uma "prova de psicanálise", método avaliativo corrente nos cursos universitários, nos demonstra o quanto a práxis de cunho acadêmico está distante da *transmissão* da psicanálise.

Destaco que na formação psicanalítica a teoria não é um fim em si mesma, a ser tão somente confirmada ou reproduzida.

Seguindo o texto, Ferenczi sustenta que, para se tornar psicanalista, é imprescindível que o candidato possua um mínimo de experiência; não somente por meio do atendimento clínico de pacientes, mas que antes mesmo disso *uma experiência analítica* é fundamental para quem deseja praticar a psicanálise. Ele nos diz:

> *a experiência psicanalítica mostra que, para praticar o ofício de psicólogo [analista], não basta estabelecer uma relação lógica entre conhecimentos e os dados experimentais;* é indispensável, além disso, efetuar um estudo profundo da nossa própria personalidade e uma observação rigorosa das nossas moções psíquicas e afetivas. *(Ferenczi, 1928/2021, p. 238, grifos do autor e colchetes meus)*

Assim, é somente tornando-se objeto da sua análise, com seus próprios complexos e questões pessoais; ou seja, a partir de uma verdadeira experiência com o seu inconsciente que "constitui o essencial da formação analítica . . . a formação prática e teórica só pode vir em seguida" (Ferenczi, 1928/2021, p. 238). O inconsciente, como proposta base da psicanálise, é o que o analista precisa encontrar em sua experiência de análise.

Dessa forma, reafirmo que não é suficiente somente o domínio teórico do arcabouço psicanalítico e o conhecimento da hipótese do inconsciente, é condição *sine qua non* saber do *seu próprio* inconsciente. Ferenczi acredita que, para que esse saber se converta em convicção, é necessário passar por uma experiência "em primeira pessoa".

Então, será somente a partir das suas próprias contradições, complexos, chistes (piadas), atos falhos, sonhos e sintomas, vividos na experiência analítica, que o sujeito poderá se colocar nesse lugar de analista. Isto é: após ter atravessado o percurso da análise pessoal.

Isso posto, como podemos verificar, a partir de Ferenczi (1928), o início da formação psicanalítica se dá na própria análise; primeiro se percorre um tempo de análise, em seguida ou, concomitantemente, se procede aos estudos teóricos. A supervisão está situada em um segundo momento, posterior à experiencia analítica. Cito Ferenczi:

> *o segundo tempo é representado pela chamada análise "sob controle". São confiadas ao aluno algumas análises; ele trabalha sozinho, mas vai periodicamente prestar conta de seu trabalho ao seu supervisor, que poderá chamar-lhe a atenção para eventuais erros técnicos, aconselhá-lo quanto à maneira de conduzir o tratamento. (Ferenczi, 1928/2011, p. 241)*

Não acredito que o tripé fundamental da formação analítica possa ser desenvolvido no âmbito universitário. Até mesmo porque a análise pessoal não pode ser incluída nas exigências acadêmicas. O próprio Lacan, que sustentava não existir uma "formação do analista", conservou essa expressão para articular a sua relação com as formações do inconsciente e, portanto, com a análise pessoal na trajetória do analista. Dizer que não há a "formação do analista" remete, dessa forma, à impossibilidade de padronização e ao aspecto de que o analista se autoriza, especialmente a partir de si mesmo – do seu desejo – e de alguns outros (analisandos e analistas, com quem realiza sua caminhada clínica, seus estudos teóricos e sua supervisão, nas associações de psicanálise e em outros espaços) (Lacan, 1973-1974/2008).

Em considerações derradeiras, não podemos nos esquecer que a formação do analista se dá em movimento – não é estanque em um curso universitário – é um projeto contínuo e interminável, vivenciado e *desenvolvido pelo próprio indivíduo, em primeira pessoa, e a instituição, nem sempre necessária, é apenas um meio. Jamais o ensino dará conta do que é transmitido pela análise pessoal!*

Referências

Boddin, C. F. (1998). *L'arrivée du freudisme au Brésil et l'implatation du mouvement lacanien à Rio de Janeiro*. [Tese de doutorado, Université Paris Diderot]. http://www.diffusiontheses.fr/29215-these-de-fernandes-boddin-claudia.html

Conselho Federal de Psicologia (2018). *Ano da formação em psicologia: revisão das diretrizes curriculares nacionais para os cursos de graduação em psicologia*. CFP.

Cretton, D. (1980). *O estatuto da magistratura brasileira*. Saraiva.

Dalgalarrondo, P. (2008). *Psicopatologia e semiologia dos transtornos mentais*. Artmed.

Desconci, J. P. (2022). *O que a psicanálise ensina? Como ensiná-lo?* [Dissertação de Mestrado, Faculdade de Educação, Universidade de São Paulo]. https://www.teses.usp.br/teses/disponiveis/48/48138/tde-08122022-161941/publico/JOAO_PAULO_DESCONCI.pdf

Dor, J. (1996). *Clínica psicanalítica*. Artes Médicas.

Douville, O. (2009). *Chronologie de la psychanalyse du temps de Freud (1856-1939)*. Dunod.

Ferenczi, S. (2021). O processo da formação psicanalítica. In *Obras completas* (Vol. IV). Martins Fontes. (Trabalho original publicado em 1928)

Fernandes, S. R. F., Seixas, P. S., & Yamamoto, O. H. (2018). Psicologia e concepções de formação generalista. *Psicologia da Educação*, (47), 57-66. https://doi.org/10.5935/2175-3520.20180018.

Ferreira, A. B. H. (1988). *Dicionário Aurélio da língua portuguesa*. Nova Fronteira.

Fonteles, C. S. L., & Coutinho, D. M. B. (2016). Psicanálise e universidade: o caso brasileiro. *Revista Brasileira de Psicanálise*, *50*(4), 175-188.

Fontenelle, L., Barreto, C. M. E., & Vieira Filho, M. F. (2011). Alcances e limites da transmissão da psicanálise na universidade: reflexões a partir das ações desenvolvidas pelo Laboratório de Psicanálise da UFC. *Revista de Psicologia*, *2*(2), 161-166.

Freud, S. (2010) Deve-se ensinar psicanálise nas universidades? In S. Freud, *Obras completas* (Vol. 14). Companhia da Letras. (Trabalho original publicado em 1919)

Freud, S. (2011). Autobiografia. In S. Freud, *Obras completas* (Vol. 16). Companhia das Letras. (Trabalho original publicado em 1925)

Freud, S. (2014). O fetichismo. In S. Freud, *Obras completas* (Vol. 17). Companhia das Letras. (Trabalho original publicado em 1927)

Freud, S. (2018). Análise terminável e interminável. In S. Freud, *Obras completas* (Vol. 19). Companhia da Letras. (Trabalho original publicado em 1937)

Gageiro, A. M., & Torossian, S. D. (2014). A história da psicanálise em Porto Alegre. *Analytica*, *3*(4), 177-144.

Houaiss, A., & Villar, M. S. (2001). *Dicionário Houaiss da língua portuguesa*. Objetiva. (E-book)

Jorge, M. A. C. (2008). *Fundamentos da psicanálise de Freud a Lacan*. Zahar.

Lacan, J. (1992). *O seminário, livro 17: O avesso da psicanálise*. Zahar.

Lacan, J. (2008). *A lógica do fantasma. (1966-1967)*. Centro de Estudos Freudianos do Recife.

Mattos, M. B. (2021). O "lugar de fala" e as "falas do lugar" na enunciação literária: o dilema pós-colonial. *Literatura: teoria, história, crítica*, (23), 161-184. https://doi.org/10.15446/lthc.v23n1.90598.

Mezan, R. (1993). Que significa pesquisa em psicanálise? In *A sombra de D. Juan e outros ensaios*. Brasiliense.

Mezan, R. (1998). Figura e fundo: notas sobre o campo psicanalítico no Brasil. *Percurso*, *20*, 7-18.

Ministério da Educação/Conselho Nacional de Educação/Câmara de Educação Superior. (2011). *Resolução n° 5. Institui as Diretrizes Curriculares Nacionais para os cursos de graduação em Psicologia estabelecendo normas para o projeto pedagógico complementar para a Formação de Professores de Psicologia*. https://abmes.org.br/arquivos/legislacoes/Res-CP-005-2011-03-15.pdf

Oliveira, C. L. M. V. (2005). *Histoire de la psychanalyse au Brésil: São Paulo (1920-1969)*. L'Harmattan.

Ribeiro, D. (2017). *O que é lugar de fala?* Letramento.

Romera, M. L. C., & Alvarenga, C. (2010). O ensino da psicanálise na universidade: do legado de um impossível à invenção de possibilidades. *Jornal de Psicanálise*, *43*(79), 187-199.

Sigal, A. M. (2009). Entre ensinar psicanálise e formar psicanalistas. In *Escritos metapsicológicos e clínicos*. Casa do Psicólogo.

Posfácio
O ofício do analista: um percurso na terceira margem do rio

Helena Cunha Di Ciero

um bom poema leva anos
cinco jogando bola,
mais cinco estudando sânscrito,
seis carregando pedra,
nove namorando a vizinha,
sete levando porrada,
quatro andando sozinho,
três mudando de cidade,
dez trocando de assunto,
uma eternidade, eu e você,
caminhando junto

Paulo Leminski

Psicanálise é experiência emocional vivida. E como tal *não* pode ser transcrita, gravada, explicada, compreendida ou contada em palavras. É o que é. Assim define Thomas Ogden (2006) em "Esta arte da psicanálise". Também podemos considerar uma experiência bastante *singular* e *pessoal*, que se inaugura no ofício e no tempo de cada um de nós. Existe uma palavra que abarque suficientemente o fazer do analista? Isto é, seria possível pensar no analista enquanto uma *instância*, algo fechado, um nome simplesmente?

Descrever uma experiência psicanalítica é difícil, pois dispomos de ferramentas que não são facilmente nomeáveis, custam a tomar forma, demoram a caber em palavras. Nossos grandes sinalizadores são, muitas vezes, iniciados num campo de *sensações* – intuição, silêncio, clima emocional, percepções – fenômenos que são do campo do *não dito*. São estes nossos fiéis escudeiros que se apoiam em nossos espaços inconscientes, até ganharem o corpo da palavra. São como guias que nos ajudam a formular uma interpretação que genuinamente acesse o outro.

Porém, até alcançarmos uma fala que, de fato, provoque alguma mudança psíquica, permanecemos por um tempo de tolerância num lugar obscuro. Num terreno cujo caminhar muitas vezes é repleto de incertezas. São estes os momentos que nos colocam em contato com algo precioso: *a fé no trabalho psicanalítico*. É ela que nos sustenta quando o percurso se torna difícil, quando a realidade nos testa. E liga-se ao desejo de insistir pela vida. A fé não no sentido religioso de crenças e dogmas.

> *Bion (1973) define a fé como uma resposta primordial e profunda de defesa contra o sentimento de catástrofe. É uma experiência emocional, singular. Porém não se trata de uma fé religiosa – um conjunto de dogmas e*

> *doutrinas que constituem um culto. Para o autor, esta fé se torna apreensível quando se representa no pensamento e por meio deste. Se trata da fé na existência de uma realidade verdadeira e última. A fé que move um cientista a ir em busca de algo, mesmo sem dados objetivos. Em minha opinião, a fé e esperança do paciente e do analista estão intimamente ligadas à pulsão de vida (Eros) e isso nos dá forças para que continuemos na aventura analítica. (Di Ciero, 2010, p. 3)*

A adaptação teatral do livro *A alma imoral* (Bonder, 1998) traz uma cena sobre a fuga dos judeus do Egito, na qual revela que o que levou o mar a se abrir foi a comoção de Deus vendo a caminhada dos seus fiéis: "Primeiro você caminha, depois o mar abre", diz a atriz Clarice Nisker.

No manejo analítico, frequentemente caminhamos num terreno nebuloso, com nossos pensamentos não tão claros. Desprovidos da fé em nossa função analítica, podemos ficar paralisados diante do não sabido, em vez de nos deixar ser levados por esse lugar para, no momento apropriado, criar algo que efetivamente traga algum movimento no campo analítico.

Por outro lado, quando o paciente se sente compreendido e o analista assiste a essa mudança de olhar, testemunhando uma *mudança* psíquica, faltam palavras que expressem a força e a beleza pulsante desse momento.

E esses momentos servem como uma espécie de *combustível* para fortalecer a tolerância do analista a fim de suportar os momentos mais sombrios. Nestes, a sensação de travessia sendo feita pela dupla é uma experiência muito intensa e profunda. A celebração do paciente pelo analista é descrita por Bollas (1992) como essa experiência de prazer em sentir-se *compreendido, celebrado, existente* durante uma sessão de análise.

Durante o percurso da formação psicanalítica, a fé em nosso trabalho é questionada, discutida e reafirmada. O analista em formação se prepara durante anos para que possa apropriar-se do título: "psicanalista".

Contudo, será que é de fato importante que alguém nomeie esse nosso fazer, além dos nossos pacientes? Ao mesmo tempo, argumentamos: se só o paciente nos nomeia analista, algo também se complica, uma vez que é preciso responder em voz alta pelo nome que somos chamados.

Assim, ter uma identidade bem definida enquanto analista é essencial e a instituição (seja ela qual for) torna-se *palco* desse ser em desenvolvimento. É no campo institucional, na análise pessoal e nas supervisões, que se configura o aninhamento do analista em formação, assim como a rica troca de ideias.

Cabe ressaltarmos, ainda, que esse nome deve estar primeiramente gravado de cor, no sentido usado pelos gregos antigamente: *na corda do coração*. Para assim reverberar com clareza em nosso fazer.

O analista sai de dentro de nós, *per via de levare*. Como um escultor que liberta a figura aprisionada na pedra, ideia de Freud, apresentada em seu artigo "Sobre a psicoterapia" (Freud, 1904/1905). O psicanalista sempre esteve lá e vai se apossando do nosso estado bruto aos poucos, à custa de estudo, análise, supervisão e, finalmente, à custa de horas de trabalho e de suas entrelinhas.

E essas entrelinhas correspondem a todos esses estados sem nome, sem lugar, a essa terceira margem do rio que indicam que o caminho em direção à compreensão do paciente está sendo seguido. Esse *lugar* entre o eu e o outro, que existe num campo emocional, antes de se vestir de palavras.

Não existe a inauguração de um sujeito analista, uma vez que uma dada inquietude, um desassossego, uma empatia diante do sofrimento do outro sempre esteve lá. Do contrário, não teria sido esse o caminho escolhido. É preciso que sempre tenha estado, para *vir a ser* o local de pouso da história daquele que vem ao nosso encontro, em busca do sentimento que conduz a vida: a esperança.

Manuel Lauriano Salgado de Castro (2005, p. 201), em seu artigo "Tornar-se analista", ressalta: "Ser um objeto significativo em análise que realmente atenda as necessidades profundas do paciente é uma função que depende totalmente do desenvolvimento e da conquista da *função psicanalítica* pelo analista" (grifos meus).

A função psicanalítica custa a ser lapidada, como o poema que inicia o artigo. E depende da qualidade do contato do analista com o seu mundo interno, com a sua terceira margem do rio. Assim como o analista faz a sua travessia em direção à compreensão do que se passa no mundo mental daquele que entra em seu consultório. Seguindo com os apontamentos do autor Paschoal Di Ciero:

> *Quando Bion fala de continência do analista está falando de algo de dentro da pessoa do analista. Quando fala de rêverie do analista está se referindo ao mundo de fantasia deste. Na elaboração emocional do analista está implícito que este passa por situações de desconhecimento, de angústia, de trabalho com suas emoções e impulsos, de transformações de sua pessoa que se dão ali no vínculo emocional com seu paciente e induzido por este. Já estamos longe daquele analista distante, objetivo, que era apenas uma tela em branco, cuja pessoa teria de permanecer incógnita. Estamos falando de um analista que é afetado pelo paciente e que isso produz modificações em sua maneira de encarar o material analítico.*

> *Isto é, o analista afetado pelo paciente pode ter experiências desde as mais regressivas até as mais elevadas. Assim quando falamos de contratransferência no sentido de Paula Heimann, continência de Bion e holding de Winnicott, estamos falando de recursos da pessoa do analista que servem de instrumentos para seu trabalho clínico. (2016, p. 3)*

A psicanálise não é um nome, é um *estado*. Uma maneira singular de estar no mundo e de trocar com ele, percebendo o grande potencial transformador do humano, nosso material de trabalho.

Nessa linha de pensamento, Ogden (2006) adverte que o paciente precisa de alguém familiarizado com a noite, com a dor, alguém que se comova com a escuridão sem temê-la ou paralisar-se diante dela. Talvez, antes de nos perguntarmos se somos ou não analistas, seja mais importante observar se estamos ou não familiarizados com a noite.

No texto "Pôr-da-lua", a psicanálise é descrita por Rubem Alves (2013, p. 206) como um exercício de poesia, e que cada pessoa é como um *poema encarnado*. Ele alerta que a nossa infelicidade/neurose se deve ao fato de esquecermos o poema que está *em nós* transcrito. O psicanalista, segundo o autor, é o intérprete do poema estrangulado.

O paciente que nos procura busca alguém para abrigá-lo internamente, a fim de compreendê-lo. Devemos ser capazes de nos reinventar para cada paciente, para nos tornarmos o analista do qual o paciente necessita: "o analista precisa aprender sob nova ótica, como ser o analista de cada paciente em cada sessão" (Ogden, 2006, p. 177).

Assim como o ego é construído por uma série de catexias objetais abandonadas, a função analítica é construída pela capacidade do analista em assumir as *transformações* em si que aquele atendimento lhe trouxe, como uma espécie de gratidão pelo que o paciente, com seu mundo interno, nos desafiou.

É Ogden, novamente, quem define a importância desse movimento:

> *Se o analista não se modificar a partir do conjunto de experiências passadas e atuais que ocorreram dentro e fora da análise, ou essas experiências são insignificantes ou o analista é incapaz de ser afetado por sua experiência (incapaz de sonhá-la ou aprender com ela). Se assim for, é duvidoso que o analista possa se empenhar em trabalho analítico genuíno com o paciente. (2006, p. 180)*

Fala-se muito da gratidão do paciente e do quanto ela é importante para um trabalho construtivo. De fato, ela é bastante importante. Mas o reconhecimento por parte do analista da transformação daquele encontro é o que completa a nossa prática, possibilitando uma troca e um verdadeiro aprendizado.

O texto "A situação analítica como campo dinâmico" (Baranger & Baranger, 2010) descreve a análise como uma situação na qual duas pessoas estão indefectivelmente ligadas e são complementares, em um mesmo processo dinâmico; e nenhum membro desse par pode ser entendido sem o outro.

Esse lugar onde o paciente nos habita também não tem um nome definido. É que um nome não contém todas as emoções que envolvem todo esse percurso. Talvez um sonho as contenha, ou uma poesia. Também não sabemos nomear com clareza o espaço de um analista na vida de alguém. Talvez esse lugar esteja numa terceira margem do rio, onde vagalumes se acendem na escuridão.

Referências

Alves, R. (2013). Pôr-da-lua. *Jornal de Psicanálise, 46*(84), 205-206.

Baranger, M., & Baranger, W. (2010). A situação analítica no campo dinâmico. *Livro Anual de Psicanálise, 24*, 187-214.

Bollas, C. (1992). A celebração do analisando pelo analista. In *Forças do destino: psicanálise e idioma humano.* Imago.

Bonder, N. (1998). *A alma imoral.* Rocco.

Castro, M. L. S. (2005). Tornar-se analista. *Jornal de Psicanálise, 38*(69), 199-210.

Di Ciero, P. (2016). Fé e compreensão psicanalítica. In G. K. Levinzon (Org.). *Novos avanços em psicoterapia psicanalítica.* Zagodoni.

Freud, S. (1969). Sobre psicoterapia. In *Obras psicológicas completas* (Vol. XIV). Imago. (Trabalho original publicado em 1904/1905)

Leminski, P. (2013). *Toda poesia.* Companhia das Letras.

Levinzon, G. K. (2016). *Novos avanços em psicoterapia psicanalítica.* Zagodoni, 2016.

Ogden, T. H. (2006). Esta arte da psicanálise. *Livro Anual de Psicanálise, 21*, 73-189.

Sobre os autores

Alexandre Patricio de Almeida (organizador) – Psicanalista. Possui graduação em pedagogia e especialização em psicopedagogia. Atende em consultório particular, onde ministra Seminários Teóricos sobre psicanálise. Mestre e doutor em Psicologia Clínica pela Pontifícia Universidade Católica de São Paulo (PUC-SP). Professor universitário e autor de diversos livros e artigos científicos. Publicou, pela editora Blucher, as obras: *Perto das trevas: a depressão em seis perspectivas psicanalíticas* (2022), *Por uma ética do cuidado: Ferenczi para educadores e psicanalistas* (Vol. 1) e *Por uma ética do cuidado: Winnicott para educadores e psicanalistas* (Vol. 2), ambos em 2023. Membro da *International Winnicott Association* (IWA). É também autor do best-seller *Psicanálise de boteco: o inconsciente na vida cotidiana* (Paidós, 2022). Proprietário da conta @alexandrepatricio, no Instagram, na qual compartilha diversos conteúdos sobre psicanálise, cultura e sociedade. Criador do podcast "Psicanálise de boteco" (um dos mais ouvidos do Brasil no Spotify®). Atualmente, realiza um estágio de pós-doutorado na PUC-SP, trabalhando com a comparação de linhagens psicanalíticas. (Instagram: @alexandrepatricio)

Alfredo Naffah Neto – Psicanalista, mestre em filosofia pela Universidade de São Paulo (USP), doutor em psicologia clínica pela PUC-SP, onde leciona como professor titular no Programa de Pós-graduação em Psicologia Clínica. Na universidade, suas pesquisas concentram-se, atualmente, nas convergências e nas divergências teórico-clínicas entre diferentes linhagens psicanalíticas, incluindo autores como Freud, Ferenczi, Klein, Bion, Lacan, tendo Winnicott como autor central, de referência. Em consultório particular, pratica a psicanálise, psicoterapia de casal e de família. É também professor e supervisor do Instituto Brasileiro de Psicanálise Winnicottiana e da *International Winnicott Association*, colaborando na formação de psicanalistas chineses.

Claudio Castelo Filho – Membro efetivo e analista didata da Sociedade Brasileira de Psicanálise de São Paulo (SBPSP). Psicólogo pela USP. Mestre em Psicologia Clínica pela PUC-SP, doutor em Psicologia Social e livre-docente em Psicologia Clínica pela USP. Editor da *Revista Brasileira de Psicanálise*. Autor dos livros *O processo criativo: transformação e ruptura* (2015), *A psicanálise do vir a ser* (2020), coautor e organizador do livro *Sobre o feminino* (2019) – todos pela editora Blucher –, além de inúmeros artigos para periódicos e capítulos de livros publicados no Brasil, Itália e Estados Unidos. É também artista plástico, pintor e desenhista, com exposições e publicações no Brasil, na Alemanha e no Reino Unido. (Instagram: @claudiocastelofilhopinturas)

Érico Andrade – Psicanalista e filósofo. Doutor em filosofia pela Sorbonne (Paris IV). Atualmente é professor associado da Universidade Federal de Pernambuco. Bolsista de produtividade do Conselho Nacional de Desenvolvimento Científico e Tecnológico (CNPq, nível 2). Presidente da Associação Nacional de Pós-graduação em Filosofia (ANPOF). Autor de vários artigos científicos, traduções, críticas de cinema e livros. Tem experiência na área de filosofia moderna. Atua na área de política com enfoque em abordagens contemporâneas, sobretudo ligadas aos estudos sobre racismo, afetos e singularidade. Atualmente, pesquisa questões ligadas à relação entre negritude e identidade. Atua como psicanalista na Rede de Escutas Marginais e no Coletivo Pontes da Psicanálise. Crítico de cinema e colunista na *Revista Humanitas*. (Instagram: @ericoandrade27)

Fernanda Samico – Psicanalista. Possui graduação em psicologia pela Universidade Federal de Juiz de Fora (2001). É mestre e doutora pelo Programa de Pós-graduação em Psicanálise pela Universidade do Estado do Rio de Janeiro (UERJ). Autora de diversos artigos científicos. É diretora do núcleo Vassouras do Corpo Freudiano Escola de Psicanálise. (Instagram: @fernandasamico)

Filipe Pereira Vieira – Psicanalista. Possui graduação em psicologia pela Universidade Paulista. Mestrando em Psicologia Clínica pela PUC-SP (bolsa CNPq). Professor universitário e coordenador de grupos de estudos sobre o pensamento de Melanie Klein e Donald W. Winnicott, principalmente. Autor de artigos científicos e capítulos de livros. Integrante do podcast "Psicanálise de boteco". Atua também em consultório particular. (Instagram: @filipepv)

Helena Cunha Di Ciero – Psicóloga e psicanalista. Membro efetivo da SPBSP. Autora de artigos e do livro *Instantes de dentro* (Paraquedas, 2022).

Julio Sergio Verztman – Possui graduação em medicina pela Universidade Federal do Rio de Janeiro (UFRJ), mestrado e doutorado em Psiquiatria e Saúde Mental pela UFRJ. Realizou seu pós-doutorado pela USP e residência médica pela UFRJ. Atualmente é médico psiquiatra da UFRJ, atuando como docente no Programa de Pós-graduação em Teoria Psicanalítica. É revisor de periódico da *Revista Ágora* (UFRJ) e membro do corpo editorial da *Revista Latinoamericana de Psicopatologia Fundamental.*

Luís Claudio Figueiredo – Psicanalista. Membro efetivo do Círculo Psicanalítico do Rio de Janeiro. Professor aposentado da USP e professor titular do Programa de Estudos Pós-graduados em Psicologia Clínica da PUC-SP. Autor de diversos artigos científicos e livros. Publicou, pela editora Blucher (2018), a obra *Adoecimentos psíquicos e estratégias de cura: matrizes e modelos em psicanálise.*

Marion Minerbo – Psicanalista, membro efetivo, didata e docente da SBPSP. Doutora pela Universidade Federal de São Paulo (Unifesp). Em 2015, foi laureada com o Prêmio Durval Marcondes no XXV Congresso Brasileiro de Psicanálise pelo trabalho "Contribuições para uma teoria sobre a constituição do supereu cruel". Além da clínica, a autora está intensamente engajada na transmissão da psicanálise. Publicou dezenas de artigos de supervisões e dos seus ateliês clínicos; pela Blucher, publicou, entre outros, os livros *Neurose e não neurose* (2a ed. 2019), *Transferência e contratransferência* (2a ed., 2020) e *Diálogos sobre a clínica psicanalítica* (2016). Num estilo claro, mas sem concessões, sua produção tem como fio condutor mostrar como teoria e clínica se iluminam reciprocamente.

Nelson Ernesto Coelho Junior – Psicanalista. Possui graduação em psicologia, mestrado e doutorado em Psicologia Clínica pela PUC-SP. É professor doutor do Departamento de Psicologia Experimental do Instituto de Psicologia da USP. Autor de diversos artigos científicos e livros, dentre eles *Adoecimentos psíquicos e estratégias de cura: matrizes e modelos em psicanálise* (Blucher, 2018).

Paula Regina Peron – Psicóloga e psicanalista pelo Instituto Sedes Sapientiae, doutora em Psicologia Clínica pela PUC-SP, membro do Grupo Brasileiro de Pesquisas Sándor Ferenczi. Professora assistente do curso de Psicologia da Faculdade de Ciências Humanas e Saúde da PUC-SP. Organizadora do livro *Sujeitos da Psicanálise – Freud, Ferenczi, Klein, Lacan: diálogos teóricos e clínicos,* pela editora Escuta. Co-editora da seção "Debates Clínicos" da revista *Percurso*. Tem capítulos nos livros *Freud e o patriarcado,* pela Hedra, e *Atendimento psicanalítico da depressão,* pela Zagodoni.

Renata Udler Cromberg – É psicanalista, membro do Departamento de Psicanálise do Instituto Sedes Sapientiae e professora convidada do curso de Psicanálise desse instituto, bem como do curso de Teoria Psicanalítica da Coordenadoria Geral de Especialização, Aperfeiçoamento e Extensão da Pontifícia Universidade Católica de São Paulo (COGEAE/PUC-SP). É graduada em Psicologia e em Filosofia pela USP. Doutorado e pós-doutorado pelo Instituto de Psicologia da USP. Membro do Grupo Brasileiro de Pesquisas Sándor Ferenczi. É autora dos livros *Paranoia* (2012) e *Cena incestuosa: abuso e violência sexual* (2021), ambos pela Coleção Clínica Psicanalítica da editora Artesã. Publicou, pela Blucher (2021), as obras *Sabina Spielrein: uma pioneira da psicanálise* (volumes 1 e 2).

Samantha Dubugras Sá – Psicanalista. Psicóloga, mestra e doutora pela Pontifícia Universidade Católica do Rio Grande do Sul (PUC-RS). Pesquisadora de pós-doutorado da PUC-SP, trabalhando com a comparação das diferentes linhagens psicanalíticas. Possui pós-graduação em Atenção Integral a Vítimas de Violência pela Universidade Complutense de Madri (UCM). Professora dos cursos de Especialização em Psicoterapia Psicanalítica na Fundação Universitária Mário Martins e no Instituto Cyro Martins. Foi professora adjunta do curso de Psicologia da Escola de Ciências da Saúde e da Vida (PUC-RS), de 2006 a 2023. Autora de diversos capítulos e artigos científicos. (Instagram: @samanthasadsa)

Impressão e Acabamento
Bartiragráfica
(011) 4393-2911